Schriftenreihe des

Instituts für Finanzdiensteistungen e. V.

Band 14

Reifner   Knobloch   Knops

Restschuldversicherung
und
Liquiditätssicherung

institut für
finanzdienstleistungen e.V.

Die Deutsche Nationalbibliothek verzeichnet diese Publikation in der deutschen Nationalbibliografie, detaillierte bibliografische Daten sind im Internet über dnb.d-nb.de abrufbar.

Herstellung und Verlag: Books on Demand GmbH, Norderstedt

ISBN 978389146064

Vorwort

Das vorliegende Buch beruht auf einem Forschungsprojekt im Auftrag einer Bank. Grundlage war dabei auch eine Studie, die 1998 für die Generaldirektion Verbraucherschutz der EU zu den Kostenbestandteilen des effektiven Jahreszinssatzes bei Konsumkrediten in fünf Ländern erstellt wurde und die in dieser Reihe als weiterer Band erscheinen wird.

An dem Forschungsprojekt arbeitete neben den Verfassern Sébastien Clerc-Renaud für die Situation in Großbritannien mit. Im Zusammenhang mit dem Forschungsprojekt steht ferner die Weiterentwicklung der Rechensoftware FinanzCheck, die in den Verbraucherzentralen aber auch innerhalb von Projekten zum Thema Finanzielle Allgemeinbildung eingesetzt wird und die verschiedenen Rechenprozesse zur Erfassung der Liquiditätssicherung einfach abbilden kann.

Das Projekt wurde mit zwei Gutachten zur aktuellen Situation der Restschuldversicherung sowie zur Entwicklung einer Kapitalkreditversicherung zur Liquiditätssicherung bereits 2007 abgeschlossen. Bis auf das Kapitel zum Restschuldversicherungsmarkt, welches bis 2008 nachgetragen wurde, ist das Buch auf diesem Stand. Die darin aufgeführten Tatsachen und rechtlichen Bewertungen ebenso wie die Ideen für ein weiterführendes Versicherungsprodukt haben jedoch angesichts der Probleme, die die Restschuldversicherung gerade auch in der Finanzkrise spielt, nicht an Bedeutung und Aktualität eingebüßt, sodass wir uns entschlossen haben, es einer breiteren Öffentlichkeit vorzulegen.

Hamburg, den 29.3.2010

Udo Reifner
Michael Knobloch
Kai-Oliver Knops

Zusammenfassung

Die Studie analysiert in ihrem ersten Teil die aktuelle Praxis bei der Rest-
schuldversicherung in Deutschland und geht auch kurz auf die Situation in
Großbritannien ein. Danach hat sich die Restschuldversicherung über die
traditionelle Restschuldlebensversicherung hinaus zu einer Payment
Protektion Versicherung im Bereich von typischen Liquiditätsrisiken ent-
wickelt. Allerdings ist in Deutschland die am Konkursausfall orientierte
Struktur beibehalten worden. Zudem wurde aus verschiedenen traditionellen
Elementen wie insbesondere der Anlehnung an den Kredit bei Abschluss und
Dauer sowie in der Vorauszahlungspflicht bei kurzen Laufzeiten und der Be-
grenzung der Risikoausschlüsse ein besonderes Produkt entwickelt, das in der
Öffentlichkeit inzwischen auf harte Kritik gestoßen ist.

Einerseits hat dieses Produkt erhebliche Provisionsüberschüsse ermöglicht,
andererseits gefährdet es aber das Vertrauen in die Banken und den Markt
insgesamt. Es verhindert zudem bankenintern eine notwendige
Modernisierung und Anpassung des Konsumkredits an veränderte Verhält-
nisse beim Verbraucher und nimmt damit langfristig Entwicklungschancen.

Der Markt zeigt seit 2002 einen Rückzug aus diesem Geschäft an. Alternativen in diesem System, das die Restschuld statt der Liquidität, gegen die
Kündigungsfolgen nicht aber die Kreditkündigung sichert, sind angesichts
der hohen Erträge im traditionellen Produkt bisher nicht in Erscheinung ge-
treten. Dies wird sich aller Voraussicht nach angesichts der rechtlichen
Probleme sowie der Imageprobleme ändern. Ein Rückzug aus diesem Geschäft, wie es Mitbewerber angekündigt haben, dürfte jedoch der falsche
Weg sein.

Eine Analyse der aktuellen Verbrauchersituation zeigt, dass das Bedürfnis nach Liquiditätssicherung objektiv entscheidend zugenommen hat und sich auch immer mehr in der Auswahl von Produkt und Anbieter subjektiv widerspiegelt. Im Mittelpunkt der Überschuldungsbefürchtung stehen objektive statistisch eingrenzbare Risiken für das Einkommen der Kreditnehmer, die insgesamt die Charakteristika der Versicherbarkeit aufweisen. Alle empirischen Überschuldungsstudien weisen auf vorübergehende Einkommensabfälle bei Arbeitslosigkeit (im weitesten Sinne), Ehescheidung und Trennung sowie Krankheit und Berufsunfähigkeit sowie in geringerem Maße auf das Forthaftungsrisiko des Familienangehörigen im Todesfall des Hauptzahlenden hin.

Könnten solche Risiken reduziert werden, so würde dies für das künftig zu erwartende steigende Ausfallrisiko im Konsumkredit, wie es in den USA und England bereits Realität ist, entscheidende Bedeutung haben. Insbesondere wären die Verwaltungskosten im Krisenfall erheblich reduzierbar. Zugleich würden grundlegende Kundenängste und Bedürfnisse bedient, die sich aus aktuellen Umfragen ablesen lassen. Zudem würde auf eine verbraucher- und sozialpolitische Diskussion reagiert, die die Überschuldung neben der Arbeitslosigkeit zu einem der wichtigsten gesellschaftlichen Probleme macht.

Die Grundsätze für ein neues Produkt sollten das Verhalten des Kreditgebers in der Krise des Kunden mit der Ratenzahlungsschutzversicherung (PPI) koordinieren. Es sollten mehr Risiken, dafür aber nur solche, die tatsächlich Auswirkungen auf die Liquidität haben, abgedeckt werden. Daten zur Kundenliquidität zeigen, dass das zentrale Problem die Regelmäßigkeit des Einkommens über das Leben ist. Daher ist das Einkommen auch strukturell der Ansatzpunkt für eine Versicherung. Die erhebliche Bedeutung, die diese Risiken für den Kunden haben, schafft auch große Absatz- und Entgeltmöglichkeiten, wenn das Produkt treffsicher und transparent ist und deutlichen Nutzen verspricht. Zudem würde ein glaubwürdiges Produkt einen Einstieg in den Verkauf von Sicherheit und Vorsorge im standardisierten Massengeschäft ermöglichen.

Der englische Markt ist technisch weiter entwickelt, zeigt aber durch seine soziale Segmentierung und den Verlust der Banken im Konsumentenkreditbereich zugleich Probleme auf, die auf dem Kontinent durch gruppenspezifische Ansätze vermieden werden sollten. Ein neues Produkt sollte die Kosten der Bank bei Zahlungsstörungen vermindern, dem Kunden das Gefühl der Zusammenarbeit mit der Bank in der Krise vermitteln und seine wirklichen Probleme betreffen sowie Anreize zur eigenen Problembewältigung enthalten.

Unter Berücksichtigung der Bedarfsanalyse wird dann im zweiten Teil der Studie das Produkt „Kapitalkreditversicherung" (KKV) entwickelt.

Die KKV ist eine Liquiditätsversicherung des Kunden im Ratenkredit mit laufender Prämienzahlung, die ausschließlich bei der Versicherung ähnlich der Kapitallebensversicherung einen Ansparvorgang in der Weise mit einer Risikoversicherung verbindet, dass die Kreditraten für einen fixen Zeitraum gesichert werden, für den es auf Seite des Kunden zu unverschuldeten temporären Zahlungsschwierigkeiten wegen Tod, Trennung, Arbeitslosigkeit oder Krankheit kommt.

Die KKV ist eine Antwort auf die zunehmende Überschuldungssensibilität der Kunden sowie auf Fehlentwicklungen in der Restschuldversicherung (RSV). Die bisherige RSV ist durch teilweise überhöhte intransparente Innenprovisionen, Vorausfinanzierung und künstlich herbeigeführte Rückkaufverluste in Öffentlichkeit und Rechtsprechung in Misskredit gekommen.

Sie sichert zudem den falschen Betrag (Restschuld) zu falschen Zeitpunkten (Formalisierung der Risiken/ siehe Gutachten Teil 1). Mit der Provisions-offenlegungspflicht und jüngsten Gerichtsurteilen zum verbundenen Geschäft zeigen sich im Marktangebot bereits deutliche Trends zur Liquiditätsver-sicherung.

Hauptziel der Kapitalkreditversicherung ist der Erhalt der Zahlungsfähigkeit und damit der Rückzahlung der Darlehensraten in finanziellen Krisen des Kreditnehmers zur Vermeidung temporärer Liquiditätsengpässe als Über-schuldungsursachen und zur Entlastung der Kreditgeber von Ausfall- und Servicekosten im Krisenfall.

Tod, Trennung, Arbeitslosigkeit und Krankheit wird in mehr als 50% der Fälle als Überschuldungsursache genannt. Bis auf den Tod, der eine Sonder-stellung einnimmt, führen die genannten Risiken überwiegend nur zu temporären Liquiditätsstörungen, die ein bis zwei Jahre andauern können. Die KKV überbrückt den Liquiditätsengpass und verhindert damit einen auf lange Sicht betrachtet unnötigen finanziellen Absturz.

Die KKV reagiert nicht auf längerfristige Liquiditätsstörungen von über zwei Jahren. Hierbei handelt es sich nicht um ein Problem der temporären Fehl-allokation des Lebenseinkommens, sondern um ein Problem struktureller Armut, das durch private Vorsorge nicht gelöst werden kann. Adressat für Armutslösungskonzepte sind vorrangig der Staat und die Familien.

Schutzgut der Kapitalkreditversicherung ist die Zahlungsfähigkeit des Kunden beim Ratenkreditvertrag. Abgesichert aus Banksicht sind damit die Ratenzahlungen des Kreditnehmers. Die KKV ist flexibel und kompensiert Liquiditätsmängel nur dann und auch nur in dem Umfang, wie sie auch tat-sächlich vorkommen. Statt Tod wird das Erbe gesichert, statt Arbeitslosigkeit der Wegfall der Kompensationsmöglichkeiten für den Einkommensverlust, statt Ehescheidung die Auflösung der ehelichen Wirtschaftsgemeinschaft, statt Krankheit die Einkommensminderung. Weil nur der notwendige Teil der Kreditrate geschützt ist, wird die Zahlungsmoral des Kunden durch fortdauernde verminderte Zahlungspflicht aufrechterhalten, durch Einbeziehung von rückzahlbaren Sparbeiträgen wird ein Interesse an Risikovermeidung geweckt und durch die Minimierung des Aufwandes die Prämie niedrig gehalten. Die KKV vermeidet Umschuldungsanreize für Anbieter und Umschuldungsnotwendigkeiten für die Verbraucher.

Die KKV verbindet das Solidaritätsprinzip der Versichertengemeinschaft mit der Eigeninitiative des von der Krise betroffenen Kreditnehmers. Die KKV wird über monatliche Prämienzahlungen finanziert, die aus einem Spar-, und aus einem Versicherungsanteil bestehen. Der Sparanteil wird bei der Versicherung auf einem Vorsorgedepot für den Kunden aufbewahrt. Bei Eintritt des Risikos erfolgt die Übernahme eines Teils der Kreditrate durch die Leistung aus dem Vorsorgedepot; der Rest wird von der Versichertengemeinschaft übernommen. Je nach Zeitpunkt des Risikoeintritts und Dauer der Leistung wird das Vorsorgedepot hierbei aufgebraucht oder kann sogar überzogen werden. Der Versicherungsnehmer gleicht nach Beendigung der Krise die Überziehung mit den dann noch ausstehenden Prämien aus. Die am Ende der Vertragslaufzeit noch fehlende Summe wird von der Versicherung übernommen. Der Kunde erhält nach Ablauf der Kreditlaufzeit das im Vorsorgedepot angesparte Kapital, soweit es nicht während einer Krise verbraucht wurde, verzinst zurückerstattet.

Das Produkt reagiert auf die statistisch fassbaren, objektiven Hauptursachen für Liquiditätskrisen. Der Risikoeintritt wird mit Hilfe von objektiven für das jeweilige Risiko typischen Nachweisen belegt. Dies ist z. B. bei der

Scheidung die Vorlage eines neuen Mietvertrags und der Bescheinigung einer anwaltlichen Beratung, bei der Arbeitslosigkeit die Meldung bei der Agentur für Arbeit, bei Krankheit die Krankschreibung. Seine Idee ist in der Tat so komplex wie die Liquiditätskrisen Verschuldeter. Es lässt sich jedoch in hohem Maße standardisieren, indem der gezahlte Ratenanteil entsprechend durchschnittlichen Liquiditätsberechnungen prozentual, Leistungseintritt und Leistungsdauer für alle gleich (oder aber für wenige Gruppen differenziert) festgelegt wird.

Je genauer die Risikoabstimmung erfolgt, desto interessanter kann die Prämie gestaltet werden. Differenziertere Standardbudgets könnten einem Haushaltstypenkatalog bei Vertragsschluss entnommen und die Versicherungsleistung danach berechnet werden. Alternativ hierzu wäre auch eine individuelle Berechnung des hypothetischen Bedarfs unter Zugrundelegung der echten Haushaltsdaten bei Vertragsabschluss möglich. Software hierzu ist u.a. beim iff dazu vorhanden.

Der vom Kreditnehmer ab Vertragsbeginn zu zahlende Betrag setzt sich zusammen aus dem Sparanteil, einer Innenprovision, einem Verwaltungskostenanteil sowie der Risikoprämie. Die Risikoprämie berechnet sich nach dem durchschnittlichen Risiko der versicherten Gruppe in den versicherten Fällen, der Ratenhöhe, der durchschnittlich zu erwartenden sowie der maximalen Zahlungsdauer abzüglich der einzubeziehenden angesparten Beträge sowie evtl. der aus dem vorherigen Vertrag verbleibenden nicht ausgeschütteten Überschüsse.

Das Produkt geht auf empirisch belegte zunehmende Ängste der Verbraucher ein, stärkt den Willen zur Vorsorge und macht die Bank darin glaubwürdiger, bindet den Kunden mit seinem Vertrauen an die Bank und ist „Helfer in der Not". Das Produkt ist fair, transparent und letztlich einfach. Ein Slogan wäre:

„Wir sind auch dann für Sie da, wenn Sie Probleme haben. Mit der KKV sichern Sie zu günstigen Tarifen die Zahlungsfähigkeit bei Arbeitslosigkeit, Krankheit, Trennung und Tod für sich, Ihren Ehepartner und die Kinder. Zugleich legen Sie damit ihr Geld an und bekommen den nichtverbrauchten Teil zurück."

XIV

Inhalt

ABBILDUNGSVERZEICHNIS

XXIV

TABELLENVERZEICHNIS

XXVI

1. Teil: Analysen von Angebot und Nachfrage für die Entwicklung eines Payment Protection Systems

Einleitung

Restschuldversicherungen werden auf dem deutschen Markt zur Abdeckung der Rückzahlungspflicht eines Darlehens für den Fall des Todes des Kreditnehmers als Risikolebensversicherung, bei Berufs- und Arbeitsunfähigkeit oder Unfall als Arbeitsunfähigkeitsversicherung und zunehmend auch bei Arbeitslosigkeit als Arbeitslosenversicherung angeboten. Während die Risikolebensversicherung im Todesfall die Restschuld mit einem Einmalbetrag ablöst, übernehmen die zusätzlich abgeschlossene Arbeitsunfähigkeitsversicherung und die Arbeitslosigkeitsversicherung für einen bestimmten Zeitraum die Ratenzahlungen. Alle Varianten werden trotz dieser Unterschiede als Restschuldversicherungen (RSV) bezeichnet.

Ihr Volumen hat bis zum Jahre 2002 erheblich zugenommen. Sie folgen auf Kundenseite einem erhöhten Sicherheitsbedürfnis bei einer gestiegenen Verschuldung, denn die das Einkommen stabilisierenden Faktoren nehmen ab. Arbeitsplatzsicherheit, Familie und Ehe, kollektive Kostentragungssysteme im Krisenfall und Lohnstabilität sind einer stetigen Erosion unterworfen. Der Kunde ist sich regelmäßig darüber bewusst und Banken wie die vormalige Norisbank konnten die Unsicherheit mit Produkten wie dem „Kredit mit Sicherheitsgurt", der unter bestimmten Bedingungen versprach, auf die Inanspruchnahme der Gerichte im Krisenfall zu verzichten, werbewirksam nutzen. Das große Interesse, das dabei Zahlen zur Überschuldung in Deutschland und Europa öffentlich entgegengebracht wird, wie sie in den jährlichen

Publikationen Schuldenkompass (SCHUFA, bis 2008), Schuldenreport (Sozialverbände), iff-Überschuldungsreport (Stiftung „Deutschland im Plus/iff) veröffentlicht werden, macht deutlich, dass das Interesse an mehr Informationen über die drohenden Risiken unverschuldeter Zahlungsunfähigkeit zugenommen hat. Ob dabei die bei Weitem häufigste Form der Kreditlebensversicherung auch tatsächlich das dominierende Problem der Verbraucher betrifft, kann dahingestellt bleiben, weil die Auswahl an Versicherungen relativ begrenzt ist und viele Verbraucher gar nicht zwischen den Risiken unterscheiden.

Dies ist wohl auch der Grund dafür, warum zugleich die Restschuldversicherung zum wesentlichen Faktor für die Erträge aus Cross-Selling-Aktivitäten einiger Mitbewerber geworden ist. Sie erzielen hier, wie sie nicht verhehlen, bis zu 50% ihrer Konsumentenkredit-Erträge. Innenprovisionen von bis zu 70% und ein Preisverhältnis zu frei erhältlichen Produkten bis zum 6-fachen wurden von Verbraucherverbänden festgestellt. Die Stiftung Warentest hat zudem einen faktischen Abschlusszwang in 80% ihrer Testfälle festgestellt. Die Europäische Kommission geht davon aus, dass hier fast nie eine Wahl für den Verbraucher besteht.

Inzwischen wird das Problem auch zum Imageproblem der Banken schlechthin. „Geschäft mit der Not. Verbraucherkredite. Mit Hochzinskrediten für Arme machen ausländische Banken in Deutschland den großen Reibach. Die heimischen Institute ziehen nach." titelte das Handelsblatt im Dezember 2006. Die Süddeutsche schrieb Ende Januar 2007: „Wucher moderner Prägung - wie Banken Kredite heimlich teurer machen. Systematisch werden Kreditnehmer zum Abschluss von Zusatzversicherungen gedrängt. Diese treiben die Kosten gewaltig in die Höhe. Doch die Bankkunden wissen das nicht." In Reaktion auf die Presseerklärung der Verbraucherverbände im

Januar titelt auch die Tagesschau „Neue Form von Kreditwucher". Keine Zeitung zeigt Verständnis für das geltende System der Restschuldversicherungen, das allmählich immer stärker in die öffentliche Kritik kommt vergleichbar den Problemen sittenwidriger Ratenkredite Anfang der 80er Jahre oder der fehlerhaften Tilgungsverrechnung am Ende dieser Periode.

Auch rechtlich drohen Eingriffe, bei denen die Vorfrage, ob die Prämien der Restschuldversicherungen Risikokosten der Bank sind, die sie unerkannt und auf verschlungenen Wegen den Kunden aufbürdet oder das Entgelt für eine erwünschte Zusatzleistung des Kunden darstellt, entscheidend für alle geworden ist und damit auch schon einen Lösungsansatz markiert.

Gelingt es, den Nutzen der Versicherungen so zu erhöhen, dass die Kunden weit eindeutiger als bisher davon profitieren, dann wird die Rechtsfrage geklärt sein und die Diskussion aufhören.

Bereits vor 25 Jahren hatte die Rechtsprechung der Oberlandesgerichte festgestellt, dass ein Kredit auch dann wucherisch sei, wenn ein Teil des Entgeltes an einen Versicherer abgeführt wurde, wobei den Gerichten nicht einmal bekannt war, dass die Versicherer einen erheblichen Teil davon an die Bank zurück überwiesen. Später hat der Bundesgerichtshof die Restschuldversicherung dem Kunden zur Hälfte angerechnet und im Effektivzins berücksichtigt. Der Rest müsse auf die Kreditkosten aufgeschlagen werden.

In der Preisangabenverordnung wurde diese Rechtsprechung korrigiert. Das Merkmal der „Freiwilligkeit" des Abschlusses sollte nun darüber entscheiden, ob der Kunde es als eigenen Nutzen einkaufe oder aber nur Kosten der Bank tragen „müsse". So fand es auch Eingang in den Anhang zur EU-Richtlinie, bevor die EU-Kommission das Problem vor allem auf Drängen Frankreichs 1998 vom iff untersuchen ließ und daraus im Entwurf von 2002 den Schluss zog, dass zeitgleich abgeschlossene Restschuldversicherungs-prämien grundsätzlich in den Kreditpreis einzubeziehen seien.

Zu diesem Zeitpunkt aber waren die Provisionen und Überschuss-beteiligungen für die Kreditgeber schon so wesentlich, dass für viele spezialisierte Institute ein Gewinneinbruch bis zu 50% und eine dramatische Wettbewerbsverschlechterung eintreten würde, wenn diese Regelung Gesetz geworden wäre. Dies war nicht der Fall und der Entwurf 2005 kehrte zum alten Prinzip zurück. Bislang hat Belgien eine entsprechende nationale Regelung zur Entkoppelung verabschiedet. In anderen Ländern wird dies diskutiert. Die englische Kreditaufsicht hat eine Strafe in Millionenhöhe gegen einen Kreditgeber wegen dessen Verkaufpraktiken für Restschuldver-sicherungen verhängt. Der Entwurf der Europäischen Kommission von 2005 scheint zudem keine Chance zu haben und statt einer Totalharmonisierung in der EU werden wohl nationale Regelungen erfolgen, falls sich nicht doch Brüssel dazu entscheidet eine kleine Lösung wie 1998 zu verabschieden, und nur das Cross-Selling bei Konsumkrediten zu regulieren. Ein österreichischer Vorschlag hierzu liegt vor: Anerkennung der Restschuldversicherungskosten als Kreditkosten für die Fälle, in denen der Verbraucher faktisch dazu ge-drängt wurde.

Gleichgültig ob eine solche Regelung EU-weit oder national umgesetzt werden wird, sie würde binnen kürzester Zeit das Provisionsgeschäft mit den Restschuldversicherungen zum Erliegen bringen. Es wäre für einen Kredit-geber dann gleichgültig, ob die Zinsen höher und überhöhte Prämien ge-koppelt würden. Im Effektivzinssatz wäre der Unterschied aufgehoben.

Da die Probleme nicht nur in Deutschland, sondern auch in Frankreich, Großbritannien, Irland und Holland gravierend sind und dort entsprechende Aufklärungskampagnen nach deutschem Muster anstehen, dürfte das aktuelle

4

System der Restschuldversicherungen bei allen Anbietern auf dem Prüfstand stehen.

Die Anbieter reagieren sehr unterschiedlich. Angesichts einer durchschnittlichen Prämie von 507 € für einen nach den Gesamtzahlen ebenfalls durchschnittlichen Kredit von rund 12.000 € und unter Berücksichtigung der in der Presse herausgestellten Kosten lassen sich in der Praxis extrem unterschiedliche Preisgestaltungen ausmachen. Während die Genossenschaftsbanken über die Zentralisierung in der Teambank ein Motor dieser Provisionsentwicklung waren und evtl. bleiben, fangen einige Sparkassen jetzt erst an, in dieses Geschäft einzusteigen. Innerhalb deren Organisation gibt es allerdings nicht wenige Institute, die ein solches Geschäft von vorneherein, zum Teil auch aus ethischen Gründen, ablehnen. Von den Geschäftsbanken hat ING-DIBA sich öffentlich von einer Koppelung der Kreditvergabe mit Restschuldversicherung distanziert und wirbt damit, dass sie ab 1.1.2007 keine derartigen Versicherungen mehr verkaufen. Die Großbanken agieren hier zum Teil sehr unterschiedlich. Vorreiter und zugleich Negativbeispiel in der Presse ist die HypoVereinsbank. Immerhin ist das Geschäft mit Restschuldversicherungen seit 2002 deutlich rückläufig, was auf gewisse Irritationen bei denjenigen schließen lässt, die dieses System entwickelt haben und es selber nicht mehr für zukunftsträchtig halten.

Für eine Positionierung auf dem Markt ergeben sich unter den aktuellen Bedingungen folgende Optionen:

– Einstieg in das provisionshaltige RSV-Geschäft mit hohen Margen und erheblichem Risiko,

– Beibehaltung der RSV-Produkte mit niedrigerem Preisniveau als Nebenprodukte,

- Ausstieg aus der RSV und Kosteneinsparung durch Vereinfachung des Ratengeschäfts,

- Vermittlung freier Versicherungen anstelle der RSV zur Beibehaltung der Sicherungseffekte sowie eines Provisionsgeschäftes.

Diese Alternativen gehen von der gegenwärtigen Produktgestaltung der RSV aus. Diese Produktgestaltung könnte jedoch historisch überholt sein, sodass eine grundsätzliche Reform, wie sie hier befürwortet wird, sinnvoll sein könnte und den Anbieter, der hier die Führung übernimmt mit mehr Marktvertrauen und Absatzchancen belohnen könnte.

Die Bezeichnung *Restschuld*versicherung bezieht sich auf einen fällig gestellten Kredit und geht dabei regelmäßig von Kündigung des gesicherten Kredits und Insolvenz des Kreditnehmers aus, bei dem die Restforderung möglichst schnell realisiert werden soll. Gedanklicher Ausgangspunkt aller Restschuldversicherungen ist der Tod eines Menschen. Hier erscheint es logisch, dass bei Fortfall des Schuldners alle Forderungen sofort fällig und mit dem Vermögen verrechnet werden. Doch der Eindruck täuscht. Nur rechtlich ist der Verstorbene der einzige Kreditnehmer, wenn gleich seine Erben im gesetzlichen Regelfall für seine Verbindlichkeiten einzustehen haben. Tatsächlich werden Kredite von Haushalten aufgenommen und auch von diesem Haushalt als Wirtschaftseinheit zurückgezahlt. Solche Hauswirtschaften bestehen zumeist auch bei Tod des Kreditnehmers fort und die Frage, ob nicht auch hier eine Absicherung der Fortsetzung des Kreditverhältnisses anstelle seiner Zerschlagung Sinn machen würde, muss zunehmend gestellt werden.

Der hier weiter fortgeschrittene angelsächsische Wirtschaftsraum konzentriert sich schon begrifflich auf die fortdauernden Zahlungen und damit vom Fortbestand der Kreditbeziehung, wenn er entsprechende Versicherungen als *Payment-Protection-Insurance* bezeichnet. Es geht begrifflich um die Raten und nicht um die Restschuld.

Diese Tendenz ist nicht allein typisch für den Kredit, sondern für die Behandlung der Zahlungsunfähigkeit schlechthin im Konkursrecht der letzten zwei Jahrhunderte. Wollte die Konkursordnung des 19. Jahrhunderts noch bei der Insolvenz möglichst schnell das Unternehmen zerschlagen, das Vermögen liquidieren, die Schulden zur „Restschuld" addieren und das vorhandene Vermögen auf die Gläubiger verteilen, so wurde dieses System in den 20er Jahren des vorigen Jahrhunderts durch Elemente einer Vergleichsordnung ergänzt, die nach Zahlungsunfähigkeit vom Fortbestand des Unternehmens ausgingen. Auch die Gläubiger erkannten, dass ihren Interessen besser gewahrt werden kann, wenn nicht alle Forderungen sofort realisiert werden, sondern sie an dem u. U. möglichen Fortbestand des Unternehmens partizipieren können. Die neue Insolvenzordnung von 1994 erklärt den „Erhalt des Unternehmens" und dessen Sanierung als gleichrangiges Ziel neben der Zerschlagung und stellt hierfür gemäß § 1 Insolvenzordnung (InsO) den Akteuren den Insolvenzplan als Instrument zur Verfügung.

In der Regelung der Verbraucherinsolvenz wird dieser Gedanke dann dominierend. Bei Verbrauchern ist Überschuldung allein kein Insolvenzgrund mehr (§ 19 InsO). Entscheidend ist allein die Bedienung bestehender Verpflichtungen, also die Liquidität und nicht das Vermögen. Die Liquidität aber korrespondiert mit den Raten, während die Restschuld mit dem Vermögen zusammenhängt. Der Schuldenbereinigungsplan oder aber die gesetzlich angeordnete Lohnvorausabtretung in der Wohlverhaltensperiode wird gewissermaßen als staatlich sanktionierte Fortsetzung des Kredites zum Regelfall zu der Bewältigung von Zahlungsschwierigkeiten. Statt der schlichten

Aufteilung des Vermögens geht es seitdem primär um die Aufrechterhaltung von Zahlungen, also um eine Art der Payment Protection.

Diese Entwicklung ist Ausdruck der Erkenntnis wirtschaftlicher Vernunft, die sich an dem orientiert, was der Verbraucher der Wirtschaft tatsächlich an geldwerten Leistungen bieten kann. Das wesentliche Vermögen der Konsumentenkredithaushalte liegt in ihrer Fähigkeit, in Zukunft durch Arbeit oder sonstige ökonomische Tätigkeit Einkommen zu erzielen. Aus diesem Grund hat die Lohnvorausabtretung die Sachsicherheit mit dem erworbenen Gut überholt. Damit ist zugleich die wesentliche Begründung genannt, warum bei dem Sachkredit der Wohnungsmiete alle Versuche, die Mietzahlungen wieder aufzunehmen gesetzlichen Vorrang erhalten vor der Kündigung. Entsprechend hat das bürgerliche Recht alle Anreize zur Kreditkündigung genommen, als es Mindestbedingungen und Wartezeiten schaffte und im Verzug eine Regelung vorschrieb, die dem Kreditgeber weniger an Zinsen als in einer laufenden Beziehung verspricht (§ 497 BGB).

In dem folgenden Gutachten werden die vorgenannten Entwicklungen auf dem Restschuldversicherungsmarkt näher beschrieben. Im Anschluss daran wird das Nachfragepotenzial sowie der mögliche Deckungsbereich für ein System des „Payment Protection" analysiert bevor die Tendenzen in der öffentlichen Meinung und im Recht aufgezeigt werden, die als Risiken für die bisherige Praxis Handlungsbedarf schaffen. Aus den daraus gewonnenen Erkenntnissen werden schließlich die grundlegenden Bausteine für eine neue Produktgestaltung skizziert.

1.1 Der Markt: Das bestehende Angebot an Restschuldversicherungen

Präzise Branchenzahlen zu dem Bereich der Restschuldversicherungen sind für den deutschen Markt nur schwer zu erlangen. Restschuldversicherungen werden den grundständischen Daten nach in Deutschland von der Bundesanstalt für Finanzdienstleistungsaufsicht (BAFIN) bzw. für die Zeiträume vor 2002 vom Bundesaufsichtsamt für das Versicherungswesen erfasst. Daneben erhebt der Gesamtverband der deutschen Versicherungswirtschaft e.V. (GdV) regelmäßig Daten über Restschuldversicherungen von seinen Mitgliedern.[1] Zahlen sind dort für die Zeit ab 1995 verfügbar. Das daraus gewonnene Zahlenmaterial stimmt nicht einmal näherungsweise überein. Nach Auskunft des GdV wie zugleich der BAFIN hängt dies mit den unterschiedlichen Abfragemethoden und einer unterschiedlichen Definition der Restschuldversicherung zusammen. Es kann nicht ausgeschlossen werden, dass in den Statistiken des GdV auch solche Versicherungen enthalten sind, die gewerbliche Kredite absichern. Im Folgenden werden daher - soweit nicht anders vermerkt - die Zahlen der BAFIN für weitere Untersuchung und Berechnung herangezogen[2].

---

[1] Diese Zahlen werden unter anderem von der GP-Forschungsgruppe herangezogen, vgl. *Korczak*, „Verantwortungsvolle Kreditvergabe. Gutachten im Auftrag des Bundesministeriums für Verbraucherschutz, Ernährung und Landwirtschaft", 2005, S. 27.

[2] Vgl. *Schuster*, Kapitallebens- und Restschuldversicherungen optimieren, S. 135.

1.1.1 Kennzahlen des deutschen Marktes

Im Jahr 2008 wurden in Deutschland auf Empfehlung und durch Vermittlung der Kredit gebenden Banken ca. 613.000 Restschuldversicherungsverträge mit einer Versicherungssumme in Höhe von 7,2 Mrd. € neu abgeschlossen. Der Bestand belief sich zum 31.12.2008 auf 2,847 Mio. Verträge mit einer Versicherungssumme in Höhe von 20,46 Mrd. €. Nach der Statistik der BAFIN hatten in Deutschland insgesamt 36 Versicherungsunternehmen Restschuldversicherungen im Angebot. Seit ihrem Deutschlandstart vor etwa 50 Jahren[3] hat sich die Restschuldversicherung damit zu einem echten Massengeschäft entwickelt mit einem Anteil von ca. 10% aller neu abgeschlossenen Lebensversicherungsverträge. In ihrer Gesamtheit reicht die Restschuldversicherung damit fast an die eigenständige Risikolebensversicherung hat und die kapitalbildende Lebensversicherung überholt.[4]

Der Vertrieb von Restschuldversicherungen ist offenbar für die einzelnen Kreditinstitute von unterschiedlich hoher Bedeutung. Bei einigen Banken erhalten heute bereits mehr als die Hälfte der Konsumentenkredite eine Restschuldversicherung. Die unterschiedliche Bedeutung des Versicherungsvertriebs lässt sich auch anhand der Bilanzen einzelner Anbieter ablesen. So betrugen die Provisionen aus dem Versicherungsgeschäft 2004 bei der

---

[3] Der erste Genehmigungsbescheid des deutschen Bundesamtes für das Versicherungswesen stammte aus dem Jahre 1957 (vgl. *Schulz*, Restschuldversicherung, 2. Auflage 1988, S. 13).

[4] Zum Vergleich wurden im Jahre 2008 667.000 eigenständige Risikolebensversicherungsverträge und 582.000 Kapitallebensversicherungsverträge neu abgeschlossen.

größten deutschen Konsumentenkreditbank ca. ein Viertel der Gesamterträge[5]; bei anderen lagen sie sogar darüber[6].

1.1.1.1 Marktbewegungen

Der Markt von Restschuldversicherungen ist in Bewegung. Dies lässt am Bestand und an den neu abgeschlossenen Verträgen ablesen. Bis zum Ende des 20. Jahrhunderts wuchs die Branche kontinuierlich. Dieser Trend konnte sich Anfang des 21. Jahrhunderts nicht mehr fortsetzen. Nach den Daten des GdV erreichte das Marktvolumen seinen Gipfel im Jahre 2003 in Bezug auf die Anzahl der Verträge und das Gesamtvolumen der Versicherungssummen.

---

[5] *Norisbank*, Geschäftsbericht 2004 (abrufbar unter www.norisbank.de).

[6] *Citibank*, Geschäftsbericht 2004 (abrufbar unter www.citibank.de).

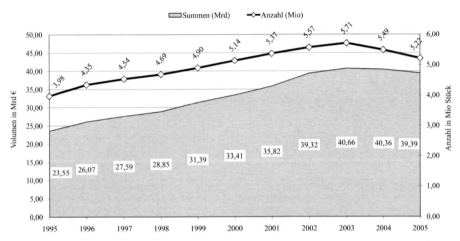

Restschuldversicherung Bestand seit 1995
Anzahl und Versicherungsvolumen

Abbildung 1: *Restschuldversicherungen Bestand seit 1995. Quelle: GdV, Eigendarstellung des iff.*

Ein ähnliches Bild zeigt sich bei der Auswertung der Daten der BAFIN, wie folgende Grafik zeigt. Danach war der Gipfel bereits im Jahr 2002 erreicht.

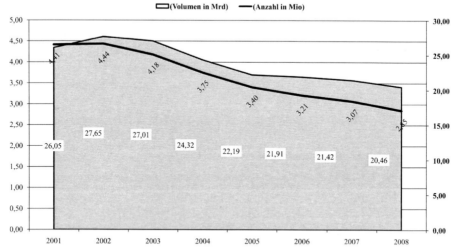

Abbildung 2:   *Restschuldversicherungen Bestand seit 2001. Quelle: BAFIN,*
                 Eigendarstellung des iff.

Der Rückgang beim Bestand beruht fast ausschließlich auf einem Rückgang
bei den Versicherungsneuabschlüssen. Wurden im Jahr 2001 noch 1,312
Millionen Restschuldversicherungsverträge neu abgeschlossen, waren es im
Jahr 2008 nur noch 613.000 Verträge. Dies entspricht einem Rückgang um
über 50 Prozent. Ähnlich verhält es sich mit dem Versicherungsneuvolumen
(11,552 Mrd. Euro zu 7,216 Mrd. Euro). Der Rückgang fällt hier etwas
geringer aus, weil sich im selben Zeitraum die durchschnittliche Versicherungssumme je Vertrag erhöhte.

Der Rückgang des Verkaufs von Restschuldversicherungen könnte im Zusammenhang stehen mit der einsetzenden negativen Presse und Kritik durch
die Verbraucherverbände und der damit einhergehenden kritischen Haltung
der Verbraucher.

13

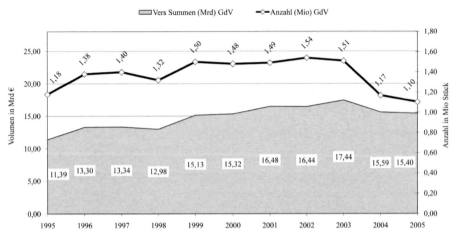

Neugeschäft Restschuldversicherungen
(Anzahl und Versicherungsvolumen)

Abbildung 3:   *Restschuldversicherungen Neugeschäft seit 1995. Quelle: GdV, Eigendarstellung des iff.*

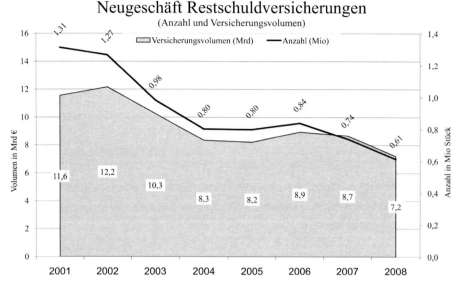

Abbildung 4:   *Restschuldversicherungen Neugeschäft seit 2001. Quelle: BAFIN, Eigendarstellung des iff.*

1.1.1.2 Durchschnittliche Größe, Laufzeit und Prämienhöhe

Aus den von der BAFIN veröffentlichten Zahlen geht hervor, dass die Restschuldversicherungen ganz überwiegend über Einmalbeträge finanziert werden. So beliefen sich nach den Zahlen im Jahr 2008 die Einmalbeiträge auf insgesamt 311 Millionen Euro, während es bei den laufenden Beiträgen lediglich 1 Million Euro waren. Aus den Zahlen lassen sich der durchschnittliche Einmalbetrag und die durchschnittliche Versicherungssumme berechnen.[7] Die durchschnittliche Versicherungssumme liegt im Jahr 2008 bei

---

[7]   Vgl. zur Berechnung auch *Schuster*, Kapitallebens- und Restschuldversicherungen optimieren!, S. 136.

15

11.772,00 Euro; der durchschnittliche Einmalbetrag bei 507,00 Euro. Dies entspricht fast exakt der durchschnittlichen Höhe der laufenden Ratenkredite, die im Jahr 2005 bei 10.170,00 € lag. Bei der durchschnittlichen Versicherungssumme und beim durchschnittlichen Einmalbetrag ist zwischen 2001 und 2008 ein erheblicher Anstieg zu verzeichnen. Dies entspricht der Erwartung, dass die durchschnittliche Versicherungssumme der durchschnittlichen Kredithöhe folgt. Da im fraglichen Zeitraum das durchschnittliche Kreditvolumen gestiegen ist, verwundert der Anstieg nicht. Die durchschnittliche Laufzeit der neu abgeschlossenen Restschuldversicherungsverträge lag bei rund 67 Monaten. Auch dies entspricht der typischen Laufzeit von Konsumentenratenkrediten.

Jahr	durchschnittliche Versicherungssumme (Euro)	durchschnittliche Laufzeit (Monate)	durchschnittliche Einmalprämie (Euro)
2001	8.805 €	71	217 €
2002	9.611 €	68	321 €
2003	10.442 €	65	397 €
2004	10.419 €	62	363 €
2005	10.286 €	61	353 €
2006	10.678 €	61	364 €
2007	11.739 €	69	415 €
2008	11.772 €	67	507 €

Tabelle 1:   *Durchschnitt Versicherungssumme, Laufzeit und Prämienhöhe 2001- 2008. Quelle: BAFIN, Eigenberechnung iff.*

Allerdings ist auffällig, dass in den letzten Jahren der durchschnittliche Einmalbetrag überproportional stärker im Vergleich zu der durchschnittlichen

Versicherungssumme steigt. Der überdurchschnittliche Anstieg in den Versicherungsprämien könnte verschiedene Ursachen haben: Eine Erklärung
könnte sein, dass es im fraglichen Zeitraum häufiger zu Eintritt von Versicherungen gekommen ist und dies in der Preiskalkulation seinen Nieder-
schlag gefunden hat. Eine andere Erklärung könnte sein, dass in den letzten
Jahren anteilig mehr Versicherungen angeboten wurden, die nicht nur das
Risiko Leben, sondern auch weitere Risiken – entsprechende Mehrkosten
verursachend – absicherten.

Durchschnittliche Versicherungssumme

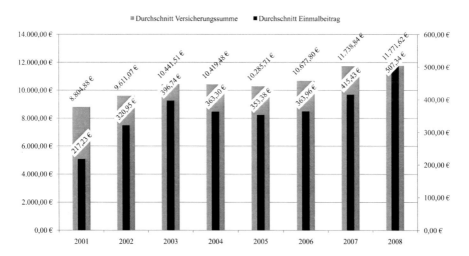

*Abbildung 5: Durchschnittliche Versicherungssumme und Einmalbetrag
2001-2008. Quelle: BAFIN, Eigendarstellung des iff.*

17

1.1.1.3 Wahrscheinlichkeit des versicherten Schadensfalls

Betrachtet man die Entwicklung bei den Kreditausfällen im Ratenkredit-bereich, wie sie neuerdings von der SCHUFA in ihrem Kreditkompass ver-öffentlicht werden, so ist ab dem Jahr 2005 ein Anstieg bei den Ausfällen zu verzeichnen. Die Ausfälle beliefen sich nach diesen Zahlen im Jahr 2008 auf durchschnittlich 2,7 Prozent gemessen am Kreditvolumen. Dabei lassen sich saisonale Schwankungen beobachten. Nach den Zahlen wäre ein Anstieg beim Eintritt der Versicherungen zu erwarten, da Restschuldversicherungen ja den Darlehensnehmer vor Illiquidität versichern sollen und dadurch Kreditausfälle vermieden werden sollten. Entgegen dieser Erwartung zeigen die Zahlen der BAFIN jedoch einen Rückgang beim Versicherungseintritt. Hieraus lässt sich schließen, dass die Versicherungen den Risiken nicht optimal angepasst sind.

Jahr	Eintritt des Versicherungs- falls (Anzahl)	Bestand (Anzahl)	Wahrschein- lichkeit des Eintritts des Versicherungs- falls	Kreditausfall- wahrscheinlich keit (jeweils 4. Quartal)
2001	8.000	4.266.000	0,19%	k.A.
2002	9.000	4.412.000	0,20%	k.A.
2003	8.000	4.435.000	0,18%	k.A.
2004	8.000	4.178.000	0,19%	k.A.
2005	8.000	3.751.000	0,21%	2,20%
2006	7.000	3.403.000	0,21%	2,30%
2007	6.000	3.210.000	0,19%	2,30%
2008	6.000	3.069.000	0,20%	2,60%

Tabelle 2: *Wahrscheinlichkeit des Eintritts des Versicherungsfalls. Quelle BAFIN; Eigenberechnung iff.*

1.1.2   Restschuldversicherungsvertrieb durch Banken

Restschuldversicherungen für Verbraucherratenkredite werden ausschließlich über Banken oder andere Kreditgeber etwa im Abzahlungs- oder Leasinggeschäft vertrieben. Dabei ist der Vertrieb vor allem in Rahmenverträgen zwischen der Bank und dem Versicherer geregelt, sodass die Versicherer jeweils exklusiv nur für ein Kreditinstitut auftreten und für den Kunden des Anbieters keine Wahl besteht.

1.1.2.1   Rahmenverträge

Zum Vertrieb von Restschuldversicherungen wird zwischen dem Versicherer und dem Kreditinstitut ein Rahmenvertrag abgeschlossen, in dem der Vertrieb der Versicherung durch die Bankmitarbeiter (Einholung des Antrags, Bestimmung der Tarifhöhe, Ausfertigung von Durchschriften etc.) und die Verpflichtung zum Vertragsservice geregelt sind. Zudem wird das Kreditinstitut häufig selbst Vertragspartner des Versicherers hinsichtlich eines Gruppenversicherungsvertrags. Dieser ist wiederum Bestandteil des Rahmenvertrags. Solche Versicherungen können in der Praxis dann für Verbraucher besonders billig sein, wenn sie ihnen direkt vom Versicherer etwa über einen Arbeitgeber als Vermittler angeboten werden, womit die Vorteile, dass sich das Risiko nach einem Durchschnitt unabhängig vom Einzelrisiko richtet und ohne besondere Abschlusskosten verkauft werden kann, beim Versicherungsnehmer selber verbleiben. Versicherungsnehmer ist in diesen Fällen das Kreditinstitut selbst; der Kreditnehmer ist lediglich die versicherte Person.

In anderen Fällen wird der Versicherungsvertrag als Einzelversicherung direkt zwischen dem Darlehensnehmer und der Versicherungsgesellschaft abgeschlossen. In diesen Fällen ist der Kreditnehmer gleichzeitig der Versicherungsnehmer und die versicherte Person.

Partner der Restschuldversicherer sind also in beiden Fällen nicht die Kreditnehmer, sondern die begrenzte Anzahl von Kreditgebern, im Wesentlichen also die Kreditinstitute. In der Praxis kooperieren die einzelnen Kreditinstitute nicht mit verschiedenen, sondern im Regelfall mit lediglich einem einzigen Versicherer pro versichertes Risiko. Dadurch ist der Wettbewerb bei der Restschuldversicherung im Vergleich zur „klassischen" Lebensversicherung im Verhältnis der professionell Beteiligten umgekehrt. Die Versicherungsgesellschaften konkurrieren um die Kreditinstitute; nicht um die potenziellen Versicherungsnehmer. Die Kreditgeber sind an hohen Restschuldversicherungsbeiträgen interessiert, da diese durch die Kreditnehmer getragen werden und sie durch die Vorfinanzierung des Einmalbetrags und die Vermittlungsprovision deutlich mehr verdienen als bei niedrigen Beiträgen. Der Wettbewerb bei Restschuldversicherern geht daher nicht um die Verbraucher, für die sie das Produkt anbieten wollen sondern um die Banken als Vermittler. Bestehen vertraglichen Bindungen zu dem Vermittler, ist der Absatz im Regelfall durch Koppelung der Geschäfte garantiert. Damit sich der Vermittler an das Versicherungsunternehmen bindet, überbieten sich die Restschuldversicherer in den Angeboten an den Vermittler zur Zahlung einer sog. Innenprovision.[8] Das gesamte System ist aus den sogenannten Schrottimmobilienfällen oder Junkbonds bekannt, wo insbesondere bei geschlossenen Fonds der Absatz wenig attraktiver Wertpapiere und Anteile über extrem hohe Innenprovisionen an die Vermittler gesichert wird, die

---

[8] So schon *Gerlach*, FLF 1981, 99.

damit erhebliche Anreize auch zu betrügerischem Absatz erhalten. Dies hat u. a. die Gerichte dazu veranlasst, Aufklärungspflichten bei einer Provision von oder über 15% zu statuieren. Demgegenüber findet bei Restschuldversicherungen keinerlei Offenlegung oder Information über den Anteil der Innenprovision statt, obwohl deren Sätze regelmäßig deutlich über dieser Schwelle liegen.

1.1.2.2   Wer sind die Kooperationspartner?

Das gesamte System gründet auf einer engen und auf Dauer angelegten Kooperation zwischen Versicherer und Bank. Im Rahmen der hiesigen Forschungstätigkeiten waren Versicherer zwar bereit vertraulich mitteilten, dass nicht sie, sondern die beteiligten Banken die extremen Zusatzerträge erhielten, während sie selbst sogar noch über Gewinnbeteiligungen in einem harten Wettbewerb ihre Prämien senken müssten. Letztlich waren diese auf Anfrage einer Vermittlungsagentur zwischen Banken und Versicherern aber nicht bereit, ihre den Banken berechneten „Einkaufspreise" zu nennen, sodass diese hier indirekt nachgerechnet werden mussten.

Die Kooperationspartner ergeben sich aus den jeweiligen Kreditverträgen. Es ließ sich kein Kreditinstitut feststellen, dass dem Kunden mehrere Anbieter zur Auswahl stellt. Einige bedeutende Kooperationen sind in der nachfolgenden Übersicht aufgeführt:

Kreditinstitut	Versicherer
ABC Privatkunden Bank	Credit Life International N.V.
Citibank	civ Lebensversicherung AG
Commerzbank	Volksfürsorge Deutsche Lebensversicherung AG
CreditPlus Bank	Finaref Life Ltd, Finaref Insurance Ltd.
Deutsche Bank	Zurich Gruppe
Deutsche Kreditbank	Fides Secur Versicherung/ CARDIF
Frankfurter Sparkasse	SV Sparkassen Versicherung Lebensversicherung AG, Union Krankenversicherung AG
Frankfurter Volksbank	R+V Luxembourg Lebensversicherung S.A.
GE Money Bank	Genworth Financial, Lighthouse General Insurance Company Ltd.
Hamburger Bank	R+V Luxembourg Lebensversicherung S.A.
Hamburger Sparkasse	Neue Leben Lebensversicherung AG
Hypo Vereinsbank	VICTORIA Lebensversicherung AG
ING Diba	VPV Lebensversicherungs AG
Norisbank	R+V Luxembourg Lebensversicherung S.A.
Santander Consumer Bank	HDI Gerling
SEB	delta lloyd Gruppe; Berlinische Lebensversicherung Aktiengesellschaft
Sparda-Bank Hessen	R+V Luxembourg Lebensversicherung S.A.
SWK Bank	CIGNA Life Insurance Company of Europe S.A.

Tabelle 3: Kooperationspartner beim RSV-Vertrieb.

1.1.2.3 Bedeutung des Bankvertriebs

Restschuldversicherungen werden im Gegensatz zu anderen Versicherungen ausschließlich über Banken vertrieben. Der Versicherungsvertrieb stellt für viele Kreditinstitute bereits einen wesentlichen, für einige Anbieter sogar den wichtigsten Anteil ihrer Erträge dar.[9] Mit den Restschuldversicherungen wächst auch ganz allgemein das Cross-Selling insbesondere von Kapitallebensversicherungen im Bankgeschäfte, sodass sich das sog. Allfinanzkonzept zwar anders als erwartet, aber über eine zunehmende Vermittlertätigkeit der Banken durchsetzt.

Nach der Tillinghast Vertriebswege Survey 2005 erreichte der Bankvertriebsweg bei den Kapitallebensversicherungen in 2005 25% des Annualised Premium Equivalent, APE. Dies stellt das Neugeschäft des laufenden Jahres, gemessen an den laufenden Beiträgen erhöht um ein Zehntel der Einmalbeträge dar. Für die Zukunft wird aufgrund des Stimmungsbildes der Teilnehmer und der Markteinschätzung von Tillinghast eine weitere Stärkung des Bankvertriebs erwartet. Die positiven Erwartungen in Bezug auf den Bankvertrieb sind in erster Linie darin begründet, dass hier ein größeres Neugeschäftspotenzial durch die breite Kundenbasis zum Teil noch nicht effektiv ausgeschöpft wird, dieses aber in den kommenden Jahren nutzbar gemacht werden dürfte. Bis zum Jahr 2015 wird ein Anstieg des Bankvertriebs auf 35% APE erwartet.

---

[9]   So betragen die Provisionen aus dem Restschuldversicherungsgeschäft bei der größten deutschen Konsumentenkreditbank ca. ein Viertel der Gesamterträge; bei anderen sogar bis zu 50%.

Lebensversicherungsvertrieb:
Marktanteilsentwicklung und Prognose in APE

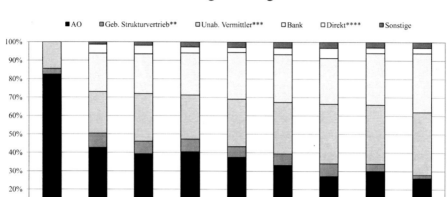

Abbildung 6:   *Marktanteilsentwicklung und Prognose beim Vertrieb von Lebensversicherungen in APE. Quelle: Towers Perrin 2006, Darstellung iff.*

1.1.3   Angebotene Versicherungsformen

In der heutigen Praxis bildet die Risikolebensversicherung nach wie vor die wichtigste Form der Restschuldversicherung. Neben dem Todesfallrisiko als Hauptversicherung (auch als „Basisversicherung" bezeichnet) können seit einiger Zeit auch die Arbeitsunfähigkeit und die Arbeitslosigkeit des Kreditnehmers abgesichert werden sowie weitere Sicherungsfälle wie bei der Unfallzusatzversicherung und Scheidungs- und Umzugsversicherung einbezogen werden.

1.1.3.1 Risikolebensversicherung

Während sich im Bereich der Hypothekenkredite dieser Versicherungstypus wegen der relativ gleich bleibenden hohen zu versichernden Summe kaum von dem einer üblichen Risikolebensversicherung mit monatlichen Prämienzahlungen unterscheidet, ist mit der Restschuldversicherung im Bereich der Ratenkredite ein vollständig neues Produkt entstanden, das auf dem Markt wenigstens nicht dergestalt für Endverbraucher angeboten wird. Dabei wird auf den Todesfall des Kreditnehmers (wobei dieser teilweise als Unfalltod konkretisiert wird) für die relativ begrenzte Laufzeit eines solchen Kredites (durchschnittlich vier Jahre) eine Versicherung berechnet, die im Gegensatz zu einer „normalen" Risikolebensversicherung durch einen Einmalbetrag finanziert wird, der mit Abschluss des Vertrags fällig wird.

Die Tarife der Restschuldversicherung auf den Todesfall differieren nach der Höhe der Versicherungssumme. Standardform der Restschuldversicherung ist die Versicherung mit monatlich fallender Versicherungssumme. Das damalige Bundesaufsichtsamt für das Versicherungswesen (BAV) hat diese Tarifform im Jahre 1991 als Grundsatz in der Restschuldversicherung festgelegt und Tarife mit gleich bleibender Versicherungssumme nur für Kredite ohne planmäßige Tilgung oder Festdarlehen zugelassen.[10] Grund hierfür war, dass Restschuldversicherungen mit konstanter Versicherungssumme etwa doppelt so teuer sind wie Versicherungen mit fallender Versicherungssumme.[11]

---

[10] Verlautbarung der Bundesanstalt für Versicherungswesen 1991, 413 f.

[11] *Gerlach*, FLF 1981, 99.

Diese Normierung, die angesichts des Wegfalls der „genehmigten Tarife" der Rechtsprechung des Europäischen Gerichtshofs zur Dienstleistungsfreiheit kaum noch standhalten dürfte, ist im Übrigen auch aus anderen Gründen mehr als zweifelhaft. Das Aufsichtsamt hat mit dieser Typisierung den einzelnen Vertrag betrachtet ohne Rücksicht auf die Preisbildung über Märkte, sodass die Einsparung beim Einzelprodukt zugunsten einiger Verbraucher sich letztlich durch die Schaffung eines hochpreisigen Sondermarktes ins Gegenteil verkehrt hat.

Tatsächlich werden Risikolebensversicherungen mit fallender Versicherungssumme nur als Annexprodukte bei Krediten und Sparverträgen („Kapitallebensversicherungen") vertrieben. Dadurch ist notwendig ein Sondermarkt für Restschuldlebensversicherungen entstanden, der mit den marktgängigen Massenprodukten unvergleichbar geworden und zugleich nicht substituierbar ist. Im Ergebnis wurde dadurch keine Ersparnis für die Verbraucher bewirkt, sondern eine drastische Preissteigerung dieser Sonderform, die noch durch weitere, nachfolgend zu behandelnde Umstände gefördert wurde. Faktisch entstand so eine Monostruktur, die kartellrechtliche Bedenken aufwirft.

Funktionell kann die Versicherungssumme im Todesfall entweder den Nettorestkreditbetrag oder aber die Restratensumme absichern. Im letztgenannten Fall kommt im Versicherungsfall die Zinsrückvergütung den Erben zugute, die Prämie ist in diesem Fall vergleichsweise hoch bemessen. Beim Ableben des Versicherten zahlt die Versicherung die planmäßig noch ausstehenden Raten in einem Betrag aus.

Die Versicherungssumme wird bei Tod der versicherten Person fällig und bleibt im Betrag gleich. Aufgrund der Tatsache, dass die Restschuldversicherung ein typisches Massengeschäft ist und die Verträge durch die Bankmitarbeiter vertrieben werden, erfolgt, was bei Gruppenversicherungen

ohnehin nicht üblich ist, bei den meisten Anbietern keine, auch keine vereinfachte, Gesundheitsprüfung.[12] Der Versicherungsschutz beginnt bereits direkt
mit Valutierung des Darlehens, ohne dass es einer vorherigen Bestätigung
durch die Versicherungsgesellschaft bedarf. Die Versicherungsanträge enthalten Ausschlussklauseln folgenden Wortlauts:[13]

„Der Versicherungsschutz ist ausgeschlossen bei Tod durch Ihnen bei An-
tragstellung bekannte ernstliche Erkrankung (z. B. Erkrankung des Herzens
und des Kreislaufs, der Wirbelsäule und Gelenke, der Verdauungsorgane,
Krebs, HIV-Infektionen/Aids, psychische Erkrankungen, chronische Er-
krankungen) oder Unfallfolgen, wegen derer Sie in den letzten 12 Monaten
vor Beginn des Versicherungsschutzes ärztlich beraten oder behandelt
wurden. Diese Einschränkung gilt nur, wenn der Versicherungsfall innerhalb
der nächsten 24 Monate seit Beginn des Versicherungsschutzes eintritt und
mit diesen Erkrankungen oder Unfallfolgen in ursächlichem Zusammenhang
steht."

---

[12]   Keine Gesundheitsprüfung bei der *Finaref Life Ltd.* (creditplus Bank); *Volksfür-*
sorge Deutsche Lebensversicherung AG (Commerzbank); *R+V Luxembourg*
Lebensversicherung S.A. (Hamburger Bank, Norisbank, Sparda-Bank Hessen,
Frankfurter Volksbank); SV Sparkassen Versicherung Lebensversicherung AG
(FRASPA); *Credit Life International N.V.* (ABC Privatkunden Bank), *BHW Ver-*
sicherung AG (BHW Bank); *VPV Lebensversicherungs AG* (ING Diba); *Genworth*
Financial (GE Money Bank); *Fides Secur Versicherung/ CARDIF* (DKB); *CIGNA*
Life Insurance Company of Europe S.A. (SWK Bank); *Allianz Deutsche*
Lebensversicherungs AG (bei Krediten bis 90.000€).

[13]   Vgl. die Verlautbarung des Bundesaufsichtsamts für das Versicherungswesen
1991, 413 unter 2.3.

Ähnliche Klauseln finden sich in den Bedingungen bei gängigen Anbietern, wie folgendes Beispiel der CC-Bank (Santander Consumer Bank) bzw. dem Gering Konzern zeigt:

„Der Versicherungsschutz erstreckt sich nicht auf die der versicherten Person bekannten ernstlichen Erkrankungen (ernstliche Erkrankungen sind zum Beispiel Erkrankung des Herzens und des Kreislaufs, der Wirbelsäule und Gelenke, der Verdauungsorgane, Krebs, HIV-Infektion/Aids, psychische Erkrankungen, chronische Erkrankungen) oder Unfallfolgen, wegen derer sie in den letzten 121 Monaten vor Beginn des Versicherungsschutzes ärztlich beraten oder behandelt wurde. Diese Einschränkung gilt nur, wenn der Versicherungsfall innerhalb der nächsten 24 Monate seit Beginn des Versicherungsschutzes eintritt und mit diesen Erkrankungen oder Unfallfolgen in ursächlichem Zusammenhang steht."

Diese Klausel entwertet den Versicherungsschutz für die Verbraucher in der Regel unerkennbar zum Teil ganz erheblich. [14]

Aufgrund der bezeichneten weitreichenden Ausschlussklausel und der Praxis der Umschuldungen kommt es daher in der Praxis nur in vergleichsweise wenigen Fällen zum Eintritt des Versicherungsfalles und Zahlungen durch die Versicherung. [15]

---

[14] Die Wirksamkeit der Klausel wird in der Rechtsprechung kontrovers beurteilt, vgl. OLG Frankfurt, VersR 2000, 1135; OLG Hamm, OLGR 1999, 307 (unwirksam); OLG Dresden, VuR 2007, 23 (wirksam).

[15] Darauf hat bereits das Bundesaufsichtsamt für das Versicherungswesen in seinem Erlass aus dem Jahre 1991 hingewiesen: *„Wegen der ganz überwiegenden Vereinbarung von Ausschlussklauseln partizipieren immer weniger Verträge an den Ausschüttungen von Überschüssen"*, vgl. oben Fn. 10.

Einige Anbieter führen aber noch vereinfachte Gesundheitsprüfungen durch, indem im Antrag Fragen nach Erkrankungen gestellt werden, und behalten sich ein dreijähriges vertragliches Rücktrittsrecht bei der Verletzung der vorvertraglichen Aufklärungspflicht vor.[16]

Produkt	RSV	Risikoleben
Laufzeit	Nach Kredit-LZ(1-6 J.)	30 Jahre
Abschlussalter	30-60	35
Höhe	Degressiv	Konstant
Gesundheitsprüfung	in der Regel nein	Ja
Ausschlussklausel	in der Regel ja	Nein

Tabelle 4   RSV im Vergleich zur Risikolebensversicherung.

1.1.3.2   Arbeitsunfähigkeitsversicherung

Der Sinn und Zweck einer Restschuldversicherung als Arbeitsunfähigkeitsversicherung besteht darin, den durch krankheitsbedingte Arbeitsunfähigkeit eintretenden völligen oder teilweisen Ausfall des Arbeitseinkommens bis zur Höhe der monatlichen Tilgungsraten abzusichern. Das Risiko, seinen Ratenzahlungsverpflichtungen krankheitsbedingt nicht mehr nachkommen zu können, trifft den berufstätigen Kreditnehmer mit Wegfall der gesetzlichen Entgeltfortzahlung sechs Wochen nach Eintritt der Erkrankung (vgl. § 3 Abs. 1 Satz 1 Entgeltfortzahlungsgesetz). Da mit der Arbeitsunfähig-

---

[16]   z. B. *Neue leben Lebensversicherungs AG* (HASPA); *Allianz Deutsche Lebensversicherungs AG* (bei Krediten über 90.000€).

keitsversicherung das Erwerbsminderungsrisiko abgesichert wird, ergibt sich als Konsequenz, dass nicht berufstätige Personen (wie z. B. Arbeitslose, Rentner und Studenten) nicht abgesichert werden. Der Versicherungsschutz greift generell ab dem 43. Tag einer Arbeitsunfähigkeit zu 100 %.

Bei der Definition der Arbeitsunfähigkeit gibt es trotz gleicher Begrifflichkeit zwei verschiedene Modelle mit erheblich divergierendem Deckungsschutz. Das erste Modell ist an den Wortlaut der Musterbedingungen des Bundesaufsichtsamts für Versicherungswesen für die Arbeitsunfähigkeits-Zusatzversicherung angelehnt:

„Arbeitsunfähigkeit liegt vor, wenn die versicherte Person infolge einer Gesundheitsstörung außerstande ist, ihre bisherige oder eine andere Tätigkeit auszuüben, die aufgrund ihrer Kenntnisse und Fähigkeiten ausgeübt werden kann und ihrer bisherigen Lebensstellung entspricht." [17]

Die andere Definition ist angelehnt an die Musterbedingungen des Verbandes der privaten Krankenversicherung:

„Arbeitsunfähigkeit im Sinne dieser Bedingungen liegt vor, wenn die versicherte Person ihre berufliche Tätigkeit nach medizinischem Befund wegen Krankheit oder Unfallfolgen in keiner Weise ausüben kann, sie auch nicht ausübt und keiner anderweitigen Erwerbstätigkeit nachgeht." [18]

---

[17] Siehe die Verlautbarung des Bundesaufsichtsamts für das Versicherungswesen 1988, § 2; wortgleich z. B. die Bedingungen der *Finaref Insurance Ltd.* (über creditplus Bank).

[18] Musterbedingungen 1994 Krankentagegeldversicherung (MB/KT 94), § 1 (3); nahezu wortgleich z. B. die Bedingungen der *Victoria Lebensversicherungs AG* (über Bayrische Hypo Vereinsbank AG) und der *neue leben Lebensversicherungs AG* (HASPA).

31

So genannte Verweisklauseln, wonach der Versicherungsnehmer auch andere Tätigkeiten als die bisher ausgeübten nachgehen muss, bevor er Versicherungsschutz erlangen kann, bestehen bei folgenden Unternehmen:

RSV-Anbieter (vertreibende Bank)	Verweisung auf andere berufliche Tätigkeit?
Berlinische Lebensversicherung Aktiengesellschaft (SEB)	Ja
BHW	Ja
CARDIF Allgemeine Versicherung (DKB)	Ja
CIGNA Insurance Company of Europe S.A.-N.V. (SWK-Bank)	Ja
civ Lebensversicherung AG (Citibank)	Ja
Finaref Insurance Ltd. (creditplus Bank)	Ja
Lighthouse General Insurance Company Ltd. (GE Money)	Nein
neue leben Lebensversicherung AG (HASPA)	Nein
R+V Luxembourg Lebensversicherung S.A. (Hamburger Bank)	Ja
Union Krankenversicherung AG (FRASPA)	Nein
Victoria Lebensversicherung AG (Hypo-Vereinsbank)	Nein
Volksfürsorge Deutsche Lebensversicherung AG (Commerzbank)	Nein
VPV Lebensversicherung-AG (ING Diba)	Ja

Tabelle 5: Verweisungsklausel bei Arbeitsunfähigkeitsversicherungen.

Im ersten Fall enthalten die Bedingungen also eine weitreichende Verweisungsklausel auf andere berufliche Tätigkeiten. Der Versicherungsfall tritt also nicht schon bei der Unfähigkeit, seinen Beruf weiter auszuüben, ein. Im zweiten Fall ähnelt die Arbeitsunfähigkeitsversicherung einer Berufsunfähigkeitsversicherung, da sie bereits eintritt, wenn der bisher ausgeübte Beruf

Monaten direkt an den Kreditgeber. Einige Anbieter versichern alternativ auch nur 50% dieser Summe. Der Anspruch auf Zahlung ist oft abhängig von einer zweimonatigen Wartezeit, teilweise auch länger und besteht nur für die Dauer von höchstens 12 Monaten. Damit fällt die Leistung in die Zeit des Bezugs des Arbeitslosengeld I, das sich als Prozentsatz des letzten durchschnittlichen Arbeitseinkommens bemisst. Mit Übergang zum Arbeitslosengeld II (in der Regel nach 12 Monaten) und dem damit einhergehenden nochmaligen starken Abfall der Liquidität auf Sozialgeldniveau hören die Zahlungen auf.

1.1.3.4   Unfall-Invaliditätszusatzversicherung

Teilweise wird als Zusatzversicherung auch eine Unfall-Invaliditätsversicherung angeboten. Voraussetzung für die Leistung ist die dauerhafte, unfallbedingte körperliche oder geistige Beeinträchtigung der Leistungsfähigkeit der versicherten Person (Invalidität). Unfall im Sinne der Bedingungen ist ein plötzliches, von außen wirkendes Ereignis, das unfreiwillig eine Gesundheitsschädigung hervorruft. Die Versicherung erbringt im Schadensfall eine Einmalleistung, die sich aus dem Produkt des Invaliditätsgrades mit der Bezugsgröße (häufig das Zweifache des Gesamtdarlehensbetrags) ergibt.

1.1.3.5   Scheidungs- und Umzugsversicherung und Absicherung gegen Vorfälligkeitsentschädigungen

Die Versicherung von Scheidungsfolgen und berufsbezogenen Umzugskosten gibt es ausnahmsweise für den Hypothekenkredit. Die Delta Lloyd bietet eine Restschuldversicherung zur Absicherung von Baufinanzierungen an, die unter anderem auch den Ausgleich eines Veräußerungsverlustes bis

15.000 Euro infolge Scheidung bzw. den Ausgleich eines Veräußerungsverlustes bis 15.000 Euro infolge beruflich bedingter Versetzung umfasst[24].

Eine Scheidungsfolgenversicherung wird auch in Fachkreisen auf dem Internet diskutiert, wie die folgenden Zitate deutlich machen.

„Als Idee aufgetaucht ist auch schon mal eine Scheidungsfolgenversicherung. Realisierbar ist sie nicht, weil unbezahlbar. Es ist insofern erstaunlich, welch ungeheures Risiko viele Menschen immer noch eingehen, indem sie eine Ehe schließen."[25]

"Why not offer insurance for the financial consequences of divorce? Perhaps this already exists? If not, think of the market. Rates would depend on such things as age, history of divorce, assets, income, etc. As an added benefit, single people considering marriage could compare rates and see if they are risk-matches."[26] *"In general, it is hard to buy insurance against events that you have some control over. Thus it is hard to buy insurance against "getting married." Indeed, the law of New York requires that insurance only cover fortuitous events."*

Versicherungstechnisch gibt es hier insoweit Probleme, als die Scheidung als vom Willen abhängiges Ereignis nicht den notwendigen Grad der Objektivität eines Risikos hat. Das einzutretende Ereignis muss ungewiss sein (Ver-

---

[24] delta lloyd Lebensversicherung AG, Tarif Immo Premium+.

[25] Ist Ehe nur ein Wort? von Thomas Lentze (registriertes Mitglied) 25.04.06, 23:46 Uhr Themenforum „Familienpolitik" www.diegesellschafter.de

[26] http://www.whynot.net/ideas/795

sicherungsfall). Allerdings gibt es bei der Rechtsschutzversicherung bereits ein weites Gebiet, in dem der Versicherungsfall stark von einem Willensakt der Versicherten abhängt.[27] Obwohl sich die Trennung zu einem der wesentlichen Gründe der Insolvenz entwickelt hat, sind jedoch im Konsumkredit noch keine entsprechenden Produkte auf dem Markt erhältlich.

Im Konnex zu nennen sind schließlich Absicherungen zu nennen, die im Falle vorzeitiger Kreditablösung anfallende Vorfälligkeitsentschädigungen bei Hypothekarkrediten übernehmen. Dies sind im Bereich langfristiger Wohnungsbaukredite typische Fälle und seit der Schuldrechtsmodernisierung zum 1.1.2002 nunmehr in § 490 Abs. 2 BGB geregelt. Bislang wird ein Schutz gegen derartige Schadensersatzzahlungen an die Bank teilweise von den Kreditinstituten selbst entweder als Einmalprämie oder auch als Zinsaufschlag angeboten. Manche Versicherungsunternehmen denken gemäß Forenberichten im Internet ebenfalls über die Einführung entsprechender Angebote nach.

1.1.3.6 Kombinationen

Die einzelnen Risiken werden in Kombination zueinander angeboten, wobei das Arbeitsunfähigkeits-, Unfall- und Arbeitslosigkeitsrisiko in der Regel nicht allein, sondern nur als Zusatzversicherung abgesichert werden kann. Grundversicherung ist die Restkreditlebensversicherung; die zusätzlichen Risiken können oft nur in einer bestimmten Reihenfolge abgesichert werden, und zwar Unfall vor Arbeitsunfähigkeit und vor Arbeitslosigkeit. Die Be-

---

[27] Vgl. zur Vermeidung von Interessenkonflikten auch § 8a Versicherungsaufsichtsgesetz.

dingungen enthalten oft die Klausel, dass der Versicherungsschutz der Zusatzversicherungen bei Beendigung der Grundversicherung erlischt.

1.1.4 Verkaufsanreize

Damit ist der Versicherungsvertrieb für viele Anbieter von hoher finanzieller Bedeutung. Je größer die Quote der Kredite ist, die durch Restschuldversicherungen gesichert werden, desto stärker steigen das Kreditvolumen, die Zinseinnahmen sowie das Ergebnis aus den gezahlten Provisionen. Dies führt in der Praxis teilweise dazu, dass Restschuldversicherungen den Kunden faktisch aufgezwungen werden. Anders als bei freien Versicherungen, die argumentativ verkauft werden müssen, ist es bei verbundenen Produkten möglich, dass der Anbieter die beiden Produkte so koppelt, dass das eine ohne das andere nicht erreichbar ist. Solche Koppelungsprodukte, die die Wettbewerbsrechtsprechung etwa bei Kaffeeröstern für unlauter erklärte, sind besonders wirksam, wenn die Kunden auf das eine Produkt angewiesen sind. So ist selbstverständlich, dass ein Stromversorger nicht die Versorgung vom Ankauf anderer Produkte abhängig machen darf. Wenig anders verhält es sich aber häufig im Kreditbereich, wenn etwa Überschuldung droht oder akuter Geldmangel einen hohen Kreditaufnahmedruck erzeugt. Reagieren dann noch die über die SCHUFA-Informationen miteinander informationell verbundenen Anbieter im Ergebnis wie ein Kartell, indem sie bestimmten Antragstellern den Kreditzugang erschweren, so kann das Angebot eines Kredites mit Koppelung einer Restschuldversicherung zumindest aus der Perspektive des Kunden die einzige Möglichkeit darstellen, seine Liquidität wieder herzustellen.

Die Vertragspraxis gestaltet sich dergestalt, dass der Kreditinteressent vom Kreditinstitut ein Kreditantragsformular erhält, auf dem bereits ein Antrag auf Abschluss einer Restschuldversicherung eingetragen ist, auf dem Kredit-antragsvordruck die Option Restschuldversicherung bereits durch den Mitarbeiter der Bank angekreuzt wurde oder auf Nachfrage eine positive Bescheidung des Kreditantrags vom Antrag einer Restschuldversicherung abhängig gemacht wird. Diese Praxis scheint inzwischen bei einer ganzen Reihe von Kreditinstituten üblich zu sein.[28]

Oft werden so Versicherungen am tatsächlichen Bedarf der Kundschaft vorbei vermittelt.[29] Die regelmäßige Vermittlung möglichst vieler Restschuldversicherungen scheint dabei von einigen Kreditinstituten den Mitarbeitern vorgegeben zu werden.[30] Bei Kreditanträgen über das Internet sind dem iff Fälle bekannt, in denen in der Schlussrechnung des Kredits eine Restschuldversicherung eingestellt wurde, obwohl vorher der Abschluss einer Restschuldversicherung verneint wurde.[31] Obwohl die Kosten einer somit obligatorischen Versicherung nach der Preisangabenverordnung in den effektiven Jahreszins mit eingerechnet werden müssten, ist dem iff kein einziger Fall bekannt, in dem eine Berücksichtigung im effektiven Jahreszins erfolgte.

---

[28] Nach Finanztest, Heft 3/ 2006, S. 15 verlangten die Bankmitarbeiter in immerhin fast 2/3 der insgesamt 57 Fälle den Abschluss einer Restschuldversicherung als Voraussetzung für die Kreditvergabe.

[29] Vgl. z. B. die WISO-Stichprobe 2005,
www.zdf.de/ZDFde/inhalt/23/0,1872,2307127,00.html.

[30] WISO Stichprobe 2003, www.zdf.de/ZDFde/inhalt/24/0,1872,2069880,00.html;
vgl. auch *Öchsner*, „Schöngerechnet und systematisch überschuldet", Süddeutsche Zeitung vom 19.12.2003.

[31] iff Test vom 21.10.2004 auf der Internetseite der Norisbank.

Dabei ist Erfolg des Vertriebs abhängig von der Aggressivität der Vermarktung. Die große Studie zur Praxis des Konsumentenkredits, bei der fast 2000 Kredite ausgewiesen wurden, kam bereits 1982 zu einem Anteil von 23% Restschuldversicherungen bei den Konsumentenratenkrediten.[32] Der Anteil der Sparkassen betrug damals 6 % und reichte bis 54% bzw. 53% bei den Teilzahlungs- bzw. Großbanken. Seitdem wurde keine umfassende statistische Erhebung mehr publiziert. Anders als die US-amerikanische Zentralbank erhebt auch die Deutsche Bundesbank keine solchen Daten und weder die BAFIN noch das Bundeskartellamt haben sich bisher veranlasst gesehen, diese Problematik näher zu untersuchen. Daher sollen nur einige Schlaglichter aus Stichproben deutlich machen, welches Ausmaß dieses Problem angenommen hat.

In der jüngsten in der Stiftung Warentest abgedruckten Stichprobe waren ca. 2/3 aller abgeschlossenen Verträge mit einer Restschuldversicherung gekoppelt.[33] Eine iff interne Untersuchung von 50 Kreditverträgen einer großen Konsumentenkreditbank ergab sogar einen Verbundanteil von 94%. Bei Verbraucherkreditverträgen mit überschuldeten Haushalten betrug bei einer Auswertung von Verträgen aus der Beratung der Verbraucherzentrale Hamburg durch das iff die Quote sogar nahezu 100%.

1.1.5 Preise der Restschuldversicherungen

Nach einer im Mai 2005 durch das Institut für angewandte Verbraucherforschung e.V. im Auftrag des Verbandes öffentlicher Versicherer durch-

---

[32] *Holzscheck/Hörmann/Daviter*, Praxis des Konsumentenkredits, 1982, S. 239.

[33] Vgl. oben Fn 28, S. 39.

geführten Stichprobe zur Restkreditversicherung ergab sich bei grundsätzlich gleichen Voraussetzungen und versicherten Risiken[34] bei den verschiedenen Kreditinstituten eine Streuung in den Restschuldversicherungsprämien von 605,00 Euro bei einer Sparkasse bis zu 1.775,03 Euro bei einer großen deutschen Konsumentenkreditbank für ein Darlehen über netto 10.000,00 €. Auch die im Auftrag von WISO in den Jahren 2003 und 2005 durchgeführten Stichproben zum Thema „Kredite für Senioren" kommt zu sehr großen Abweichungen in den Prämien für einen 30.000,00 € Kredit. Hier betrug die Prämie des teuersten Angebots in der Stichprobe 2003 das 2,5 fache des günstigsten Angebots. Auch wenn die verschiedenen Angebote zur Restschuldversicherung, z. B. aufgrund unterschiedlicher Versicherungsbedingungen, schwer zu vergleichen sind, lassen die oben genannten Erhebungen darauf schließen, dass es tatsächlich sehr große Preisunterschiede bei den Restschuldversicherungen am Markt gibt.

Im Vertrieb der Restschuldversicherungen gibt es gegenüber dem klassischen Versicherungsvertrieb Unterschiede, die durch die spezielle Wettbewerbssituation zwischen Versicherern und Kreditinstituten geprägt ist und die in der Tendenz zu erhöhten Preisen und wenig marktgerechten Vertriebsformen führt.

---

[34] Testkunde männlich, 41 Jahre, berufstätig, versicherte Risiken: Tod, Arbeitslosigkeit und Arbeitsunfähigkeit.

1.1.5.1 Preisgestaltungsprinzipien

Preisgestaltungsfreiheit

Bis zum Jahr 1994 mussten die Versicherer für die Erlaubnis zum Geschäfts-betrieb dem Bundesaufsichtsamt für das Versicherungswesen auch die Tarife der Restschuldversicherungen zur Genehmigung vorlegen. Mit dem Inkraft-treten des Dritten Durchführungsgesetzes/ EWG zum Versicherungsauf-sichtsgesetz sind die Tarife beim Marktzugang nicht mehr Bestandteil des genehmigungspflichtigen Geschäftsplans. Bis 1994 wurden somit zwar die Versicherungstarife der Versicherer vom Bundesaufsichtsamt für das Ver-sicherungswesen genehmigt, dennoch lagen die tatsächlich den Kredit-nehmern berechneten Kosten teilweise über den genehmigten Tarifen, da Kreditgeber und Kreditvermittler, auch mit Billigung der mit ihnen zu-sammenarbeitenden Restschuldversicherer, Aufschläge auf die Tarife er-hoben. (sog. Versicherungspacking).

Diese Praxis war noch bis Ende der 80er Jahre zu beobachten.[35] Das Packing war der unmittelbaren Kontrolle des Bundesaufsichtsamts für das Ver-sicherungswesen entzogen, da Kreditgeber und Kreditvermittler nicht der Versicherungsaufsicht unterlagen. In der Praxis wurden Aufschläge in Form von Provisionen auf die Kosten addiert, besondere Bearbeitungsgebühren für den Versicherungsabschluss in Rechnung gestellt oder vom Versicherer be-sondere Kostentabellen aufgestellt, in die ein höherer Zinssatz und/ oder eine höhere Bearbeitungsgebühr eingestellt war, als wie sie dem beantragten

---

[35] *Schulz,* Restschuldversicherung, 2. Auflage 1988, S. 90.

Kredit zugrunde lagen.[36] Seit der Deregulierung 1994 unterliegt die Preis-
politik der Selbstverantwortung der Versicherer. Die deregulierte Preisbildung richtet sich dabei nach drei Prinzipien der:

- kostenorientierten Preisbildung,

- nachfrageorientierten Preisbildung,

- wettbewerbsorientierten Preisbildung.

Wie oben bereits dargestellt, hat der Wettbewerb in der Restschuldversicherung anders als in anderen Wirtschaftszweigen für die Verbraucher eine
eher preistreibende Tendenz. Da nicht die Versicherer, sondern die Kreditgeber die eigentlichen Nutznießer hoher Preise sind, und die Versicherer an
die Kunden nur über die Kreditgeber herankommen, müssen sie nicht um die
Kunden, sondern um die Banken konkurrieren. Diese können ihre gebündelte
Nachfragemacht mit hohen Volumina und leichten Alternativen dazu nutzen,
von den Versicherern hohe Preise gegenüber den Endverbrauchern zu verlangen.

Der Markt führt hier zu Preissteigerungen, weil hier ebenso, wie dies
traditionell im Gesundheitssystem beklagt wurde, derjenige, der die Nachfrage ausübt und bestimmt (Arzt/Bank) nicht mit demjenigen identisch ist,
der das Produkt bezahlt (Krankenkasse, Patient/Bankkunde). Es tritt ein
Vermittlereffekt ein, wonach der Vermittler durch abgekoppelte Entgelte
(Provisionen, Vergünstigungen) Anreize erhält, die Seiten zu wechseln und
für den Anbieter zu votieren. Solche Phänomene wurden zuletzt in den

---

[36] *Schulz*, a.a.O., S. 92.

„Schrottimmobilienfällen" oder bei Unternehmensbeteiligungen festgestellt, wo die Vermittlungsagenturen über weit überhöhte Provisionen für die Anbieter der Produkte praktisch eigenständig die Irreführung des Kunden über den inneren Wert der Immobilien oder Anteile übernahmen.

Tatsächlich wird die Preisgestaltungsfreiheit der Versicherer in Deutschland in einzelnen Punkten weiterhin vom Aufsichtsamt wohl im Ergebnis zuungunsten der Verbraucher eingeschränkt, wie das nachfolgende Beispiel zeigt.

Die Schweiz hat ein eigenes kundenfreundliches Tarifierungssystem in der Restschuldversicherung. Sie nutzt diese Form bereits seit 1955. Die meisten gewerbsmäßigen Darlehensgeber in der Schweiz, namentlich die Kleinkreditinstitute, haben mit Versicherungsgesellschaften vorteilhafte Kollektivverträge abgeschlossen, welche eine Höchstversicherungssumme pro Darlehensnehmer vorsehen. Die Beiträge für diese Gruppenversicherungsverträge werden nach dem Gruppenversicherungstarif in Form von Einmalbeiträgen aufgrund eines einheitlichen Beitragssatzes für alle Eintrittsalter bis 65 Jahre berechnet. Maßgebend für die Höhe des Beitragssatzes sind die Alters- und Dauerstruktur dieses Versicherungsbestandes. Der Beitragssatz wird periodisch geprüft und angepasst. Die maßgebliche Vorschrift, Artikel 124 der schweizerischen AVO[37] bestimmt hierzu:

---

[37] Verordnung über die Beaufsichtigung von privaten Versicherungsunternehmen (Aufsichtsverordnung) vom 9. November 2005.

Tarifierung in der Restschuldversicherung

Das Versicherungsunternehmen darf für die Tarifierung von Restschuldversicherungen Prämienberechnungsmethoden, die nicht nach Alter und Geschlecht differenzieren (Durchschnittsprämienmethoden), verwenden, sofern die nachfolgenden Voraussetzungen erfüllt sind:

a. Es handelt sich um einen Kollektivvertrag, in dem pro versicherte Person eine einheitliche Höchstversicherungssumme vorgesehen wird;

b. Das Eintrittsalter der Versicherten ist auf höchstens 65 Jahre begrenzt;

c. Die Durchschnittsprämiensätze werden mindestens alle drei Jahre überprüft und gegebenenfalls angepasst.

Entsprechende Regelungen finden sich in den USA, wo auch mit alters- und geschlechtsunabhängigen Tarifen kalkuliert wird, wobei die Tarife in den großen Rahmenverträgen durch *„experience rating"*, eine jährliche Überprüfung aufgrund der Erfahrungen mit der Sterblichkeit eines versicherten Bestandes, nachkalkuliert werden.[38]

Eine solche Gruppentarifierung ist in Deutschland nach Auffassung des BAFIN, das sich dabei auf §§ 11 und 81 Versicherungsaufsichtsgesetz beruft, nicht möglich. Das Bundesaufsichtsamt für das Versicherungswesen hat im Jahr 2000 verlautbart[39], dass es Tarife in der Restschuldversicherung beanstanden wird, bei denen Gruppenbeiträge gebildet werden, die von den

---

[38] *Schulz*, a. a. O., S. 9.

[39] *"aus gegebenem Anlass"*, Verlautbarung des Bundesaufsichtsamts für das Versicherungswesen 2/2000, S. 24.

45

individuell berechneten Beiträgen für das Einzelalter um mehr als 20%, in Ausnahmefällen um mehr als 25% abweichen.

Beitragszahlung

Für die versicherte jährlich oder monatlich fallende Todesfallleistung bzw. für die versicherten anderen Risiken zahlt der Versicherte in aller Regel einen Einmalbeitrag. In der Regel ist dieser bei der Darlehensaufnahme nicht gesondert einzuzahlen, sondern wird mitfinanziert. Dies hat aus Sicht der Kreditnehmer den Nachteil, dass durch die Finanzierung des Beitrags weitere Kosten entstehen, da die Beiträge verzinst werden und zudem Bearbeitungsgebühren nicht selten auch auf die finanzierten Beiträge gerechnet werden.

Nach den oben wiedergegebenen Zahlen der BAFIN wird im Konsumentenkredit im Gegensatz etwa zum Hypothekenkredit lediglich in 0,3% der Fälle eine Versicherung mit einem laufenden Beitrag, wie sonst z. B. bei eigenständigen Risikolebensversicherungen üblich, abgeschlossen. Dem iff sind solche Fälle aus der Praxis nicht bekannt.

Überschüsse

Bei Restschuldversicherungen setzen sich die Überschüsse aus Risiko-Kosten und Zinsüberschüssen zusammen, wobei der Risikoüberschuss das größte Gewicht hat. Im Jahr 2005 betrug die Erhöhung der Versicherungssumme durch Überschussanteile 157 Mio. € (1,6% des gesamten Zugangs). Da eine Beitragsverrechnung wegen der Gestaltung als Einmalbeitrag nicht möglich ist, müssten die Überschüsse theoretisch als Todesfallbonus ausgeschüttet werden und kämen hierdurch lediglich den Erben zugute. Die Überschussanteilssätze einzelner Versicherer schwanken für den Todesfallbonus zwischen 20% und 120%.[40] Damit ist nicht auszuschließen, dass die Restschuldversicherungen bei einigen Anbietern nicht ausreichend an den Überschüssen beteiligt werden. Zudem unterbleibt in vielen Fällen die Information der Versicherten über die die Höhe der voraussichtlichen Todesfallleistung bzw. über die zu erwartenden Überschüsse.

1.1.5.2 Preisgestaltung in der Praxis

Aktuell zeigt sich eine erhebliche Preisspanne im Vergleich einzelner Anbieter bei ähnlichem Leistungsumfang der Versicherungen.

Risikolebensversicherung

Die folgende Grafik zeigt die Einmalbeträge für eine Restkreditlebensversicherung verschiedener Anbieter bei gleichen Vorgaben.[41] Dabei wurde die eigentliche Prämie für die Restschuldversicherung aus dem günstigsten Angebot errechnet, in dem unterstellt wurde, dass der günstigste Anbieter eine Provision in Höhe von 15% auf die Prämie erhebt.[42] Weiterhin wurde angenommen, dass alle Anbieter die gleichen Versicherungsprämien durch die Versicherer vorgegeben bekommen, die mit insofern gleichen Kosten

---

[40] Siehe *Schuster*, Kapitallebens- und Restschuldversicherungen optimieren!, S. 139.

[41] iff interne Untersuchung; 10.000, 00€ Kredit, 60 Monate Laufzeit, männlicher Kreditnehmer, 30 Jahre alt, Filialangebot im Jahr 2005, versichertes Risiko: Leben.

[42] Nach Angaben eines Vertreters der öffentlichen Versicherer gegenüber den Autoren beträgt die Provision bei den Sparkassen 15%. Weiter wurde ausgeführt, dass die Einkaufspreise für die Banken im Wesentlichen dieselben seien, sodass man nicht viel Fantasie brauche, um die Provisionen der Mitbewerber zu errechnen.

kalkulieren. Da nicht anzunehmen ist, dass die höheren Kosten dem Versicherer zufließen, ist zu schließen, dass die teureren Anbieter die Differenz als zusätzliche Provision vereinnahmen.

Provision auf RSV
10.000€; 60 Monate; 30 Jahre; männlich; 2005; RLV; Filiale; 15% Minimum

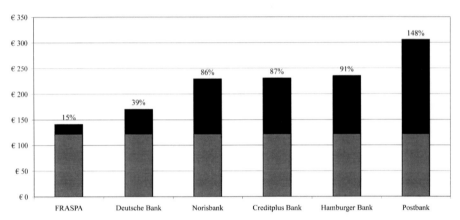

Abbildung 7:   Provision auf Restschuldversicherungsprämie (Leben). Quelle: Eigenuntersuchung iff 2006.

Dabei ist zu beachten, dass dies noch keineswegs den ganzen Verdienst der Bank und insbesondere nicht die gesamte Zusatzbelastung der Verbraucher darstellt. Zusätzlich fallen noch Gewinne aus dem Kredit sowie aus der Absenkung des Ausfallrisikos bei der Bank an.

Die erheblichen Abweichungen lassen sich nicht durch einen unterschiedlichen Leistungsumfang der Versicherungen erklären, da es sich hierbei um eine einfache Restschuldversicherung auf den Todesfall handelt und die Versicherungsbedingungen nahezu identisch sind.

48

Der Markt der Restschuldversicherungen zeigt für gleichartige Produkte erhebliche Preisdifferenzen, die sich nicht allein mit einem unterschiedlichen Leistungsumfang der verschiedenen Versicherer begründen lassen. Bei der Restschuldversicherung zur Deckung des Sterberisikos lässt sich dies relativ genau erkennen, weil das Ausfallrisiko durch die allgemeine Sterbewahrscheinlichkeit bekannt ist und zum anderen sehr marktgängige Konkurrenzprodukte bestehen.

der nachfolgenden Grafik sind aus der Sterbewahrscheinlichkeit von 45jä.. ·n Männern und Frauen für einen Ratenkredit von 60 Monaten Laufzeit das vo. ¹er Bank eingegangene generelle Ausfallrisiko bei Ableben der Kreditnehmerin ·d des Kreditnehmers mit 99 € bzw. 188 € bei 10.000 € Nettokredit berechn. ꞓine entsprechend linear angepasste günstige Direktlebensversicherung würc. ·ach den Internetkonditionen nur 82 € kosten, da sie Erträge der Anlage berü. ·chtigen und bestimmte Risiken ausschließen könnte.

Kostenvergleich für 10.000 € Kredit auf 5 Jahre bei 45 Jährigen

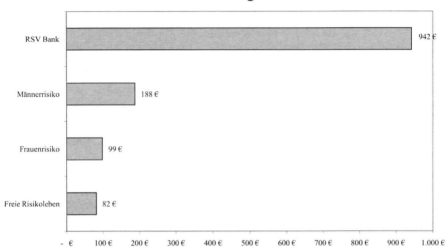

Abbildung 8:   *Kostenvergleich RSV-Leben, freie Lebensvers. und Sterberisiko. Quelle: eigene Erhebung iff 2005.*

Demgegenüber könnte eine sicherlich extreme, aber reale Restschuldversicherungsprämie brutto 942 €, also das 10fache betragen.

Insoweit ist davon auszugehen, dass eine genaue Berechnung der insoweit schwieriger festzustellenden gedeckten Risiken aus Arbeitsunfähigkeit, Arbeitslosigkeit und Unfall zu ähnlichen Differenzen kommen würde. Daher sind die Preisprobleme insgesamt dieselben.

Arbeitsunfähigkeitsversicherung

Bei Angeboten einer Restschuldversicherung als Risikolebensversicherung mit zusätzlichem Schutz vor Arbeitsunfähigkeit ergeben sich noch höhere Differenzen:

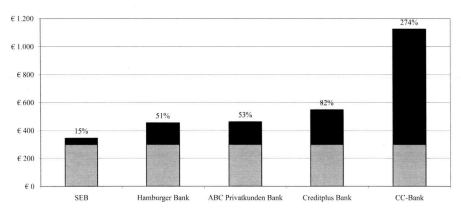

Abbildung 9: *Provision auf Restschuldversicherungsprämie (Arbeitsun-*
fähigkeit/ Leben). Quelle: Eigenuntersuchung des iff 2006.

Hierbei ist jedoch zu beachten, dass der Leistungsumfang der verschiedenen Versicherungen variiert.

Arbeitslosigkeitsversicherung

Auch die Kreditangebote mit Restschuldversicherungen auf Leben, Arbeitsunfähigkeit und Arbeitslosigkeit zeigen erhebliche Preisunterschiede im Einmalbetrag der Restschuldversicherung. Nachfolgend eine Stichprobe, die im Jahr 2005 vom Institut für angewandte Verbraucherforschung (IFAF) im Auftrag des Verbandes öffentlicher Versicherer durchgeführt wurde. Dabei ist wiederum die eigentliche Prämie für die Restschuldversicherung aus dem günstigsten Angebot errechnet, in dem unterstellt wurde, dass der günstigste Anbieter eine Provision in Höhe von 15% auf die Prämie erhebt.

51

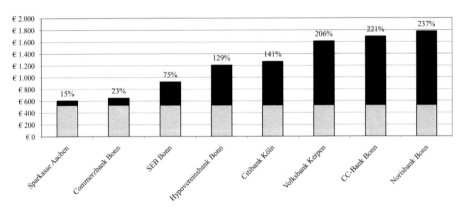

Provision auf RSV
10.000 €; 48 Monate; 41 Jahre, männlich, 2005, RLV, AU, AL; Filiale, 15 % Minimum

Abbildung 10: Provision auf Restschuldversicherungsprämie (Arbeitslosigkeit/ Leben). Quelle: IFAF Stichprobe 2005.

Auswirkungen der Prämien bei Einbeziehung in den effektiven Jahreszinssatz

Nach der Preisangabenverordnung sind die Kosten solcher Restschuldversicherungen in den effektiven Jahreszins einzurechnen, deren Abschluss zwingende Voraussetzung für die Kreditvergabe ist. Eine solche Einbeziehung erfolgt in der Praxis nicht.

Sieht man dagegen in den Prämien zumindest teilweise versteckte Zinsen, die allein der Bank und nicht dem Versicherer zufließen, so müsste der Effektivzins entsprechend korrigiert ausgewiesen werden. Die Tabelle macht die erheblichen Auswirkungen der RSV auf den Kreditpreis deutlich.

Beispiel	Nominal-zinssatz laut Ver-trag p.a.	eff. Jahres-zins laut Vertrag	Prämie Restschuld versicher-ung	eff. Jahres-zins mit RSV Prämie	ver-sichertes Risiko
Spar-kasse	9,016 %	10,513 %	119,80 €	11,031 %	Tod
Bank A	8,650 %	9,900 %	562,50 €	12,551 %	Tod, AU
Bank B	7,000 %	7,690 %	1227,69 €	13,105 %	Tod, AU, AL
Bank C	9,198 %	10,990 %	1039,96 €	15,925 %	Tod, AU, AL
Bank D	12,890 %	15,160 %	1837,30 €	24,404 %	k. A.

Tabelle 6:   *Auswirkungen der RSV-Prämie auf den effektiven Jahreszins (Kredit über 10.000 €; Laufzeit 60 Monate). Quelle: eigene Untersuchung des iff 2005.*

Der Preiswettbewerb auf dem Markt der Konsumkredite dürfte durch diese Praxis untereinander noch extrem variierender Prämien für dieselbe Leistung erheblich gestört sein.

Finanzierungskosten der Prämien

Da in den meisten Fällen die Prämien für die Restschuldversicherung über die Erhöhung des Darlehens mitfinanziert werden, sind die eigentlichen Kosten der Versicherung durch die Zinsen auf den Einmalbetrag erhöht.

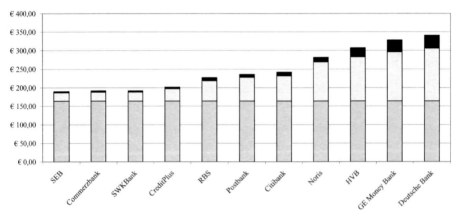

Versicherungsprovision auf RSV-Prämie und
Finanzierungskosten der Provision
10.000€; 48 Monate; 45 Jahre alt; Internet; 2005 RLV; 15% Minimum

*Abbildung 11:   Provision auf RSV und Finanzierungskosten der Provision.
Quelle: Internetrecherche des iff 2005.*

Dabei wird deutlich, dass die Höhe des Nominalzinssatzes die Belastung
durch die Restschuldversicherungsprämie deutlich erhöhen kann. Diese
Kosten entfielen, wenn die Beiträge zur Restschuldversicherung nicht als
Einmalbetrag, sondern wie ansonsten bei den Tarifen etwa für Risikolebensversicherungen üblich, als Jahresbeiträge mit monatlicher Zahlungsweise
kalkuliert würden.

1.1.5.3   Verluste bei Rückkauf der Versicherung

Bei Umschuldungen oder vorzeitiger Tilgung der Kredite werden auch die
Restschuldversicherungsverträge aufgehoben. Im Zuge dessen werden den
Verbrauchern die Rückkaufswerte ausgezahlt, die von den Anbietern bei Ab-
schluss eines Restschuldversicherungsvertrages mitgeteilt werden. Auch

hieraus lässt sich indirekt auf die Höhe der Abschlusskosten schließen. Da die Prämien ähnlich wie die Zinsen auf das jeweils ausstehende Kapital berechnet werden, kann eine im Voraus bezahlte Prämie auch mit der gleichen Formel, der sog. 78er Methode, wie sie bei auf die gesamte Laufzeit berechneten Zinsen genutzt wird, zur Rückrechnung verwandt werden. Das US-amerikanische Recht schreibt dies sogar vor und lässt damit keinen Spielraum, über einen gesonderten Rückkaufswert Teile der Prämie bei vorzeitiger Ablösung einzubehalten. In der nachfolgenden Grafik sind die Beträge, die nach der 78er Methode (z. B. in den USA) zurückzuerstatten wären, schwarz umrandet. Die Beträge dagegen, die stattdessen die Bank nach dem Versicherungsvertrag zurückerstattet, sind rot schraffiert. Die Unterschiede sind dabei gravierend. Hohen Wertverlusten innerhalb des ersten Jahres entsprechen hohe Abschlusskosten, da die Versicherungsbedingungen meist keinen Stornoabzug vorsehen und bei Verträgen mit Einmalbeitrag die Abschlusskosten sofort bei Vertragsschluss abgezogen werden.[43]

---

[43] Vgl. hierzu *Schuster*, Kapitallebens- und Restschuldversicherungen optimieren!, S. 157.

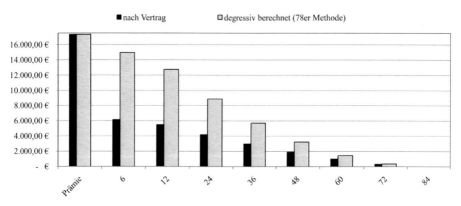

*Abbildung 12:   Einbehaltene Prämie bei Umschuldung oder Kündigung.
Quelle: Vertrag HypoVereinsbank 2005, Eigenberechnung
iff.*

1.1.6   Test zur Abschlussfreiheit

Im Jahr 2005 wurde untersucht, ob Ratenkredite ohne den Abschluss einer Restschuldversicherung von Kreditinstituten vergeben werden oder ob sie grundsätzlich an eine Restschuldversicherung gekoppelt sind. In den Metropolen Hamburg, Frankfurt am Main, Berlin und Köln wurde ein Feldtest mit insgesamt 57 Tests in 19 Banken durchgeführt, um die Praxis beim Vertrieb und die Konditionen von Restschuldversicherungen für Konsumentenkredite zu untersuchen.

Folgende Kreditinstitute wurden jeweils drei Mal getestet:

Bayerische Hypo- und Vereinsbank, Commerzbank, Deutsche Bank, Dresdner Bank, Postbank, SEB, Hamburger Sparkasse, Frankfurter Sparkasse, Frankfurter Volksbank, Hamburger Bank, Sparda-Bank Hessen, BB-Bank, ABC Privatkunden-Bank, BHW Bank, Norisbank, Citibank, CC-Bank, CreditPlus Bank und GE Money Bank.

Um die Vergleichbarkeit der Ergebnisse soweit wie möglich zu gewährleisten, wurde den Testern - die entweder zwischen 25 und 30 Jahre oder zwischen 45 und 50 Jahre alt sein mussten - ein einheitliches, altersgruppenadäquates Profil vorgegeben. Als Anliegen wurde einheitlich ein Kredit in Höhe von 10.000 € für private Zwecke (Autokauf) vorgegeben. Die Laufzeit sollte 60 Monate, der Zins für die gesamte Laufzeit fest vereinbart werden. Ziel des Tests war es, ein individuelles Angebot ohne den Abschluss einer Restschuldversicherung, beziehungsweise mit geringst möglichem Leistungsumfang zu erhalten.

1.1.6.1 Einzelergebnisse des Restschuldversicherungs-Tests

In 35 von insgesamt 57 Kreditberatungen wurde eine Restschuldversicherung als obligatorisch für die Kreditvergabe dargestellt. In diesen Fällen wurde ein Kredit ohne den gleichzeitigen Abschluss einer RSV nicht vergeben. 22 der Gespräche ergaben, dass der Abschluss einer Restschuldversicherung auf die Kreditentscheidung der Bank keinen Einfluss hatte.

Unter der Prämisse, dass in Deutschland keine Bank die Restschuldversicherung in der Form der obligatorischen Versicherung verkauft, zeigt sich, dass diese Rhetorik mit der Praxis nicht übereinstimmt. Die Großbanken zeigten hier eine große Diskrepanz zwischen dem, was sie vorgaben, und dem, was sie tatsächlich anboten.

Die Aussage, dass der gleichzeitige Abschluss einer Restschuldversicherung für die Gewährung eines Kredites zwingend erforderlich sei, erfolgte gegenüber den Testern besonders häufig bei Genossenschaftsbanken (83% der Gespräche) und bei den Großbanken (72% der Tests). Bei Sparkassen ist der Abschluss einer Restschuldversicherung noch in jedem zweiten Gespräch (50%) und bei Spezialbanken in 44% der Fälle als notwendig für die Kreditgewährung artikuliert worden. In Filialen der Auslandsbanken wurde nur in fünf von 12 Beratungen (42%) eine Restschuldversicherung durch den Bankmitarbeiter als obligatorisch dargestellt.

Die Darstellung der Restschuldversicherung als obligatorisch für den Kredit, erfolgte gegenüber jungen Kunden (25 bis 30 Jahre) wesentlich häufiger als gegenüber älteren Kunden (45 bis 50 Jahre). Sowohl Testerinnen als auch Tester aus der Altersgruppe 25 bis 30 Jahre wurde in jeweils 13 von insgesamt 19 Gesprächen, entsprechend 68%, der Abschluss einer Restschuldversicherung als Bedingung für den Kredit dargestellt. Bei den älteren Testerinnen wurde der Abschluss hingegen nicht mal in jedem zweiten Gespräch (nur in 9 von insgesamt 19 Tests, also 47%) als zwingend dargestellt.

Abschluss verhandelbar?

In 26 der 35 Fälle, in denen eine Restschuldversicherung obligatorisch war, konnte durch Nachfragen über den Umfang der RSV verhandelt werden. In den anderen 9 Fällen gab es keine Verhandlungsmöglichkeit.

Ansprache der RSV

In 75 % der Beratungsgespräche (43 Fälle) wurde die Restschuldversicherung direkt vom Berater angesprochen. Diesem relativ hohen Wert stehen nur 12 Fälle gegenüber, in denen die Restschuldversicherung vom Kunden indirekt über die Nachfrage nach Sicherheiten oder über Nachfragen zum schriftlichen Kreditangebot thematisiert wurde. Nur in zwei Gesprächen war die Versicherung gar kein Thema.

Erläuterung der RSV

Erläutert wurde die Restschuldversicherung in 51 Beratungsgesprächen (dies entspricht knapp 89%). Nur in sechs Fällen gab es keine spezielle Erklärung der RSV.

Nutzen der RSV

Die Berater der Kreditinstitute stellten den Nutzen einer Restschuldversicherung in knapp der Hälfte (49%) der 51 Tests, in denen sie thematisiert wurde, als Nutzen sowohl für die Bank als auch für den Kunden dar. In 21 Fällen (41%) wurde sie nur als Nutzen für den Kunden, in 5 Fällen (10%) nur als Nutzen für die Bank erläutert. In 61% der Gespräche, bei denen die RSV erläutert wurde, haben die Berater also einen Nutzen der Restschuldversicherung für die Bank herausgestellt.

1.1.7 Restschuldversicherung in Großbritannien – Die parallele Problematik 44

This short summary of recent industry and regulatory developments in the UK aims to describe the basic products and terminology used and some of the unsatisfactory characteristics of the PPI market in the UK. No detailed supply-side research or price comparisons have been undertaken for the purposes of this summary. The main sources of information are listed at the end and almost all publicly available material.

1.1.7.1 Background:

Payment Protection Insurance (PPI) is insurance cover sold to borrowers in the event that they become unable to meet repayments due to sickness, accident, involuntary unemployment, or death. It is considered a 'secondary' or even 'tertiary' product as it is attached to an underlying credit agreement. A feature which makes PPI so important for the UK is the compelling argument that the level of indebtedness is extremely high, and ceteris paribus the repayment of these in greater need of protection. PPI is, in theory, the product specifically designed to provide cost effective financial protection for the

---

[44] Dieser Teil wurde von dem englischsprachigen iff-Mitarbeiter Sebastien Clerc-Renaud erstellt. Um möglichst nahe an den Quellen zu bleiben verzichten wir auf eine Übersetzung. Die ausgewerteten Quellen waren: FSA, The sale of payment protection insurance – results of thematic work, November 2005.; FSA, The sale of payment protection insurance – mystery shopping results, November 2005; CAB, Protection Racket – CAB evidence on the cost and effectiveness of payment protection insurance, September 2005.; FSA, Treating Customers Fairly – Building on progress, July 2005.; OmniChek, Payment Protection Insurance – Industry Appraisal, September 2005.; OFT, Payment Protection Insurance – Market Surveys, October 2006.

repayment commitments of borrowers who are facing record levels of debt (from several sources), but unfortunately the product and the market are disappointing.

The current UK situation is such that British personal debt exceeded £1.2 trillion in October 2006. This is an average of £8,952 per household (excluding mortgages) and £26,971 per adult (including mortgages). With this increasing reliance on credit, and a generalised lack of household savings, comes an extra reason why financial hardship is a bigger risk than elsewhere in Europe: the comparatively low level of State benefit. State benefits, only for those qualifying for Income Support, are restricted to support mortgage repayments, and these are not only capped and means-tested, but have been modified since 1995 to encourage the take-up of private MPPI. These harder eligibility requirements include: waiting up to nine months before receiving the first benefit payment; non-qualification if you have a joint mortgage and only one of you loses your income nor if you have savings of more than £8,000; you will only receive help to cover the payment of interest; and you will only receive help on the first £100,000 of your mortgage. Thus, many providers are understandably encouraging people to take this type of cover but it remains a controversial subject because the cover is often being sold irresponsibly when in fact it really needs to be exactly right for the customer if it is to be useful to him.

The advantage of income protection as giving the borrower peace of mind, has been overtaken not only by a problem of cost (i.e. PPI is over-priced) but also a problem where the entire responsibility of making sure that one qualifies for cover, in the event of a claim, rests entirely on the consumer's shoulders. This is not a problem in itself, but in reality PPI offers are intentionally opaque and, by judging from the quantity of policies which are sold even though the consumer is unable to make a claim or with the policy overrun with conditions, as they stand, of marginal benefit to borrowers. As a result, PPI is firmly on the regulators' agendas and has been under scrutiny since 2005 after the FSA took over regulation of general insurance in January 2005, and will continue to remain in the UK spotlight as they try and respond to growing concerns over the years that policies have been sold to people who are neither eligible to make claims nor suitable for the product. Both the Office of Fair Trading (OFT, investigating the wider competition issues in the PPI market) and the FSA continue to look at the marketplace, ever since the Citizens Advice Bureau characterised the sale of PPI as a 'Protection Racket' in the title of their report). All three sources have been consulted in writing of this overview.

Lack of Clarity and Comparability

Below are examples of some of the areas where complexity or even confuso-poly is causing the market regulators to investigate. Despite PPI having the statutory cancellation period under the FSA's rules (typically 14-30 days but usually 30 days), the lack of clarity is evident, especially with regard to the conditions attached to the claims process itself i.e. the specification of the period between purchase of the policy and when a claim can be made (the 'initial exclusion period') and the period between the risk occurring and cover commencing (the 'excess period').

Common minimum eligibility requirements for PPI: Consumer must be living and working in the UK, be aged at least 18 and under 65 years (with specialist policies for the under 50s), actively employed for at least 16 hours per week for the past six months or more, employed for more than 12 months if on a non-permanent contract (with history of contract renewal in the past), live and work in the UK, involuntarily ceased trading if self-employed (few policies), pre-existing conditions for health excluded.

Terms and conditions – So many variables: Payment period for most policies will see insurance only pay out for 12 months; Payment excess which reduces your premium (i.e. policy will pay out only after 30 or 60 days and not as soon as the problem begins e.g. with a 60-day excess and a claim for 65 days, only 5 days are paid); Alternatively there may be a waiting period after which time the claim is paid in full (e.g. with a 30 day waiting period, on the 31st day of unemployment or disability the claim is back dated to day 1 & paid in full), Payment of an enhanced rate if loan is based on variable interest rates; Introductory periods where some insurers will not pay out from the start of the contract (up to 3 months, also called initial exclusion period and mostly applies to unemployment cover only); Unemployment restrictions (certain professions or seasonal jobs); Pregnancy/childbirth excluded; Short-term employment (some insurers might suspend payments if you are able to get short-term work and restart them once this period ends); Benefit period is up to the customer to choose; Scope of cover can vary greatly (ranging from Accident and sickness only or Unemployment only, to Life, sickness, accident, unemployment, or even some including added hospitalisation cover and carer cover); Payments are usually paid one month in arrears but also sometimes daily.

Political and Regulatory background:

The Financial Services Authority (FSA) regulates the sale of PPI while the Office of Fair Trading (OFT) under the Consumer Credit Act (CCA), licenses those involved in the sale of the credit which the PPI is sold to protect (including brokers and intermediaries, and retailers). The CCA also regulates the form and content of credit advertisements and credit agreements (i.e. how PPI is advertised and how PPI contracts are documented).

1.1.7.2 Financial Services Authority (FSA): Findings

The FSA has shown determination to see better practice in PPI sales. In fact, the FSA has just early this year announced details of a new phase of its work designed to improve sales standards in the PPI market, making it one of the largest programmes of thematic work the FSA has undertaken. The new work builds on two earlier phases in 2005 and 2006, and will include mystery shopping and an extensive programme of both follow-up work with firms whose practices were earlier identified as deficient and visits to a sample of firms not previously visited. A particular focus will be on firms for whom the sale of PPI is a minor activity relative to their main business. Below is a list of the features of the market which the FSA was concerned about in 2005 and believed to be leading to poor value for consumers:

How consumers buy PPI: Poor upfront information on PPI prices; Poor understanding of PPI (e.g. pre-existing conditions commonly excluded - yet insurers report that these are the main reasons for turning down claims) Defaqto44 ; Use of a headline APR (not effective); Poor information on product detail (single premium without a prompt, information provided too late (i.e. at the application stage where loan is approved and the consumer 'captured' - only 30% of unsecured loan providers detailed the criteria required to qualify for PPI at the quotation stage); Lack of shopping around (40% shop around for their credit product but only 12% for the PPI, or from the 60% who didn't shop around for credit only 3% shopped around for PPI – at 5% PPI searchers this is especially a problem for unsecured loans which have majority share of the PPI market); Point of sale advantage (91% of PPI policies are sold at the POS of the credit product being insured - worse for single premium PPI but less so for MPPI); Complexity of product makes comparisons difficult (wide variety of products and prices, large number of terms and conditions, wide variations in exclusions, product structure, the way benefits are paid and use of general terminology); PPI automatically included in the quote (87% for unsecured loans, which is non-compliance as two separate prices should be given); Potential to mislead (30% of customers have the impression that taking out the PPI would help the application for credit).

Competitive pressure on prices: (which isn't feeding downstream into retail prices) Alternative products do not appear to provide competitive Pressure (though maybe new products like the Post Office's Lifestyle Protection product could in the future); Difficulties for stand alone providers (though intermediaries strongly present in the MPPI sector); Lack of switching (only 14% consumers cancel, and single premium policies penalise this as refund not pro rata).

Poor value for consumers: Low claims ratios; High commission rates; Prices for PPI differ greatly which cannot be accounted for by differences in quality; Cross subsidy between PPI and underlying credit products.

The sale of PPI is clearly seen as posing a high risk to the FSA's consumer protection objective and is a test of whether providers are 'Treating Customers Fairly'. The FSA wants to ensure that the customer comes away from the sale having been given the best possible chance of understanding that PPI is almost always optional, what the policy will and will not cover, and how much it costs.

By the end of 2006 the FSA should have received the action plans of all providers (whether there is evidence of miss-selling or not) with regard to: sales processes; systems and controls in place; sales targets for staff; sales of PPI

65

on an 'advised' or 'non-advised' basis; product documentation and price dis-closures; training of sales staff; compliance with the relevant controls; com-plaints and cancellations.

Firms must thus make sure that customers do not buy policies under which they are ineligible to claim benefits (applies to more than just PPI), and indi-rectly means ensuring that firms remove any risk of miss-selling. The next phase, to be completed by the end of June 2007, is designed to test industry progress on ensuring that customers are told that PPI is optional, receive clear information about the product and what it will cost, are given the assistance they need to be clear about what they are eligible for under the policy and what the exclusions are; are, where advice is given, recommended a policy that meets their needs; and are offered a fair refund if they cancel their policy.

By the end of June 2007 the FSA will have visited over 200 PPI firms in two years. Around 10 firms have so far been referred to enforcement, with the outcomes published in relation to six of these. The FSA will continue to take disciplinary action against firms that fail to meet appropriate standards, will launch in February a two-month campaign targeting consumers in the market for insurance products including PPI.

The FSA is not convinced that its current rules relating to PPI are delivering the protections that customers deserve and intends to see if there is a case for changes to some of the existing rules or the introduction of new rules.

1.1.7.3 Office of Fair Trading (OFT): Findings

Their market study looked at how well competition in the PPI market delivers choice and value to consumers and why the Competition Commission (CC) could undertake a market investigation (store cards would be excluded as already investigated). Poor value comes from the low proportion of premium income paid out in claims (20% only) and competition is hindered by the way consumers purchase their PPI, their understanding of the product and the quality of information available to them. The OFT has estimated that the potential consumer savings from making the market more competitive could be around £1bn (in a PPI market with gross premiums estimated at £6.0bn).

OFT research has indicated the following features of the PPI market as problematic:

How consumers purchase their PPI, their understanding of the product and the quality of information available to them hinders competition: No shopping around for the best deal on PPI partly due to point of sale advantage enjoyed by distributors; complex nature of PPI makes comparison between different policies difficult; lack of upfront advertising information on PPI; poor understanding of PPI by consumers e.g. price and detail of cover; only APR of the credit is considered and not PPI cost; impression PPI would help the application for credit.

No evidence of competitive pressure in retail end of the market: Due to POS advantage by distributors; no direct substitutability from alternative products such as income protection policies; difficult and costly consumer access by stand alone providers; low levels of cancellation or switching by consumers.

There are indications that consumers are receiving poor value: PPI has low claims ratios compared to other insurance products (CAB research a few years ago showed over 450,000 consumers making claims on PPI policies per year with 85% of claims unsuccessful); commission rates paid by insurers to downstream intermediaries look high compared with other general insurance products; the pricing of different PPI products cannot always be explained by differences in cover offered; offsetting of low margins on provider credit offerings with profits generated from the sale of PPI (unsecured personal loan providers and some credit card providers).

Overview of the PPI sector

PPI sales (a major revenue source for banks) have led to an estimated 24 million policies currently generating some £6 billion of gross premium income a year. With perhaps 7 million new policies being taken out every year and 18.8% growth of premiums between 2000-2005, both the number of policies and the value of premiums indicate a very rapidly growing sector (which has grown faster than the 8% growth in personal credit over 2000-2004). Aside from the fact banks use aggressive selling tactics this is helped by the continuous recycling of debt in the UK, where multi-source borrowing is routine and commonplace, but where the inflexible market despite the availability of cover drives borrowers towards holding multiple policies (estimates for the number of these holders could be around 4 million).

Integration of underwriting and distribution of PPI (and credit) is also an important structural feature, with vertically integrated providers accounting for over 60% of the market. High-street retail banks and building societies control the distribution of PPI policies to consumers with an 80% market share of PPI in 2005 (i.e. Norwich Union (Aviva) 19%, UKI (RBS Insurance) 15%, Lloyds TSB (Lloyds Group) 14%, St Andrews (HBOS Group) 13%, Barclays Insurance (Barclays Group) 12%, Hamilton Insurance (HSBC Group) 12%, Cardif Pinnacle 6%, and Others 9%)

PPI by product sector

Within the PPI sector, the largest product area is personal (unsecured) loan PPI (which is estimated at around 60% of total GWP in 2005), followed by

MPPI (20 per cent), credit card PPI (15 per cent) and car finance PPI (5 per cent). Like the overall sector, each of these areas of PPI has been growing very rapidly since 2000, with average annual growth rates of between 15 and 20 per cent during 2000-2005.

As indicated below, penetration rates (i.e. the proportion of credit agreements also having a PPI policy) in 2005 ranged between 72 per cent for second charge mortgages, 34 per cent for unsecured personal loans, 31 per cent for first charge mortgages, 13 per cent for credit cards and 26 per cent for store cards, according to the OFT (though estimates vary between calculations by the OFT, Datamonitor, Mintel, Credit Suisse, or OmniChek).

The PPI market appears rigidly sectored to reflect the originating loan: mortgages, unsecured, revolving credit, and second charge. Each sector operates within self-set boundaries and comfort zones with little evidence of cross boundary activities or any acknowledgement of multi-source credit. The reason for such inflexibility is not clear but nevertheless works greatly to the advantage of major banks (distribution reach means control over 90% of the market, with their own insurance subsidiaries responsible for much of the underwriting capacity).

Mortgages

Despite being a consumer's single biggest financial commitment, and independents competing on an equal footing with banks, sales of PPI are underperforming.

- Current mppi penetration between   25-30% (OFT 31%)
- Current mppi policies   2.6 million
- Average Yearly Premium Cost   £325 - £350
- Estimated Total Premium Spend per year   £1 billion

694,000 claims paid out between 2000 and 2004. Government penetration target of 55% and 5 million borrowers insured by the end of 2004 was not met (only 23% of borrowers took out some form of cover, and in 2004 new mppi sales were 200000 down on the previous year). Although mortgages account for 86% of consumer borrowing mppi accounts for only 17% of consumer spend on ppi overall. This is a huge imbalance because above all other loan commitments, mortgage repayments should be prioritised for protection. There is less miss-selling, but low sales may be due to factors like: borrower inertia; borrower indifference; self insurance; media negativity; intermediary caution.

Product characteristics: Principally covers: accident and sickness (AS); unemployment only (U); or accident, sickness and unemployment (ASU). According to the insurance industry, the availability of such 'modular' options – e.g. between full ASU or having AS or just U – indicates that MPPI products are carefully discussed with the consumer as part of the mortgage transaction and show a degree of supplier flexibility that may be advantageous for the consumer. Most MPPI policies involve a monthly/regular premium or an annual premium paid monthly. The cost is generally expressed as a percentage of the monthly benefit - £x per £100 of benefit.

Second Charge (i.e. secured loan guaranteed)

Small sector in loan terms (compared to overall UK consumer debt of more than £1 trillion) but one of the fastest growing sectors of the personal loan market with borrowers (high risk consumers). Only area of consumer lending to be dominated by a handful of national finance brokers which compete fiercely and rely on the sale of expensive ppi to boost profits (thus the high penetration levels).

- Current ppi penetration   85% (OFT: 72%)
- Current ppi policies   360000
- Average Yearly Premium Cost   £250
- Estimated Total Premium Spend per year   £100 million

Commission based market where ppi cost is inflated to cover commission content of up to 80%, loan providers estimated to take out up to £60 million a year in commissions. This sector is the birthplace of the infamous and expensive single premium ppi (upfront ppi cost and amortisation in monthly repayments plus interest), which is a missold product with a negative predatory image (over-priced, poor value, unsuitability, usually impacting on borrowers who are financially vulnerable). Unlike the tightly regulated primary mortgage market, second charge lending, which is Consumer Credit Act regulated, has been relatively lightly policed by the Office of Fair Trading.

Product characteristics: Principally covers life (L), accident and sickness (AS) and unemployment (U). The life cover generally pays off the outstanding balance on the loan in the event of a claim. The ASU cover provides a monthly benefit equal to the loan repayment outstanding. The AS benefit may be paid to the term of policy or it may be limited to a maximum number of months. Payment of the U benefit is generally limited to 12 months per claim. Generally involve a single premium paid up front for the term of the policy, which is commonly 60 months. The premium is generally calculated as a percentage of the loan. Results from our business survey indicate that 93 per cent of the PPI sold with secured loans is single premium.

Unsecured Revolving Credit (Credit / Store Cards)

Volatile sector (credit treated as a convenient and flexible payback arrangement rather than a borrowing vehicle) with multiple card holders, half of which pay off their monthly balances in full. This leaves around 30 million card accounts with regular outstanding balances and it is this collective amount ("the float") which drives ppi revenue. Effective system means good penetration (no personal contact, call centre post-sale etc.)

- Current ppi penetration
- credit cards   40% (OFT: 13%)
- store cards   55% (OFT: 26%)
- Current ppi policies   11 million
- Average Yearly Premium Cost   £56
- Estimated Total Premium spend per year   £600 million

Low profile sector considering its size and how expensive it is when calculated over a rolling period of months particularly when the minimum monthly payment arrangement is in use.

Sector has high commission levels and no regulatory requirement to reveal these (unlike brokers). Total banks strip out in commission has been estimated between £300 and £400 million a year. Many cardholders face difficulties in claiming.

Product characteristics: (*only one signature required on the credit agreement since they are payment arrears and do not constitute 'credit')

Credit card PPI: Principally life (L), accident and sickness (AS) and unemployment (U). The ASU cover provides a monthly benefit equal to a percentage of the outstanding balance at time of claim or on the monthly statement prior to the claim. This is most commonly 10 per cent but it can be 5 per cent or 3 per cent. The benefit period is typically for up to twelve months for unemployment and accident and sickness. The waiting period is usually 30 days. Where life and/or critical illness cover is offered, the amount of cover will be equal to the total amount outstanding at the time of the insured event. The maximum period for which AS benefit is paid is generally related to the size of the monthly benefit. If it is 10 per cent, it is likely to be 12 months; if it is five per cent, it is more likely to be 18-24 months; if it is three per cent, benefit will be paid until the outstanding balance is paid off. The maximum payment period for U benefit is generally 12 months. The premium is charged monthly and is calculated as a percentage of the outstanding balance on the monthly statement.

Store card PPI: May also cover the insured's outstanding balance in the event of death or critical illness (where included or selected). The principal risks covered by store card PPI are life (L), accident and sickness (AS) and unemployment (U). Purchase and/or price protection may also be included within the store card PPI product and/or provide cover against accident, loss or theft of the item for a limited period of time and allow the consumer to claim if the item is offered by the store at a lower price within a certain period of time after purchase. The premium is charged monthly and is calculated as a percentage of the outstanding balance on the monthly statement.

Unsecured Personal Loans

These CCA regulated loans have caused much of the specific and hostile external criticism and accusations of consumer abuse (aggressive sales tactics, ignoring affordability and suitability criteria, over-priced and poor value ppi products and extensive miss-selling), with regulators having only recently started to intervene (in line with the new CCA). Major banks dominate the provision of these loans (through heavy advertising, direct mailing, branch network and white label products) and tries to associate ppi with the loans at point of sale (through incentives of bank staff i.e. "hard sell" tactics and in-discriminate sales). While these loans represent only 16% of UK mortgage lending, total ppi spend is 400% greater.

- Current ppi penetration between 40-60% (OFT: 34%)
- Current ppi policies 9.7 million
- Average Yearly Premium Cost £400
- Estimated Total Premium Spend per year £4 million

Over-pricing is blatant in this sector and single premium ppi is also prevalent, as is the practice of automatically including the ppi premium in the cost of the loan. The supermarkets are also being criticised, especially with recent and future growth in white label loans and their associated insurances.

Product characteristics: Largest product area within the UK PPI sector (i.e. personal loans, motor loans and hire purchase). PPI offered is usually single premium, and if the underlying loan is settled during the term of the policy or the premium cancelled, the refund of the premium is progressive (a calcula-tion that does not reasonably reflect incurred costs of early cancellation). Since May 2005, consumer credit agreements must carry two signatures from the consumer to indicate agreement to the original amount of the loan and the extra cost of the PPI associated with the loan. Principal risks covered are life (L), accident and sickness (AS) and unemployment (U). Typically one prod-uct covers all such risks although there are also 'modular' products that enable the consumer to choose the sections of cover they require.

Issues requiring innovation:

PPI needs to be made more attractive to consumers, as it is in the interest of many of them to subscribe to such a product, which is currently a product sold not bought. A lot of the "bad reputation" is linked to the lack of clarity. Consumers often pay more than is necessary but also inevitably purchase inappropriate policies as a result of the difficulties in comparing the products. Providers should thus make more effort to adopt possible industry standard terms and to keep exclusions and waiting periods to a minimum. Such an industry wide initiative could go a long way in helping consumers to choose confidently between different products. A further positive development for the sake of clarity (and honesty) would be to stop automatically including the costs of the loan payment protection insurance in the loan repayments quoted to customers. Two possible regulatory solutions which may have a positive effect on competition in the market and encourage shopping around are: a compulsory insurance disclaimer where every CCA agreement would contain a prominent clause confirming that the loan was not conditional (whether expressed or implied) on the borrower taking out associated insurance products; or a time & distance regulation whereby banks can make loans and sell insurance but not link them together and not at the same time (e.g. a 30-day delay between granting the loan and then offering insurance).

Another avenue for improvement is in flexibility, i.e. offering consumers the ability to take components (unemployment or health) in isolation. This may not help with the problem of comparability, but it may have benefits for those currently disadvantaged by already enjoying adequate health insurance via the workplace say but who still have to pay for it when they wish to safeguard against unemployment (banks and building societies are shown to be strongly unwilling to subdivide their PPI cover). Generally, PPI providers should seek to improve their products by building relationships with their client, this could mean being honest about discussing some of the other insurance policies like health insurance, which the client might have and which may already cover a proportion of his salary, rendering further cover unnecessary. A customer's work contract and details on his redundancy package may also influence the outcome of whether to purchase the PPI or not (i.e. if it were substantial enough not to require cover), as is his corporate policy on sick pay or accident cover. Innovation should also focus on potential customers for whom PPI remains largely unsuitable as it stands, including: The self-employed (only pays out if they cease trading altogether as opposed to merely experiencing a lean patch); those employed who accept voluntary redundancy (which is an increasingly common way of terminating employment in some industries); or those with poor health records ("pre-existing conditions" or "chronic conditions").

Other than ensuring that products which do not allow any refund of PPI costs when a consumer cancels a policy, no longer exist (except where a claim has already been paid under the insurance policy or the consumer has instead chosen to take continuing PPI cover for another loan), a future innovative product should focus on making sure that some of the following procedures are guaranteed: a well informed customer, not facing undue sales pressure, good upfront information, information about exclusions are not hidden, text does not discourage searching about exclusions etc...

The drive for profits may have overridden product suitability and affordability in the past but not over the long-term. The culture that encouraged endemic miss-selling (e.g. commission loaded, over-priced products and volume sales) was temporary, and let's not forget that with all the uncertainty in our lives, PPI can definitely provide worthwhile cover against unforeseen events that cause repayment difficulties, and can offer valuable peace of mind whether or not a claim is made in the end.

1.2 Die Risiken in der aktuellen Restschuldversicherungspraxis

1.2.1 Vertrauensverlust in der Öffentlichkeit

Restschuldversicherungen stehen seit einigen Jahren im kritischen Licht der Öffentlichkeit. Eine verstärkte Berichterstattung ist seit 2003 zu beobachten, als verschiedene Fernsehsender und Zeitungen begannen, die Praxis der Kreditvergabe im Zusammenhang mit Restschuldversicherungen zu kritisieren. Das ZDF-Magazin „WISO" kommt 2003 zu dem Schluss:

„Einige Banken rechnen die Versicherungsprämie von Anfang an dem Darlehen zu (Norisbank, SEB, Volksbank) - eine Alternative bieten sie nicht. Im Falle der Volksbank würde das am Ende zusammen ein Darlehen in Höhe von 40.200 Euro ergeben. Viele der Banken verfahren ähnlich und kassieren damit gleich drei Mal ab:

- *Mit der überzogenen Prämienforderung.*

- *Die Versicherungsprämie wird zum Darlehen zugerechnet und darauf wird die Bearbeitungsgebühr angerechnet.*

- *Man muss für die Versicherungsprämie auch noch Kreditzinsen bezahlen.*

Versicherungsprämien als Gewinnbringer

Die Versicherungsprämien werden auf jeden Fall fällig, weil andere Sicherheiten nicht akzeptiert werden. Laut Preisangabenverordnung müssen aber alle Kosten, die für ein Darlehen anfallen, in den Effektivzins eingerechnet werden. Tatsächlich beträgt aber der Effektivzins bei der Volksbank dann 31 Prozent pro Jahr. Das wollen die Banken unter allen Umständen ver-

schleiern und versuchen ihre Kunden mit diesem Rechentrick über die tatsächlichen Kosten zu täuschen."[45]

Auch das ARD-Wirtschaftsmagazin plusminus urteilt im selben Jahr:

„Banken verdienen am Nebengeschäft:

Immer öfter verlangen Banken jetzt jedoch bei Konsumentenkrediten teure Zusatzversicherungen zur Absicherung der Restschuld. Dadurch verteuern sich die vorgeblich günstigen Kleinkredite mit versprochenen Zinssätzen von sieben bis zehn Prozent enorm. (...)

Der Test von Plusminus ergab: Durch die Extra-Police steigt der Effektivzins bei Kleindarlehen auf bis zu 22 Prozent! Bei einer Filiale der Citibank in Hamburg-Barmbek sollte die Restschuldabsicherung für einen 5.000-Euro-Kredit insgesamt 836 Euro kosten, fast ein Fünftel der eigentlichen Kreditsumme. (...) Kunden zahlen im Voraus (...) dazu kommt: Die Versicherungsprämie ist sofort fällig. (...)Zwang zur Restschuldversicherung (...) Achtung: Effektiver Jahreszins sagt nicht die ganze Wahrheit (...)"

---

[45]   http://www.zdf.de/ZDFde/inhalt/23/0,1872,2069879,00.html.

Rentner haben kaum Kredit

Stichprobe: Darlehen für Senioren, Teil 2

Teure Kredite für Senioren! Die Abwehrreaktion der Banken kann man bei Rentnern kaum nachvollziehen: Arbeitslos können sie nicht mehr werden und ihre Einkommen sind garantiert, auch im Krankheitsfall. Einziges Risiko: der Todesfall. Und der lässt sich durch eine Todesfallabsicherung preiswert in den Griff bekommen.

29.09.2003

dpa
Rentner haben keine guten Karten, wenn sie einen Kredit aufnehmen wollen

SENDUNG

WISO

WISO
Jeden Montag von 19.25 bis 20.15 Uhr im ZDF

LINKS
Stichprobe: Darlehen für Senioren

Geht man davon aus, dass bei einem Darlehen keine Sicherheiten bestehen, ist eine Restschuldversicherung sicher ein geeignetes Instrument, um ein Privatdarlehen möglich zu machen. Man muss auch sehen, dass mit dem Todesfall das Wohnmobil als Sicherheit für die Bank vorhanden wäre.

Einige Banken rechnen die Versicherungsprämie von Anfang an dem Darlehen zu (**Norisbank, SEB, Volksbank**) - eine Alternative bieten sie nicht. Im Falle der Volksbank würde das am Ende zusammen ein Darlehen in Höhe von 40.200 Euro ergeben. Viele der Banken verfahren ähnlich und kassieren damit gleich drei Mal ab:

- Mit der überzogenen Prämienforderung.

- Die Versicherungsprämie wird zum Darlehen zugerechnet und darauf wird die Bearbeitungsgebühr angerechnet.

- Man muss für die Versicherungsprämie auch noch Kreditzinsen bezahlen.

Abbildung 13: „Rentner haben kaum Kredit". Quelle: ZDF-Ratgeber WISO vom 29.09.2003.

In der Presse immer wieder bemängelt wird der Verkauf von unzweck-
mäßigen Restschuldversicherungen, der Verkauf von überteuerten Versicherungen und die dadurch verschleierten Mehrkosten des Kredits und zuletzt die Praxis, Restschuldversicherungen den Interessenten von Krediten
„aufzuzwingen". Dabei werden einige Spezialisten im Konsumentenkreditbereich besonders häufig in der Presse dargestellt.

> Eine Restschuldversicherung kann sehr sinnvoll sein:
> Sie springt ein, wenn man seinen Kredit nicht zurück-
> zahlen kann. Allerdings sind nicht alle Angebote wirk-
> lich günstig: Die Citibank zum Beispiel verlangt für ein
> Darlehen über 37.500 Euro eine Prämie von 14.000
> Euro für die Restschuldversicherung.

Abbildung 14:   „Restschuldversicherung". Quelle: ARD Ratgeber Recht vom
                13.11.2005.

Es wird auf den Zusammenhang zwischen Kreditpraxis und Überschuldung
hingewiesen.

*„Bei der Bundesarbeitsgemeinschaft Schuldnerberatung heißt es, die
Citibank sei als Gläubiger „überproportional stark vertreten". Auch bei
Peter Becker, Schuldnerberater der evangelischen Gemeinde in Düren, hängt
fast jeder zweite Fall mit Ratenkrediten der Citibank zusammen. Für Becker
ist das Institut diejenige Bank, „die bei der Kreditvergabe wie keine andere
in Deutschland das Einkommen ihrer Kunden schön rechnet, sie damit*

systematisch in die Überschuldung treibt, und über die Schulden ein Leben lang an sich bindet".[46]

Verbraucherschützer contra Citibank: „Hier wird schöngerechnet und systematisch überschuldet"

Ein Bund fürs Leben

Die Düsseldorfer Bank schlägt wie keine andere Profit aus dem Geschäft mit Ratenkrediten – doch viele Kunden müssen dafür verdammt teuer bezahlen

Abbildung 15: *„Ein Bund fürs Leben". Quelle: Süddeutsche Zeitung vom 20.12.2003.*

Seit Beginn der Berichterstattung wird die Praxis, Kredite obligatorisch mit Versicherungen zu koppeln, als „Wucher" bezeichnet. So schreibt die Süd-

---

[46] "Schöngerechnet und systematisch überschuldet", Süddeutsche Zeitung vom 19.12.2003.

deutsche Zeitung am 18./19.10.2003: *„Wucher nimmt neue Formen an. Rentner Ehepaar zahlte bei CC-Bank umgerechnet 40% Zinsen./ rechtliche Grauzone".* Und fährt fort: *„Berücksichtigt man die Versicherungsprämien, beläuft sich der effektive Jahreszins auf 39,9%(...)"* Der Spiegel berichtet 2003: *„Kleinkredite oft nur noch zu Wucherzinsen"*[47] und zuletzt in der Dezemberausgabe 2006: *„Wucher zu Weihnachten".*

BANKEN

Wucher zu Weihnachten

Die Schuldenindustrie floriert. Der Konsumrausch auf Pump treibt immer mehr Verbraucher in die Insolvenz, steigende Ausfallraten und horrende Zinsen bringen die Kreditbranche in Verruf.

Wenige Meter hinter dem Hauptbahnhof bietet Bayerns Hauptstadt nichts Glamouröses. Im Basar an der Ecke gibt es billige Kleider, daneben preiswerte Lampen und Waschmaschinen. Menschen ohne viel Geld kaufen hier ein. Die Münchner Champagnergesellschaft verirrt sich dagegen selten in die graue Häuserschlucht der Schwanthalerstraße.

Hier, direkt neben einer Tiefgarageneinfahrt, liegt der schmucklose Eingang zum Hauptsitz der Kreditbank Dresdner-Cetelem. In der fünften Etage geht es vorbei an einsamen Hydrokulturpflanzen und billig gerahmten Stadtansichten zum Büro von Gerd Hornbergs, Chef des Gemein-

voran. Innerhalb von sieben Jahren hat sich ihr Volumen auf beinahe 40 Milliarden Euro verdreifacht. Der niederländisch-belgische Fortis-Konzern will republikweit noch weitere 110 Kreditshops eröffnen.

Die hiesigen Banken forcierten dagegen erst vor zwei Jahren das Geschäft. Bei den Sparkassen geht das Volumen sogar leicht zurück.

Seit langem schon geißeln Verbraucherschützer das Geschäft mit den kleinen Krediten, weil Konsumenten durch Zins und Zinseszins immer weiter in die Verschuldung getrieben werden. Neuerdings aber kommen auch mahnende Stimmen aus den eigenen Reihen des Bankgewerbes.

Es gebe „mittlerweile eine Art Konsu-

den bald entdecken, dass das aggressiv betriebene Geschäft nicht der richtige Weg sei. „Die Ausfallquoten werden in naher Zukunft massiv ansteigen", ist Tellings überzeugt, bereits in den diesjährigen Geschäftsabschlüssen werde man eine „massiv gestiegene Risikovorsorge sehen".

Tatsächlich musste etwa Branchenschwergewicht Santander für sein Deutschland-Geschäft schon im vergangenen Jahr das Sicherheitspolster ausbauen. Die Wertberichtigungen auf Konsumentenkredite schnellten wegen der „hohen Arbeitslosenquote, der schlechten Zahlungsmoral und den steigenden Privatinsolvenzen in Deutschland" um 26 Prozent auf 170 Millionen Euro hoch. Zum Trend im ablaufenden Jahr wollen die Verantwortlichen keine Angaben machen.

Auch bei den Kreditversicherern hinterlässt der Boom erste Spuren. So wächst zum Beispiel bei Delta Lloyd die Schadensquote „noch stärker als das Neugeschäft", bestätigt eine Sprecherin.

Dennoch wirbt die Branche immer aggressiver neue Kunden. „Money to go"

Abbildung 16: „Wucher zu Weihnachten". Quelle: Der Spiegel vom 22.12.2006.

---

[47]   Spiegel Online vom 07.10.2003.

sueddeutsche.de

| Nachrichten | E-Paper | Immobilienmarkt | Stellenmarkt | Motormarkt |

POLITIK | **WIRTSCHAFT** | FINANZEN | KULTUR | SPORT | LEBEN | KARRIERE | MÜNCHEN | PAN(

17.10.2003 17:05 Uhr   Drucken | Versenden | Kontakt

Banken kassieren ab

Wucher nimmt neue Formen an

Geldinstitute verlangen bei Kredite immer häufiger teure Zusatzversicherungen. Mit ihnen steigen die effektiven Zinssätze schnell auf 20 bis 30 Prozent — ohne dass die Geldinstitute diese Kosten offen legen. Die EU will jetzt eingreifen.
Von Thomas Öchsner

(SZ vom 18.10.2003) — Wenn es ums Geld verdienen geht, sind manche Banken äußerst erfinderisch. Dies zeigt der Fall eines Rentner-Ehepaares aus Löhne in Nordrhein-Westfalen, das im Juni 2002 bei der CC-Bank einen Ratenkredit über rund 6000 Euro aufnahm: Die Beraterin in einer Filiale in Bielefeld verband das Kreditgeschäft mit dem Verkauf von vier Versicherungen.

Jeder der beiden Darlehensnehmer schloss eine

mehr zum Thema

Jugendliche
Der Schein vom schönen Leben

Aggressive Banken
Traumreise auf Pump

Abbildung 17:   „Wucher nimmt neue Formen an". Quelle: Süddeutsche Zeitung vom 18.10.2003.

Als Auslöser der Verkaufspraxis wird in der Presse häufig der Wettbewerbsdruck der Banken im Konsumentenkreditbereich genannt.

83

Biallo & Team (www.biallo.de)
Redaktions-Service für regionale Tageszeitungen
Horst Biallo • Helga Riedel • Caroline Benzel • Max Geißler • Fritz Himmel • Annette Jäger• Klaus Justen
• Marcus Preu • Sandra Petrowitz • Rolf Winkel (Autorenname unterstrichen)

Ratenkredite:

Restschuldversicherung soll Geld in die Kassen spülen

In keinem Marktsegment der deutschen Bankenlandschaft herrscht ein solch gnadenloser Wettbewerb wie beim Ratenkredit. Internet-Anbieter wie die Finansbank Holland locken die Kunden mit Konditionen ab 3,85 Prozent, andere wie die Norisbank werben mit Zinssätzen knapp über vier Prozent. Selten konnten Verbraucher so günstig an Ratenkredite kommen. Oft lohnt es sich auch heute, noch länger laufende Ratenkredite gegen billigere einzutauschen, um hunderte von Euro zu sparen. Wir helfen Ihnen mit diesem Ratgeber durch den Dschungel des Konsumentenkredites, damit Sie nicht in die Fallen der Banken tappen und viel mehr zahlen als Ihnen (und uns) lieb ist.

Falle 4: Die oft sehr teure Restschuldversicherung

Unsere Recherchen zeigen: Viele der auf Ratenkredite spezialisierten Unternehmen nutzen vor allem eine Stellschraube, um trotz angeblich niedriger Zinsen dennoch auf ihre Kosten zu kommen: die Restschuldversicherung (RSV): Obwohl immer wieder offiziell bestritten, legen die Mitarbeiter gerade der auf Ratenkredite spezialisierten Norisbank, CitiBank oder Santander Consumer Bank dem Kunden in deren Filialen nahe, dass es gut für sie sei, eine solche Police abzuschließen. Darüber haben Welt am Sonntag, Finanztest und viele Verbraucherschützer in jüngster Vergangenheit immer wieder berichtet. Beim Verkaufsgespräch gewinnt der Kunde den Eindruck, dass er

---

4

---

den Kredit nur dann erhält, wenn er sich für die RSV entscheidet. In diesem Fall müsste der Anbieter diese Kosten jedoch in den Effektivzins mit einrechnen und käme auf horrende Sätze, die kaum jemand akzeptieren würde. Daher rufen alle Banken laut im Chor, dass der Abschluss bei ihnen selbstverständlich nicht obligatorisch sei. Angesichts hoher Arbeitslosigkeit kann man einen Risikoschutz nicht von vornherein verneinen geleistet wird. Und zudem auch bei der Wartezeit, also bei dem Zeitraum, der vergehen muss, bevor Versicherungsschutz besteht.

Springen die meisten Sparkassen und deren Versicherungen bereits mit Geldzahlungen ein, wenn man innerhalb von zwei Monaten nach Abschluss des Vertrags seinen Job verliert, ist das bei der Mehrzahl der anderen Anbietern erst nach drei Monaten der Fall

Abbildung 18: „Restschuldversicherung soll Geld in die Kassen spülen". Quelle: Biallo Redaktionsservice für regionale Tageszeitungen.

Der Biallo Redaktionsservice für regionale Tageszeitungen schreibt: *„In keinem Marktsegment der deutschen Bankenlandschaft herrscht ein so gnadenloser Wettbewerb wie beim Ratenkredit. Internetanbieter wie die Finansbank Holland locken die Kunden mit Konditionen ab 3,85%, andere wie die Norisbank werben mit Zinssätzen knapp über 4%. (...) Viele der auf Ratenkredite spezialisierten Unternehmen nutzen vor allem eine Stellschraube, um trotz angeblich niedriger Zinsen trotzdem auf ihre Kosten zu kommen: die Restschuldversicherung."*

Abbildung 19: „Vorsicht bei Restschuldversicherungen". Quelle: ZDF Ratgeber WISO vom 19.09.2006.

In der Öffentlichkeit ergibt sich aufgrund der fast ausschließlich negativen Presse das Bild, dass Restschuldversicherungen nur mit Vorsicht behandelt werden sollten. Das negative Bild wird in jüngster Zeit verstärkt durch eine Kampagne der Dachorganisation der Verbraucherzentralen (VZBV), in der die obligatorische Koppelung von Restschuldversicherungen und Verbraucherkrediten anhand von eidesstattlichen Versicherungen einiger Hundert Verbraucher nachgewiesen wurde.

Abbildung 20: „Neue Form von Kreditwucher" Quelle: Tagesschau vom 29.01.2007

Zusammenfassend lässt sich feststellen, dass der Begriff „Restschuldversicherung" inzwischen bei der informierten Öffentlichkeit negativ besetzt ist.
Darunter leiden das Bild der Banken und das Vertrauen in ihre Kreditvergabepraxis.

1.2.2 Rückzahlungs- und Schadensersatzrisiken sowie Verschärfung der Rechtsprechung zu Konsumkrediten 48

Restschuldversicherungen im Verbraucherkredit unterliegen nicht nur in
Presseberichten zum Teil harscher Kritik, sondern sind auch im rechtswissenschaftlichen Schrifttum umstritten und werden von der Rechtsprechung zunehmend differenziert geprüft. Zwar ist insbesondere die diesbezügliche Ent-
scheidungstätigkeit der Gerichte in den letzten Jahren zurückgegangen, nachdem Grundfragen zu deren Berücksichtigung in den Angabenpflichten nach
dem alten Verbraucherkreditgesetz (im folgenden VerbrKrG) und nunmehr in
fast inhaltsgleichen Normen der §§ 492 ff. im BGB als weithin geklärt
schienen. Tatsächlich ist aber auch hier noch keine endgültige Befriedung
einkehrt, sodass die Anbieterseite mit erheblichen rechtlichen Risiken
rechnen muss, die sich aus der Befassung der Gerichte mit diesem Problem-
komplex ergeben könnten. Dass dies bisher noch wenig sichtbar ist, entspricht der Tatsache, dass die gerichtliche Aufarbeitung von Problemfällen
regelmäßig mehrere Jahre braucht und daher die höchstrichterlichen Ent-
scheidungen für die Praxis seit 2000 noch ausstehen.

---

48   Das nachfolgende Kapitel wurde von Prof. Dr. Kai-Oliver Knops erstellt.
Berücksichtigt wurde die Rechtslage und Rechtsprechung bis zum Jahr 2005.

In der intensiv in den 80er Jahren des vorigen Jahrhunderts geführten Diskussion[49] um die Zulässigkeit derartiger Kosten ging es vor allem um die Berücksichtigung in der Effektivzinsberechnung und der Angabe der Prämien überhaupt. Niemand konnte sich damals vorstellen, dass die Prämien nicht nur in ihren Spitzen Höhen erreichen, die den Kredit um mehr als die 100 Prozent verteuern,[50] sondern ein derart hohes Niveau erlangen, dass die damals[51] durch die Rechtsprechung überprüften Prämien absolut wie relativ um ein Vielfaches übersteigen. Der Höhe nach finden sich in der Praxis schon seit Jahren keine Versicherungsbeiträge mehr, die sich – wie früher üblich - im einstelligen Promillebereich zur Kreditsumme bewegen. Offensichtlich haben manche Anbieter derartiger Versicherungen geglaubt, nach Klärung der Fragen zur Angabepflicht sei ihnen der Höhe nach eine Art Freibrief erteilt.

Markstein der Analyse der Restschuldversicherung war damals u.a. ein Aufsatz in der Zeitschrift für Kriminalistik, die den Zusammenhang zur wucherischen Kreditvermittlung untersucht hat.[52] Dies stellt auch heute noch ein Problem dar,[53] wenn gleich die Zulässigkeit derartiger Entgelte vor allem

---

[49]   Zur damaligen Auseinandersetzung vgl. etwa *Peetz*, ZIP 1980, 605 ff.; *Derleder*, NJW 1981, 2401 ff.; *v. Olshausen* ZIP 1983, 539 ff.; ders., ZHR 146 (1982), 259 ff.

[50]   Siehe dazu unten 3.

[51]   Noch in jüngerer Zeit war die Relation weniger krass (vgl. etwa OLG Hamm NVersZ 1999, 164: Nettokreditsumme: 39013, 17 DM zu 9196, 20 DM Restschuldversicherungsprämie; OLG Rostock, NJW-RR 2005, 1416: Gesamtdarlehenssumme 29.422,08 DM zu einer einmaligen Versicherungsprämie i.H.v. 1.218,07 DM).

[52]   Siehe *Wahl/Lauer*, Kriminalistik 1979, 239 ff.

[53]   Nach strafrechtlichen Maßstäben ist bei Beurteilung des Kreditwuchers die Restschuldversicherung in die Berechnung miteinzubeziehen, vgl. nur

nach den zivilrechtlichen Maßgaben in Rede steht und auch nach Kriterien des öffentlichen Rechts zu beobachten sind. Das Untersuchungsprogramm ist somit weit gefächert und soll hier nur auf die wesentlichen Gefahren und Risiken beschränkt werden. Im Vordergrund steht nach wie vor die Prüfung der Sittenwidrigkeit nach § 138 BGB (dazu 1.). Über den wirtschaftlichen und rechtlichen Verbund beider Verträge werden sowohl der Darlehensvertrag als auch der Versicherungsvertrag zu Fall gebracht, wenn nur einer der Verträge einen derartigen Mangel aufweist (dazu 2.). Ein durchsetzbarer Anspruch auf Rückabwicklung beider Verträge besteht für den Kunden auch dann, wenn entweder der Versicherer als Vertragspartner oder das Kreditinstitut als Vermittler die ihnen obliegenden Aufklärungs- oder Beratungspflichten nicht hinreichend nachkommen (dazu 3.). Sind die Verträge nicht mit einem derartigen Makel behaftet und zunächst wirksam zustande gekommen, kann das Fehlen von schriftlichen Pflichtangaben zu erheblichen Reduktionen von Leistungspflichten des Kunden führen bzw. Rückerstattungsansprüche auslösen (dazu 4.). Dabei stehen auch die gezahlten Provisionen, die jedes bisher bekannte und übliche Maß im Versicherungssektor sprengen und das Äquivalenzprinzip in besonders krasser Weise verletzen, im Fokus. Die in der Praxis verwendeten Klauseln sind zum Teil unwirksam (dazu 5.), was nicht nur aufsichtsrechtliche Maßnahmen nach sich ziehen kann, vor allem aber wettbewerbsrechtliche Ansprüche Dritter auf Unterlassung nebst allen Abmahnfolgen auslöst (dazu 6.). Schließlich werden die Abrechnungen bei Auflösung und Umschuldung in der Praxis in zum Teil rechtswidriger Weise gelöst (dazu 7.). Aus juristischer Sicht steht daher in

---

Schönke/Schröder-*Stree/Heine*, StGB, 27. Auflage 2006, § 291 Rn. 11 ff. und OLG Stuttgart wistra 1982, 37.

vielen Bereichen, wenn nicht überhaupt eine zwangsweise Beendigung der bisherigen Versicherungs- und Kreditvergabepraxis im Raum, die den rechtlichen Vorrang der Vertragsfortführung vor Beendigung auch im Krisenfall wiederherstellen kann (dazu 8.). Im Einzelnen:

1.2.2.1 Sittenwidrigkeit von Restschuldversicherungspolicen und Darlehensverträgen

Zwar werden die Beiträge für eine Restschuldversicherung aus der Sittenwidrigkeitsprüfung eines Darlehens nach der herrschenden Auffassung in Rechtsprechung und Literatur ausgeklammert.[54] Restschuldversicherungsprämien können allerdings selbst als sittenwidrig überhöht anzusehen sein. Insbesondere ein Vergleich mit sonst üblichen Risikolebensversicherungen[55] oder Berufsunfähigkeitspolicen offenbart in vielen Fällen ein eklatantes Missverhältnis zwischen Leistung und Gegenleistung.[56] Berechnungsgrundlage für einen Marktvergleich ist die Prämienhöhe für die tatsächlich ausgereichte Nettokreditsumme des Restschuldversicherungsanteils zuzüglich

---

[54]   BGHZ 99, 333, 336 = NJW 1987, 944; BGH NJW 1988, 1661, 1662; BGH NJW 1989, 584; BGH NJW 1990, 1048, 1049; BGH NJW 1990, 2807; Staudinger-*Sack*, 13. Bearb., § 138 Rn. 183; MünchKommBGB-*Mayer-Maly/Armbrüster*, 5. Aufl., § 138 Rn. 119; MünchKommBGB-Berger, 4. Aufl., § 488 Rn. 110. Zur Kritik an der Außerachtlassung auch der damit im Zusammenhang stehenden Kreditkosten u.a. *Reifner*, NJW 1988, 1950.

[55]   Die Restschuldversicherung ist eine Risikolebensversicherung auf den Todesfall (OLG Hamm NJW-RR 1989, 492; Soergel-*Häuser*, 12. Aufl., § 4 VerbrKrG Rn. 51; Erman-*Saenger*, BGB, 11. Aufl., § 492 Rn. 37; *Vortmann*, Verbraucherkreditgesetz, 1991, § 4 Rn. 18).

[56]   *Reifner*, in: Verbraucherzentrale Hamburg (Hrsg.), Ratenkredite an Konsumenten, 1986, S. 103; *ders.*, Kreditrecht, 1991, § 20 Rn. 61 unter Hinweis auf OLG Celle, Urt. v. 30.9.1991, Az. 3 U 248/80 – unveröff. -. *Holzscheck/Hörmann/Daviter*, S. 238 f.

der darauf entfallenden vertraglich vorgesehenen Zinsen und der übrigen Entgelte wie Bearbeitungsprovisionen. Geht man nach den Statistiken der Bundesaufsichtsanstalt für Finanzdienstleistungen davon aus, dass die durchschnittliche Prämie für Restschuldversicherungen bei 353 Euro pro 10.286 Euro Kreditsumme liegt,[57] sind Entgelte, die das Doppelte ausmachen oder überschreiten, als sittenwidrig anzusehen. Zu differenzieren ist bei einer exakten Berechnung, welchen Versicherungsschutz der Vertrag abdeckt (Todesfall, Arbeitslosigkeit, Berufsunfähigkeit) und nach der Laufzeit des Vertrages zu unterscheiden. Differenzierungen bezüglich des Gesundheitszustands, vor allem aber des Alters und Geschlechts[58] der Versicherungsnehmer sind allein schon aus Gründen der Antidiskriminierungsvorschriften nur im notwendigen versicherungsmathematischen Umfang erlaubt, wie immer berücksichtigt werden muss, dass sich wegen der Vorauszahlung der Restschuldversicherung als Einmalbetrag für die Versicherung ganz erhebliche Vorteile ergeben. Diese bestehen vor allem in der Möglichkeit zur sofortigen Anlage der Prämien und dem daraus zu erzielenden Gewinn[59] wie

---

[57]   *Bundesaufsichtsanstalt für Finanzdienstleistungen*, Bericht 2005, S. 122 (Tabelle 150) sowie zur Berechnung auch *Schuster*, Kapitallebens- und Restschuldversicherungen optimieren!, S. 136.

[58]   Wie bei der Krankenversicherung differenzieren die Versicherer hinsichtlich der Beitragshöhe zwischen Männern und Frauen und insbesondere hinsichtlich des Alters der Versicherungsnehmer im Hinblick auf die Beitragshöhe (vgl. zur Tarifkalkulation auch die Hinweise des *Bundesaufsichtsamtes für das Versicherungswesen*, NVersZ 2000, 164 unter Verweis auf die §§ 11 u. 81 VAG).

[59]   Durch die vorschüssige Zahlung der Einmalprämie ergibt sich auch für die Versicherung ein Zinsvorteil, für den sich bei vergleichbaren Versicherungsarten wie Kapitallebens- oder Berufsunfähigkeitspolicen durch die dort übliche monatliche Zahlungsweise keine Entsprechung findet.

auch aus dem vollständig fehlenden Ausfallrisiko.[60] Im Ergebnis kann daher auch ein Unterschreiten der genannten Durchschnittsbeträge das Sittenwidrigkeitsverdikt auslösen, wie gleichfalls Überschreitungen noch tolerabel sein können.

Zwischen dem Versicherungsvertrag und Darlehensvertrag kann allerdings ein einheitliches Geschäft im Sinne des § 139 BGB vorliegen.[61] Indizwirkung hat, ob beide Verträge in einer Urkunde zusammengefasst sind oder sich der Versicherungsantrag bzw. die Einwilligung des Verbrauchers zum Abschluss einer Restschuldversicherung im Darlehensformular findet. Ein starkes Kennzeichen für die Einheitlichkeit des Geschäftes ist zudem, wenn für beide Verträge nur eine Unterschrift Verbraucherseits notwendig ist. Dann kommt es auf Verlangen des Verbrauchers zur Rückabwicklung nach den Grundsätzen zu der Abwicklung sittenwidriger Kredite, wie sie vor gut zwei Jahrzehnten entwickelt wurden.[62] Das Versicherungsunternehmen trägt hierbei auch das offensichtlich ganz erhebliche Risiko wegen gezahlter Provisionen an die Bank oder von dieser gleich einbehaltener Beträge an den Kreditnehmer deutlich mehr herauszahlen zu müssen, als sie selbst erhalten hat. Die Überprüfung sittenwidrig überhöhter Restschuldversicherungsprämien kann daher für die Versicherung angesichts von millionenfach eingegangenen Verträgen zu einem kaum noch zu überschauenden Verlustrisiko führen.

---

[60]   Insoweit kann analog auf die Rechtsgrundsätze zur Berechnung von Vorfälligkeitsentschädigungen zurückgegriffen werden.

[61]   KG NJW 1983, 291, 292; Staudinger-*Roth*, 13. Bearb. 2003, § 139 Rn. 50; a. A. OLG Frankfurt, NJW-RR 1989, 591; offen gelassen in BGH NJW 1990, 2807, 2808.

[62]   Vgl. hierzu nur BGH NJW 1991, 832 f.

1.2.2.2 Durchgriffshaftung aufgrund verbundener Verträge

Als Geschäfte mit tatsächlicher Verkoppelung können der Kreditvertrag und der Restschuldversicherungsvertrag als verbundene Geschäfte im Sinne des § 358 Abs. 3 BGB bzw. § 9 Abs. 4 VerbrKrG a.F. anzusehen sein, und zwar insbesondere dann, wenn die Bank die Versicherungsprämie über den Kredit – wie üblich - mitfinanziert. Ein verbundenes Geschäft setzt zunächst voraus, dass beide Verträge miteinander verknüpft sind. Der Versicherungsvertrag wäre nicht ohne den Darlehensvertrag geschlossen worden, weil er erst dessen Gewährung dient. Auch umgekehrt wäre der Kreditvertrag nicht ohne die Restschuldsicherung zustande gekommen, weil dem Darlehensgeber ansonsten das Risiko der Kreditvergabe zu hoch gewesen und der Kreditvertrag anderenfalls nicht zustande gekommen wäre. Beide Verträge sind daher als zusammengehörig anzusehen. Des Weiteren müssten die rechtlich selbstständigen Verträge als wirtschaftliche Einheit anzusehen sein. Zwar greift hier regelmäßig nicht die Regelvermutung des § 358 Abs. 3 Satz 2.2. Alt. BGB, wonach sich der Kreditgeber bei der Vorbereitung oder dem Abschluss des Kreditvertrages der Mitwirkung des Unternehmers bedient. Vielmehr wird die Restschuldversicherung von der Bank bei Abschluss des Darlehensvertrages angeboten. Allerdings sind bei der Darlehensgewährung mit Restschuldversicherung gleich mehrere Merkmale erfüllt, nach denen die Rechtsprechung bereits bei Erfüllung nur einer Komponente eine wirtschaftliche Einheit bejaht. Zum einen wird der Kreditnehmer teilweise von der freien Verwendung der Darlehensvaluta ausgeschlossen.[63] Er kann über das Darlehen in Höhe der Restschuldversicherungsprämie nicht verfügen. Der ent-

---

[63]   Vgl. zu diesem Kriterium BGH NJW 1983, 2250.

sprechende Betrag fließt mit Auszahlung des Restdarlehens sogleich vertragsgemäß an das Versicherungsunternehmen. Zum Zweiten benennen die üblichen Kredit- und Restschuldverträge den Verbraucher in einer Urkunde vielfach zugleich als Darlehensnehmer und Versicherungsnehmer. Selbst wenn die Verträge körperlich getrennt sind, ist der jeweilige Vertragstext zumeist auf die jeweils andere Urkunde abgestimmt.[64] Eine nicht nur aus Sicht des Verbrauchers wirtschaftliche Einheit ist insbesondere dann anzunehmen, wenn nicht der Kreditnehmer, sondern die Bank selbst zum Versicherungsnehmer wird und der Darlehensnehmer lediglich die versicherte Person ohne eigenes Bezugsrecht ist.[65] Das Geschäft geht damit über eine Absatzförderung weit hinaus, nicht nur weil sich Vertragsschlüsse gegenseitig bedingen. Vielmehr verschafft sich der Kreditgeber über den Versicherungsvertrag eine Sicherung für den Kredit, den der Kreditnehmer insoweit erst aufnehmen und dann auch über die Zins- und Tilgungsleistungen kostspielig bezahlen muss. Mitfinanzierte Restschuldversicherungsverträge sind daher mit der herrschenden Meinung in Rechtsprechung[66] und Literatur[67] als ein mit dem Kreditvertrag verbundenes Geschäft i.S.v. § 358

---

[64] Vgl. hierzu BGH NJW 1987, 1698; BGH NJW 1978, 1427.

[65] Eine derartige Vertragsgestaltung wird nur bei Kleinkrediten für zulässig gehalten vgl. *Vortmann*, a. a. O., vor § 1 Rn. 19.

[66] OLG Rostock, MDR 2006, 39 = NJW-RR 2005, 1416; vgl. aber die Nachweise bei Soergel-*Häuser*, a. a. O., § 4 VerbrKrG Rn. 53 Fn. 32.

[67] Staudinger-*Kessal-Wulf*, 13. Bearb. 2004, § 358 Rn. 40; MünchKommBGB-*Habersack*, 3. Aufl., § 9 Rn. 140; *Emmerich*, in: v. Westfalen/Emmerich/v.Rottenburg, § 9 Rn. 74; *Drescher*, a. a. O., Rn. 123; *Hemmerde/v. Rottenburg*, WM 1993, 181; unentschieden Soergel-*Häuser*, a. a. O., § 4 VerbrKrG Rn. 53; a. A. *Scholz*, Verbraucherkreditverträge, 2. Aufl. 1992, Rn. 245, der aber von der unzutreffenden Prämisse ausgeht, die Restschuldver-

Abs. 3 Satz 1 BGB bzw. § 9 Abs. 1 Satz 1 VerbrKrG a.f. anzusehen. Ausreichend hierfür ist es bereits, dass zwischen beiden Verträgen ein gemeinsamer Bezug oder eine Rahmenvereinbarung zwischen den Anbietern besteht.[68] Dies ist nach ausschließlicher Benennung der Restschuldversicherungen als Kollektivverträge durch die Versicherungswirtschaft wie durch die Angaben der Bundesanstalt für Finanzdienstleistungen offensichtlich der Regelfall und wird auch durch die hierfür in der rechtswissenschaftlichen Literatur zahlreichen in Abschrift präsentierten Vertragskonstrukten bestätigt.[69]

Ergibt mithin eine Gegenüberstellung eine um nahezu das Doppelte überhöhte Prämie, ergreift die Nichtigkeitsfolge zunächst nur den Versicherungsvertrag. Dem Kreditnehmer steht in dieser Höhe ein Leistungsverweigerungsrecht nach § 359 Satz 1 BGB bzw. § 9 Abs. 4 VerbrKrG a.F. gegenüber der Bank zu. Insoweit muss er den Kredit nicht bedienen. Die Restschuldversicherung wird so praktisch beseitigt. Der Kreditgeber kann auf die mitfinanzierte Prämie von Anfang an keine Zinsen verlangen, womit sich die Gesamtzinsbelastung auf das ansonsten ausgezahlte Nettokapital reduziert[70]

---

sicherung diene dem überwiegenden Interesse des Kreditnehmers (dazu BGHZ 99, 333 f. u. MünchKommBGB-*Berger*, § 488 Rn. 110).

[68]   OLG Rostock, MDR 2006, 39 = NJW-RR 2005, 1416.

[69]   Vgl. bspw. die im Anhang gedruckten Verträge bei *Pällmann*, Die Restschuldversicherung beim Konsumentenratenkredit, 1985.

[70]   Gemäß § 358 Abs. 4 BGB gilt § 357 BGB für den verbundenen Vertrag entsprechend und im Falle des Absatzes 1 sind Ansprüche auf Zahlung von Zinsen und Kosten aus der Rückabwicklung des Verbraucherdarlehensvertrags gegen den Verbraucher ausgeschlossen. Der Darlehensgeber tritt im Verhältnis zum Verbraucher hinsichtlich der Rechtsfolgen des Widerrufs oder der Rückgabe in die Rechte und Pflichten des Unternehmers aus dem verbundenen Vertrag ein, wenn das Darlehen dem Unternehmer bei Wirksamwerden des Widerrufs oder

und letztlich die anfängliche Effektivzinsangabe ohne Berücksichtigung der mitfinanzierten Restschuldversicherungsprämie auch tatsächlich zutreffend bleibt.

Anders als bei Nichtigkeit der Restschuldversicherung soll die Unwirksamkeit des Darlehens den Versicherungsvertrag über § 139 BGB allerdings nicht infizieren, weil dieser nun (noch) die bestehen bleibende Kapitalschuld sichere.[71] Für die Bank bliebe danach die Vereinbarung eines sittenwidrigen Kredits bis auf den Zinsanspruch gefahrlos. Richtig ist vielmehr, die im Darlehensvertrag ausdrücklich oder stillschweigend vereinbarte Sicherungsabrede, wodurch die Restschuldversicherung erst zur Sicherheit des Kreditvertrages wird, ebenfalls der Nichtigkeitsfolge zu unterwerfen.

Nach herrschender Auffassung in der Literatur teilt aber der Darlehensvertrag in einer den §§ 358, 359 BGB entsprechenden Auslegung ihres Schutzzweckes das rechtliche Schicksal des finanzierten Geschäfts.[72] Der Darlehensvertrag ist daher im Umfang des sittenwidrigen Restschuldversicherungsvertrages ebenfalls als nichtig zu behandeln, mit der Folge, dass der Verbraucher gegenüber der Bank einen Anspruch auf Rückzahlung der vor der Anfechtung bereits geleisteten Darlehensraten.[73] Gegen Rückzahlung der Darlehensraten kann der Kreditgeber die Herausgabe der Sicherheit, mithin der Restschuldversicherungspolice verlangen und sich sodann beim Ver-

---

der Rückgabe bereits zugeflossen ist. Damit steht und fallen beide Verträge insoweit miteinander.

[71] BGH NJW 1990, 2807, 2808 m.w.N. Zur korrekten Berechnung *Reifner*, Kreditrecht, § 23 Rn. 37 f.

[72] Palandt-*Grüneberg*, 66. Aufl., § 359 Rn. 7.

[73] Erman-*Saenger*, § 359 Rn. 5 m.zahlr. w. N.

sicherungsunternehmen schadlos halten,[74] womit das Risiko vollständig, d.h. auch bezüglich des Kreditvertrages beim Anbieter der Restschuldversicherung verbleiben würde. Ausgleichsansprüche wegen Vermittlungskosten stehen dem Kreditgeber jedenfalls nicht zu.[75] Wenigstens aber sind Zahlungen des Kreditnehmers hinsichtlich des Teiles der Zinsen, die sich auf das Kapital der Restschuldversicherungsprämie beziehen, als Tilgungsbeträge umzubuchen. Dies wird regelmäßig dazu führen, dass die Zahlungen des Kreditnehmers schon deutlich vor Ende des eigentlichen Vertragszeitraumes zur vollständigen Erfüllung geführt haben. Bei planmäßiger Rückführung ergeben sich mithin dann ggf. massenweise Bereicherungsansprüche gegen Darlehensgeber. Bei Unwirksamkeit des Darlehensvertrages hat das Kreditinstitut die von der Versicherung empfangene oder gleich einbehaltene Provision anteilig nach den Grundsätzen der unberechtigten Bereicherung an den Kunden herauszugeben. Wenn die Restschuldversicherung über das Darlehen wie regelmäßig mitfinanziert wird, steigen durch die Erhöhung des Gesamtbetrages die anfallenden Zinsen über die gesamte Laufzeit, wie sich auch die Bearbeitungsgebühr absolut wesentlich erhöht. Auch diese ist dem Kreditnehmer bei Nichtigkeit des Restschuldversicherungsvertrages anteilig zu erstatten. Die Gefahr sittenwidrig überhöhten Restschuldversicherungsprämien trifft daher beide professionellen Anbieter auch für bereits längst abgewickelte Verträge.

---

[74] Vgl. BGH NJW 1996, 3414.

[75] BGHZ 110, 336, 342 = NJW 1990, 1595, 1597; BGH NJW 1983, 2692, 2693; *Artz*, in: Derleder/Knops/Bamberger, a. a. O., § 26 Rn. 45; *Hopt/Mülbert*, Kreditrecht, 1989, § 607 Rn. 332.

1.2.2.3 Schadensersatz wegen Verletzung von Aufklärungs- und Beratungspflichten

Pflichten zur Aufklärung und Beratung des Kreditnehmers bestehen zwar im Kreditrecht nicht im gleichen Umfang wie bei Anlagegeschäften.[76] Die Entwicklung zu einer Annäherung bis hin zur Gleichschaltung beider Bankbereiche wird aller Voraussicht nach nicht aufzuhalten sein. Während der Bankrechtssenat die überkommene Trennung für den Kreditbereich bislang noch weitgehend aufrecht zu erhalten versucht, ist der Versicherungsrechtsenat beim Bundesgerichtshof bereits dabei die Privilegien der Versicherungsbranche abzubauen. Dort wird auch in der Literatur massiv die Annäherung der Grundsätze zur Anlageberatung an das Versicherungswesen gefordert.[77]

Das Informations- und Warnmodell der Europäischen Gemeinschaft misst gerade der Vertragsanbahnung besondere Bedeutung zu. Verletzungen von bestehenden Aufklärungs- und Beratungspflichten führen, weil regelmäßig die Willensfreiheit der Verbraucher betroffen ist, nicht etwa lediglich zu einem Anspruch auf Schadensersatz. Vielmehr kann unter diesen Umständen Auflösung und vollständige Rückabwicklung des Vertrages verlangt werden, sodass weder dem Kreditgeber Zinsen noch dem Versicherungsnehmer Prämien zustehen. Anzuknüpfen ist dabei an die Vertragsfreiheit selbst, also

---

[76]   Vgl. dazu die Bond-Entscheidung des BGH BGHZ 123, 126.

[77]   Siehe *Kieninger*, AcP 199 (1999), 220, 236 ff.; *dies.*, VersR 1998, 5, 11 f.; *Schwintowski*, VuR 1998, 417 f.; VuR 1997, 83 ff.; JZ 1996, 702, 705; sowie *Römer*, Informationspflichten der Versicherer, S. 16 f.; *ders.*, VersR 1998, 1313, 1315.

auf die Freiheit „vom Vertrage".[78] Anders ausgedrückt muss demjenigen, der den später Vertragsschließenden unbillig zum Kontrakt beeinflusst hat, vorgeworfen werden können, gegen Rechtspflichten verstoßen zu haben, deren Zweck es ist, die Willensfreiheit zu schützen, weil in diesem Fall die Herbeiführung des Vertragsschlusses selbst pflichtwidrig ist.[79] Das ist namentlich bei der Anfechtung der Fall. Diese schützt die freie Selbstbestimmung auf rechtsgeschäftlicher Ebene gegen unerlaubte Mittel der Willensbeeinflussung. Auch bei Vorliegen der Voraussetzungen einer Culpa in contrahendo kann das der Fall sein. Umstritten war dies noch vor der Schuldrechtsreform.[80] Mit der nunmehrigen Regelung in § 280 Abs. 1 i. V. m. §§ 311 Abs. 2, 241 Abs. 2 BGB ist diese Streitfrage erledigt,[81] weil über § 241 Abs. 2 BGB (auch) die Vertragsfreiheit geschützt wird.

Besteht bereits eine Risikolebensversicherung oder Berufshaftpflichtversicherung und kennt der Kreditgeber diese bei Abschluss des Kreditvertrages, so kann sich eine Aufklärungspflicht dahin gehend ergeben, dass eine Abtretung ansonsten unbelasteter Rechte die günstigere Alternative zum Neuabschluss eines entsprechenden Versicherungsvertrages ist. Dabei lässt sich die

---

[78] So *Stoll*, FS Riesenfeld, 1983, S. 275, 281.

[79] *Stoll*, FS Riesenfeld, a. a. O., S. 275, 281.

[80] Hierzu ausf. *Fleischer*, AcP 200 (2000), 91 ff. und *Lorenz*, Der Schutz vor dem unerwünschten Vertrag, 1997, S. 72 f. m. w. N.

[81] Vgl. *Lorenz/Riehm*, Lehrbuch zum neuen Schuldrecht, 2002, Rn. 372, 381 ff. Die Frage behält aber für Altansprüche noch ihre Bedeutung. Nach Auffassung des V. Zivilsenates des Bundesgerichtshofes besteht ein Vertragsaufhebungsanspruch als Schadensersatz aus culpa in contrahendo nur, wenn auch ein Vermögensschaden eingetreten ist (BGH NJW 1988, 302, 304 unter Hinweis auf BGH NJW 1979, 1983 und *Schubert*, AcP 168 (1968), 470, 504 ff., 505; bestätigt durch BGH NJW 1998, 898).

Werthaltigkeit der bisher bereits bestehenden Sicherheit problemlos durch Auskunft über den Rückkaufwert ermitteln. Frei gewordene Grundschuldteile lassen sich ebenso unkompliziert auf ihre Werthaltigkeit zur Neukreditierung oder Revalutierung prüfen. Bei Vorhandensein ausreichender Sicherheiten kann sich das Verlangen nach Begründung neuer, nicht der Bestellung bereits vorhandener Sicherheiten als unzulässiges Koppelungsgeschäft darstellen. Zudem ist die Bank bei Vereinbarung einer Restschuldversicherung verpflichtet, den Kreditnehmer darüber aufzuklären, dass die Versicherung lediglich die Raten, nicht aber die sonstigen Kosten des Vertrages abdeckt.[82] Andernfalls verliert sie den Anspruch gegenüber dem Kreditnehmer[83] wie auch gegenüber dessen Erben.[84]

Die Bank haftet in vollem Umfang für ihren eigenen Bereich und bei der Restschuldversicherung wie ein Vermittler etwa von Schrottimmobilien. Sie ist wenigstens auf Nachfrage zur wahrgemäßen Angabe über die Funktionsweise, Effizienz und Preisgestaltung der Restschuldversicherung und ihrer Prämie, der Finanzierung und der dadurch entstehenden Kosten über die gesamte Laufzeit des Kredits nach § 492 BGB, seiner vorzeitigen Ablösung und der Auswirkung auf den Rückkaufswert wie auch allen versicherungstechnischen wie bankmäßigen Besonderheiten verpflichtet. Sie muss auch von sich darüber aufklären, wann eine derartige Sicherung nicht zum Zuge kommt und ist mit für alle Fälle erläuterungs- und warnpflichtig, für den sie selbst den Bestand einer Restschuldversicherung nicht als ausreichend an-

---

[82]   MünchKommBGB-*Berger*, Vor § 488 Rn. 85; *Vortmann*, Aufklärungs- u. Beratungspflichten der Banken, 7. Aufl. 2002, Rn. 118.

[83]   OLG Nürnberg NJW-RR 1989, 815, 816.

[84]   LG Köln NJW-RR 1989, 816, 817.

sieht und akzeptiert. Bedient sich das Versicherungsunternehmen wie üblich der Bank als Vermittler bedeutet dies keinesfalls, dass sie damit aus jeglichen Pflichten entbunden wäre und nur bei Fehlern des Vertriebspartners nach § 278 BGB haften würde. Hierauf ist sogleich insbesondere bezüglich der in der Praxis gezahlten Provisionen zurückzukommen.

1.2.2.4 Kostenrückerstattung bei Fehlen von Angaben

Effektiver Jahreszins und Preisangabenverordnung

Nachdem der Bundesgerichtshof die Restschuldversicherungsprämie in die Zinsberechnung des Kredits nach zwischenzeitlicher hälftiger Berücksichtigung überhaupt nicht mehr einbezogen hat,[85] wurde mit der ersten Verordnung zur Änderung der Preisangabenverordnung vom 03.04.1992 eine entsprechende Verpflichtung zur Angabe eingeführt.[86] Nach dem nunmehrigen § 6 Abs. 3 Nr. 5 PAngVO[87] ist eine Restschuldversicherung in die Berechnung des effektiven Jahreszinses einzubeziehen und gemäß § 492 Abs. 1 Satz 5 Nr. 5 BGB anzugeben, wenn der Darlehensgeber diese zwingend als Bedingung für die Gewährung des Kredits vorschreibt. Zwar sehen hierzu die entsprechenden Darlehensverträge meist entsprechende Wahlmöglichkeiten vor. In der Praxis ist aber zumeist bereits die Alternative zur Wahl einer entsprechenden Versicherung vorgegeben, sodass ein Verhandlungsspielraum

---

[85] BGH WM 1988, 647 m. Anm. *Emmerich* EWiR 1988, 431; *Gundlach*, in: Schimansky/Bunte/Lwowski, a. a. O., § 82 Rn. 20 m.w.N.; *Artz*, in: Derleder/Knops/Bamberger, a. a. O., § 26 Rn. 10 m.w.N.

[86] Zur damaligen Neuregelung *Boest*, NJW 1993, 40, 41.

[87] Vormals § 4 Abs. 3 Nr. 5 PAngVO.

für den Verbraucherkreditnehmer in aller Regel nicht besteht.[88] Die Kreditgewährung wird auch mündlich von dem Einverständnis zum Abschluss des Versicherungsvertrages und der Mitfinanzierung der entsprechenden Prämie abhängig gemacht.[89] Für die Versicherung ist der Bank meist als (ggf. auch exklusiver) Vertriebspartner tätig, jedenfalls bestehen zwischen beiden Häusern Rahmenabkommen. Oft wird auch bereits in dem Darlehensvertrag formularmäßig vereinbart, dass die Bank als Versicherungsnehmer mit dem Kreditnehmer als versicherte Person eine nachstehend in derselben Urkunde aufgeführte Restschuldversicherung einer bestimmten Versicherungsgesellschaft abschließt.[90] Eine Auswahlmöglichkeit besteht für den Verbraucher auch nach Untersuchungen der Europäischen Kommission[91] so gut wie nicht, womit auch ein Konditionenwettbewerb von vorneherein ausgeschaltet wird, die Versicherung dem Kunden daher wie ein Monopolist gegenübertritt, was auch kartellrechtliche Bedenken hervorruft.

---

[88] So werden nach Presseberichten nach einem internen Dokument der mit Citibank verbundenen CiV-Versicherung in den Jahren 2001 bis 2003 zwischen 96 und 98 Prozent der Citibank-Kredite mit einer Restschuldversicherung gekoppelt, wodurch die Provisionseinnahmen der Citibank allein aus Restschuldversicherungen im gleichen Zeitraum von 105 Millionen auf 166 Millionen Euro pro Jahr wuchsen (*Balodis*, Restschuldversicherung lässt Kreditkosten explodieren, MDR-Sendung v. Dienstag, den 12. Dezember 2006 – abrufbar unter http://www.daserste.de/plusminus/beitrag_dyn~uid,MDR_3878027%20%20%20 20%20%20~cm.asp).

[89] Siehe hierzu oben 1.1.4 und 1.1.6.1.

[90] So bspw. die „e@syCredit"-Bedingungen der Norisbank AG. In anderen Fällen wird der Kreditnehmer auch der Versicherungsnehmer (Erman-*Saenger*, a. a. O., § 492 Rn. 37).

[91] *Europäischen Kommission*, Entwurfsbegründung zur Verbraucherkreditrichtlinie vom 11.02.2002, KOM (2002) 443, S. 20.

Wird der für die Restschuldversicherung zu erbringende Aufwand mit-kreditiert, so sind die dadurch anfallenden Finanzierungskosten nicht als Kosten der Restschuldversicherung aufzuführen; sie gehören statt dessen als "sonstige Kosten des Darlehens" unter § 494 Abs. 1 Satz 4 Nr. 4 und gehen in den Gesamtbetrag nach Nr. 2 der Norm ein.[92]

Versicherungskosten

Nach § 492 Abs. 1 Satz 5 Nr. 6 BGB sind die Kosten der Restschuldpolice vom Kreditgeber in der Darlehensvertragsurkunde anzugeben, und zwar un-abhängig davon, ob sie bereits in die Effektivzinsberechnung nach Ziffer 5 der Norm eingeflossen sind.[93] Die Angabepflicht ist auch unabhängig von der Erfüllung der Preisangabenverordnung. Eine Angabe ist hingegen nicht not-wendig, wenn und soweit diese Kosten ausnahmsweise vom Darlehensgeber getragen werden. Wird der Versicherungsbetrag mitkreditiert, fallen die Kosten für die Finanzierung der Restschuldversicherung bereits unter Nr. 4 der Norm[94] und gehen insoweit als sonstige Kosten in den Gesamtbetrag

---

[92] Staudinger-*Kessal-Wulf*, 13. Bearb, § 494 Rn. 62 m.w.N.; *Hemmerde/v. Rottenburg*, WM 1993, 181, 182.

[93] Staudinger-*Kessal-Wulf*, 13. Bearb, § 492 Rn. 54; MünchKommBGB-*Ulmer*, 3. Aufl. § 4 VerbrKrG Rn. 40; Bamberger/Roth-*Möller/Wendehorst*, BGB, 2003, § 492 Rn. 21; Erman-*Saenger*, a. a. O., § 492 Rn. 37; *Bülow*, in: Bülow/Artz, Handbuch Verbraucherprivatrecht, 2006, Kap. 7 Rn. 196; *v. Rottenburg*, in: v. Westfalen/Emmerich/v.Rottenburg, VerbrKrG, 2. Aufl. 1996, § 4 Rn. 135; *Münstermann/Hannes*, VerbrKrG, 1991, Rn. 225; a. A. Soergel-*Häuser*, a. a. O., § 4 VerbrKrG Rn. 53; MünchKommBGB-*Ulmer*, 4. Aufl. 2004, § 492 Rn. 70.

[94] *v. Rottenburg*, in: v. Westfalen/Emmerich/v.Rottenburg, § 4 Rn. 136; *Hemmerde/v. Rottenburg*, WM 1993, 181, 182 li. Sp.; vgl. auch *Münstermann/Hannes*, Rn. 225.

nach Nr. 2 ein.[95] Die Angabe eines Prozentsatzes genügt für die Prämie nicht. Hier ist ein Einmalbetrag anzugeben. Ausnahmsweise reicht die Angabe der Berechnungsparameter,[96] wenn die Angabe bei Vertragsschluss (wie etwa bei Kontokorrent- oder Forward-Krediten) noch nicht exakt möglich ist.[97] Ein Berechnungsbeispiel kann deren Transparenz ungleich erhöhen. Letztlich soll die Preisangabe dem Verbraucher kumulativ mit der Effektivzinsangabe und den weiter nach § 492 BGB anzugebenden Kosten die wirtschaftliche Belastung vor Augen führen und im Ergebnis einen – wenn auch regelmäßig schwierig zu ermittelnden – Preisvergleich ermöglichen.[98] Ohne Diversifikation in Prämien, Abschlusskosten sowie den darauf entfallenden Bearbeitungsgebühren und Zinsen ist allerdings ein Vergleich mit den üblichen Risikolebensversicherungen nicht durchführbar.[99]

Von den eigentlichen Kosten der Restschuldversicherung sind die Finanzierungskosten zu unterscheiden, die im Falle der Kreditierung der Versicherungsprämie anfallen. Werden diese Kosten nicht angegeben, ist im Prinzip der Vertrag nach § 494 Abs. 1 BGB nichtig, wenn nicht die der Kreditnehmer die Darlehensvaluta empfängt oder das Darlehen sonst in An-

---

[95] Bamberger/Roth-*Möller/Wendehorst*, § 492 Rn. 20 Fn. 58, die allerdings unpräzise von den „Kosten der Restschuldversicherung" sprechen.

[96] Wie etwa den Restschuldversicherungskosten pro 1000 Euro (*Peters*, in: Schimansky/Bunte/Lwowski, Bankrechts-Hdb., 2. Aufl. 2001, § 81 Rn. 89; *Reifner*, in: Derleder/Knops/Bamberger, a. a. O., § 11 Rn. 133).

[97] Vgl. BT-Drs. 11/5462 S. 19; Palandt-*Putzo*, § 492 Rn. 14; *Drescher*, VerbrKrG und Bankpraxis, 1994, Rn. 120.

[98] Soergel-*Häuser*, BGB, 12. Aufl. 1997, § 4 VerbrKrG Rn. 51.

[99] Zu weiteren Erfordernissen *Reifner*, in: Derleder/Knops/Bamberger, Hdb. z. dt. u. europ. Bankrecht, 2004, § 11 Rn. 133.

spruch nimmt. Dann werden die nicht angegebenen Kosten gemäß § 494 Abs. 1 Satz 3 BGB nicht geschuldet. Zwar ist der Versicherungsnehmer bei einem direkten Abschluss des Versicherungsvertrages dem Versicherer zur Leistung verpflichtet und kann diesem den Einwand des § 494 Abs. 1 Satz 3 BGB nicht unmittelbar entgegenhalten, weil dieser nicht der Darlehensgeber ist. Allerdings steht ihm in solchen Fällen ein Schuldbefreiungs-, nach Zahlung ein Erstattungsanspruch gegen den Darlehensgeber zu, mit dem er auch gegen dessen Zins- und Tilgungsansprüche aufrechnen kann.[100] Der Anspruch besteht zur vollen Höhe des Nominalbetrages der Versicherungsprämie und umfasst daher auch den Provisionsanteil.

Provision, Courtage oder Vermittlungskosten

Die Versicherungsleistung umfasst das Kapital und die Zinsen des Kredits. Die Versicherungsprämie selbst wird dem Nettokapital zugeschlagen, in die Gesamtsumme des Kreditbetrages eingerechnet und die über die Laufzeit anfallende Zinsbelastung angegeben. In der Praxis erhält die Restschuldversicherungsprämie zunächst das Versicherungsunternehmen; dieses zahlt der vermittelnden Bank eine Provision. Teilweise werden die Vermittlungsentgelte auch sogleich einbehalten oder intern, wie im Clearing-Verfahren, mit an sich zu zahlenden Versicherungsleistungen verrechnet. Der Kreditnehmer nimmt somit einen erheblichen Teil des Kredits für die Provision der Bank auf und muss diesen Betrag über die gesamte Laufzeit des Vertrages dieser auch noch verzinsen.

---

[100] MünchKommBGB-*Ulmer*, 4. Aufl., § 494 Rn. 30.

Sowohl in der Presse[101] als auch in der rechtswissenschaftlichen Literatur wurde von Provisionshöhen von bis zu 70 % gesprochen.[102] Dem hat die Versicherungswirtschaft bis heute nicht widersprochen. Ohne dass dafür ein Strengbeweis im Sinne der zivilprozessualen Vorschriften benannt wurde, kann dies mithin als Faktum unterstellt werden. Im Prinzip sind Banken bislang nicht dazu verpflichtet, die ihnen gezahlte Provisionen zu offenbaren. Überschreiten derartige „Leistungen" aber das übliche und vor allem angemessene Maß können sie dennoch offenbarungspflichtig sein:

Versteckte Innenprovisionen zwischen den professionell Beteiligten sind insbesondere im Strukturvertrieb in den Fokus der Gerichte geraten. Zwar wird die Bank bei steuersparenden Bauherren- und Erwerbermodellen grundsätzlich für nicht verpflichtet gehalten, den Darlehensnehmer von sich aus über eine im finanzierten Kaufpreis "versteckte Innenprovision" aufzuklären.[103] Die Grenze ist aber jedenfalls auch dort überschritten, wenn die Innenprovision zu einer sittenwidrigen Überteuerung des Kaufpreises führt.[104] Hingegen sind Anlagevermittler, die dem Anlageinteressenten zu wahrheitsgemäßer, richtiger und vollständiger Information über alle für die Anlageentscheidung bedeutsamen Umstände vertraglich verpflichtet ist, verpflichtet über eine im Anlageprospekt nicht ausgewiesene, an den Vermittler gezahlte Innenprovision von 15% und mehr zu unterrichten.[105] Im Kredit-

---

[101]   Handelsblatt v. 30.1.2007, S. 30.
[102]   *Knops*, VersR 2006, 1455 f.
[103]   BGH NJW 2003, 1811.
[104]   BGH WM 2006, 2343 f.; OLG Celle BKR 2005, 323.
[105]   BGHZ 158, 110 = WM 2004, 631, 633.

bereich sind derartige versteckte Kosten nach zutreffender Ansicht bereits zu den sonstigen Kosten nach § 492 Abs. 1 Satz 4 Nr. 2 BGB zu zählen. Zwar werden diese Kosten von dem Kreditnehmer über die Mitfinanzierung der gesamten Restschuldversicherungsprämie im Kreditvertrag zur Rückzahlung verlangt, aber nicht von der Bank an die Versicherung, sondern von dieser an den Kreditgeber geleistet. Wie sonstige Kosten[106] auch ist diese Art des Packing[107] nach § 492 Abs. 1 Satz 5 Nr. 4 BGB als Vermittlungskosten absolut anzugeben.[108] Alternativ kann entsprechend § 655 b BGB der entsprechende Prozentsatz des Darlehens genannt werden. Auch muss gelten, dass bei Verstoß gegen die Angabepflicht die entsprechenden Kosten nach § 494 Abs. 2 Satz 3 BGB nicht geschuldet sind,[109] da sich anderenfalls derartige Praktiken auf dem Rücken der Verbraucher nicht unterbinden lassen.

Zwar verpflichtet das VVG den Versicherer nicht unmittelbar zur Angabe einer gezahlten Provision. Entsprechend der Rechtsprechung des BGH sind die Vertragsbedingungen nach Treu und Glauben so zu gestalten, dass gerade auch nicht erfahrene Kunden preiserhöhende oder sie sonst benachteiligende Klauseln[110] nicht erst nach intensiver Beschäftigung oder aufgrund von er-

---

[106]   Hierzu gehören etwa auch die Kosten für eine ärztliche Untersuchung vgl. *v. Rottenburg*, in: v. Westfalen/Emmerich/v.Rottenburg, VerbrKrG, 2. Aufl. 1996, § 4 Rn. 136.

[107]   Dazu *Artz*, in: Derleder/Knops/Bamberger, a. a. O., § 26 Rn. 9.

[108]   Dagegen aus Gründen der Praktikabilität bei der Lebensversicherung BGH NJW 2005, 985, 986.

[109]   Vgl. für die Rechtslage nach § 6 Abs. 2 Satz 3 VerbrKrG allg. *v. Rottenburg*, in: v. Westfalen/Emmerich/v.Rottenburg, § 6 Rn. 28.

[110]   Das Transparenzgebot gilt nicht nur für preiserhöhende Nebenabreden, sondern auch für sonstige Nebenbestimmungen des Vertrages (BGH, NJW 1992, 180, 179; 1991, 3025, 2630 (2631); 1985, 2253).

gänzenden Auskünften deutlich werden; andernfalls verstoßen sie gegen das Transparenzgebot.[111] Das Erfordernis der Transparenz und Klarheit soll dem Kunden eine Entscheidung über die inhaltliche Ausgestaltung des Vertrages ermöglichen.[112] Bei einem Verstoß durch Nichtbenennung der Provisionen wird der Versicherungsnehmer die Nutzlosigkeit eines wesentlichen Teils seiner Leistung nicht erkennen und daher aufgrund fehlender Transparenz und Offenbarung nicht verpflichtet sein. Das bewusste Verschweigen derart maßloser Provisionen stellt eine erhebliche Verletzung bei Vertragsschluss dar.

1.2.2.5   Neuabrechnung aufgrund unwirksamer Klauseln

Die Unausgewogenheit der bisherigen Restschuldversicherungspraxis zeigt sich auch daran, dass sich längst durch die Rechtsprechung als unzulässig verworfene Klauseln in zahlreichen aktuellen Versicherungsverträgen finden. So sind etwa Klauseln, wonach bei Aufstockung der Kreditverbindlichkeit die unverzügliche Kündigung der Versicherung durch den Versicherungs-nehmer verlangt werden kann, nicht zulässig, weil der Kreditnehmer mit dem Einmalbetrag das Risiko in der bisherigen Höhe bereits abgedeckt und seine Leistung vollständig auf die Deckungssumme erbracht hat. Auch zahlreiche weitere Bestimmungen in aktuell verwendeten Restschuldversicherungsver-trägen sind problematisch.

---

[111]   BGH, NJW 1989, 224.
[112]   *Reich*, Bankrechtstag 1997, S. 43 (68 m. w. N.).

Restschuldversicherung auf den Todesfall

Bedingungsgemäß[113] erstreckt sich der Versicherungsschutz in zahlreichen Formularverträgen nicht auf Versicherungsfälle, die innerhalb von 24 Monaten nach Beginn des Versicherungsschutzes eintreten und ursächlich auf Krankheiten und Beschwerden zurückzuführen sind, wegen der die zu versichernde Person in den letzten zwei Jahren vor Beginn durch Ärzte, Heilpraktiker oder Angehörige anderer Heilberufe behandelt oder beraten wurde.[114] Während eine entsprechende Klausel zunächst durch die nordrhein-westfälischen Oberlandesgerichte unbeanstandet geblieben war,[115] hat der BGH derartige Klauseln wegen erheblichen Abweichens von den Regelungen der §§ 16 ff. VVG bereits 1996 verworfen.[116] Beanstandet wird von der herrschenden Auffassung insbesondere, dass § 34 a VVG es dem Versicherer verwehrt, das ihm angetragene Risiko zunächst unbesehen zu übernehmen, um dann nach Eintritt des Versicherungsfalles zu untersuchen, ob er sich auf seine Leistungsfreiheit beruft.[117] Im Ergebnis wäre zudem der Versicherer für einen Zeitraum von 4 Jahren von jeglichem Risiko befreit und zwar auch für solche Krankheiten, die sich noch gar nicht realisiert haben, sondern über die lediglich (prophylaktisch) beraten wurde. Wenn die Versicherung vor Ver-

---

[113] Siehe hierzu oben 1.1.3.1.

[114] Zu deren Feststellung werden der Versicherung umfassende Auskunftsrechte erteilt.

[115] OLG Köln, RuS 1991, 113; OLG Hamm, NJW 1991, 1118; OLG Düsseldorf, VersR 1995, 34, 35.

[116] BGH VersR 1996, 486, 487 f. So zuvor schon Bruck/Möller/*Wriede*, VVG, 8. Aufl., Bd. VI 2. Anm. F 37, 38.

[117] OLG Saarbrücken, OLGR-KSZ 2004, 183 f. m. ausf. Darstellung des Streitstandes.

tragsschluss keine Gesundheitsprüfung des Aspiranten anstellt, ihn wie bei den üblichen Restschuldversicherungen nicht einmal detailliert nach Vorerkrankungen oder Risiken fragt, kann sie sich im Nachhinein nicht wegen vorvertraglicher Umstände ihrer Leistungspflicht entziehen. Gleichwohl finden sich entsprechende Klauseln auch heute noch in neu abgeschlossenen Versicherungsverträgen. Auch eine Klausel, die voraussetzungslos den Versicherungsschutz mit Vollendung des 75. Lebensjahres für beendet erklärt, kann unter Geltung des Allgemeinen Gleichbehandlungsgesetz (AGG) keinen Bestand haben. Insbesondere bei Ratenkrediten, die vor oder nach dem Ruhestand abgeschlossen werden und vertragsgemäß darüber hinausgehende Laufzeiten aufweisen, statuiert die Klausel entgegen § 307 BGB eine Leistungsfreiheit, obwohl die versicherte Person ihre gesamte Leistung zur Zahlung der Einmalprämie bereits erbracht hat.

Arbeitslosigkeitsversicherung und Arbeitsunfähigkeits- versicherung

Ausgeschlossen ist die Eintrittspflicht bei Zusatzversicherungen gegen Arbeitslosigkeit oft ganz, wenn der Kreditnehmer während der nächsten sechs Monate arbeitslos wird.[118] Eine derart lange Wartezeit ist nicht gerechtfertigt, wenn der Arbeitsverlust ohne Verschulden des Arbeitnehmers eintritt. Auch Klauseln, die den Versicherungsschutz und die Versicherungsleistungen an den ständigen Wohnsitz in einem Mitgliedstaat der Europäischen Gemeinschaft knüpfen, sind gemäß § 307 BGB bedenklich, weil nicht erkennbar ist, wieso ein Umzug etwa ins entfernte Griechenland unschädlich, ein solcher von wenigen Kilometern in die Schweiz die Versicherungsgesellschaft hingegen befreien sollte. Ebenso ist die Begrenzung

---

[118]   Siehe hierzu oben 1.1.3.2 und 1.1.3.3.

des Versicherungsschutzes unabhängig vom ausgeübten Beruf und des Eintritts des gesetzlichen Rentenalters strikt auf das 65. Lebensjahr angesichts der (in Zukunft) erhöhten Altersgrenzen zum Renteneintritt sachlich nicht zu rechtfertigen. Die Leistungspflicht auch während des Mutterschutzes kategorisch auszuschließen, obwohl auch dort Fälle denkbar sind, in denen der Arbeitsplatz ersatzlos wegfällt, sind ebenfalls unbegründet. Leistungen schließlich nur bei 100% Arbeitsunfähigkeit und zudem an den Verbleib an dem ständigen Wohnort zu knüpfen, obwohl ggf. keinerlei Heilungsaussicht besteht, ist ebenfalls als unzulässige Benachteiligung der Versicherten zu beurteilen. Längere familiäre Besuche, etwa eines durch Unfall erblindeten Arbeitnehmers ins Ausland oder in eine andere Stadt werden so unmöglich. Hingegen sind Klauseln, wonach der Anspruch auf Versicherungsleistung erst nach dem Beginn des Monats der Mitteilung entsteht, wenn die Arbeitsunfähigkeit später als drei Monate nach ihrem Eintritt schriftlich mitgeteilt wird, nicht zu beanstanden.[119]

1.2.2.6 Gewinnabschöpfung und Unterlassung nach dem Wettbewerbsrecht

Die rechtstatsächliche Untersuchung[120] hat ergeben, dass es durchaus Versicherungsunternehmen im Restschuldversicherungssektor gibt, deren Vertragspraxis den rechtlichen Rahmenbedingungen vollauf genügt. Nicht nur diesen, sondern auch den Verbraucherverbänden stehen wettbewerbsrechtlich durchgreifende Maßnahmen zur Verfügung, unlauteren, d.h. nicht rechtmäßigen Geschäftspraktiken aller anderen, nicht redlich handelnden Unter-

---

[119]   OLG Karlsruhe, Urt. v. 02.02.2006 - 12 U 243/05.

[120]   Siehe hierzu 1.1.

nehmen gerichtlich zu untersagen. Das schärfste Schwert ist dabei nicht länger die Untersagungsverfügung nebst den Kostenfolgen für wettbewerbswidrig handelnde Marktteilnehmer. Vielmehr wird zukünftig auch an den Gewinnabschöpfungsanspruch nach § 10 UWG zu denken sein. Nach dieser Vorschrift entsteht der Gewinnabführungsanspruch gegen denjenigen, der dem § 3 UWG zuwiderhandelt, wenn dies vorsätzlich geschieht und er hierdurch zulasten einer Vielzahl von Abnehmern einen Gewinn erzielt. In Betracht kommen Verstöße gegen § 3 UWG etwa bezüglich Wettbewerbshandlungen, die geeignet sind, die Entscheidungsfreiheit der Verbraucher oder sonstiger Marktteilnehmer durch Ausübung von Druck zu beeinträchtigen (Koppelung von Darlehensverträgen mit Restschuldversicherungspolicen), Wettbewerbshandlungen, die geeignet sind, die geschäftliche Unerfahrenheit oder die Zwangslage von Verbrauchern auszunutzen (ebenso), die Verkaufsförderungsmaßnahmen nicht klar und eindeutig angibt (Provisionen) oder (dadurch) einen Mitbewerber gezielt behindert und schließlich einer gesetzlichen Vorschrift zuwiderhandelt, die auch dazu bestimmt ist, im Interesse der Marktteilnehmer das Marktverhalten zu regeln. Allein wegen der im Verhältnis zur übrigen Versicherungsbranche immensen Provisionszahlungen zulasten der Verbraucher werden hier in Zukunft zahlreiche Verfahren zu erwarten sein, die auch monetär für die wettbewerbsrechtlich anstößig Handelnden ein immenses Risiko bergen.

1.2.2.7 Rückerstattung von Prämien bei rechtswidrigen Abrechnungen

Nicht gerechtfertigt ist es etwa, dem Kreditnehmer bei Nichtigkeit des Darlehens die Hälfte der Restschuldversicherungsprämie aufzubürden.[121] Die

---

[121] So aber noch BGH WM 1983, 115, 117 mit Anm. *Pleyer* ZfgG 33, 277.

sich dieser Grundsatz unter anderem im Tatbestand von Treu und Glauben wieder, der in § 242 des BGB geregelt ist. Danach soll grundsätzlich an der Erfüllung eines Vertrages festgehalten werden. Dieser Gedanke findet sich an unterschiedlichen Stellen im Gesetz wieder. Die Befriedigung des Leistungsinteresses ist Regelungsgegenstand des vierten Abschnitts des Bürgerlichen Gesetzbuches. Die §§ 362 ff. BGB behandeln zunächst die Erfüllung, sodann die Hinterlegung, die Aufrechnung und den Erlass.[128] In § 362 BGB wird festgestellt, dass ein Schuldverhältnis erlischt, wenn die geschuldete Leistung an den Gläubiger bewirkt wird. Das Schuldverhältnis kann auch erlöschen, ohne dass das Leistungsinteresse des Gläubigers befriedigt wird, wie etwa durch Unmöglichkeit (§ 275 BGB). Die Erfüllung als Schuldtilgung durch Bewirken der geschuldeten Leistung ist jedoch das grundsätzliche Ziel. Im Mietrecht wird auch nach dem Erhalt einer fristlosen Kündigung das bestehende Mietverhältnis nach § 543 Abs. 2 Satz 2 BGB fortgeführt, wenn der Mieter die vollständige Leistung erbringt, in annahmebegründender Weise anbietet oder wenn nachträglich die Voraussetzungen des Verzugs entfallen. Das Primat der Vertragsdurchführung und -fortsetzung erhält hier seinen unmittelbaren Ausdruck. Im Arbeitsrecht findet sich das Prinzip der Vertragstreue im Rahmen der Kündigungsregelungen wieder. Nach § 626 BGB soll nur aufgrund schwerwiegender Gründe von einer Fortführung des Arbeitsvertrages abgesehen werden. Dies gilt sowohl für den Arbeitnehmer als auch für den Arbeitgeber. In § 614 BGB wird dem Arbeitnehmer bei säumigen Gehaltszahlungen speziell ein Kündigungsrecht gewährt, es sei denn, der Arbeitnehmer ist vorleistungspflichtig. Damit die Vorleistungs-

---

[128] Palandt-*Heinrichs*, Überbl. v. § 362 Rn. 3.

gefahr jedoch nicht überhand gewinnt, schwächt das Gesetz diese Gefahr beispielsweise durch Zahlung von Insolvenzgeld gemäß §§ 181 ff SGB III ab. Auch an dieser Stelle wird ersichtlich, dass grundsätzlich das Festhalten am Vertrag verfolgt werden soll. Auch in allen anderen Dauerschuldverhältnissen wie den Kredit- oder Versicherungsverträgen ist die Kündigung immer nur letztes Mittel, mithin ultima-ratio, wenn das Festhalten am Vertrag für den Kündigenden unerträglich wird. Unterhalb dieser Schwelle kann im Prinzip nur Erfüllung und ggf. Schadensersatz verlangt werden, bei Aufrechterhaltung des Vertrages als solchem. Auch in den Rechtsfolgen bei einer Verletzung der §§ 307 ff. BGB findet sich eine Regelung, die den Grundsatz der Vertragsfortführung in sich trägt. Verstößt eine Klausel gegen § 307 BGB oder eines der Verbote der §§ 308, 309 BGB, ist die Klausel unwirksam, der Vertrag im Übrigen dagegen grundsätzlich wirksam (§ 306 BGB).

Auch in anderen Rechtsgebieten wird das primäre Ziel der Vertragserhaltung verfolgt. Durch die Einführung der neuen Insolvenzordnung im Jahre 1999 sollten unter anderem die Ziele des Insolvenzverfahrens[129] neu bestimmt werden. Eines dieser Ziele war der Gleichrang von Liquidation, übertragender Sanierung und Sanierung des Schuldners. Der Gesetzgeber sah es als schweren Mangel an, dass den Beteiligten kein funktionsfähiger rechtlicher Rahmen für die Sanierung notwendiger Unternehmen zur Verfügung stand. Es blieb nur der Weg der übertragenden Sanierung. In der Begründung zu § 1 des Regierungsentwurfs[130] führte die Kommission aus, dass mit der

---

[129] BR-Drucks. 1/92 - abgedruckt auch in *Uhlenbruck*, Das neue Insolvenzrecht, 1994, S. 296; *Balz*, Die Ziele der Insolvenzordnung, in: Kölner Schrift zur Insolvenzordnung, 2. Aufl. 2000, S. 3-22.

[130] BR-Drucks. 1/92, a. a. O.

Eröffnung eines Insolvenzverfahrens fortan keine Vorentscheidung in Richtung auf eine Liquidation des Unternehmens getroffen werden sollte. Im Verfahren kann nun sowohl die Fortführung der unternehmerischen Tätigkeit des Schuldners, aber auch die Liquidation des Vermögens angestrebt werden. Die Erhaltung von Unternehmen oder von Betrieben durch einen Insolvenzplan ist zwar kein eigenständiges Ziel des Insolvenzverfahrens, dennoch hob der Gesetzgeber dieses Ziel besonders hervor.[131] Auch im Insolvenzarbeitsrecht wird dieser Wille des Gesetzgebers in Richtung einer Vertragsfortführung offensichtlich. Die Eröffnung des Insolvenzverfahrens lässt Betriebsvereinbarungen bestehen. § 120 InsO regelt lediglich, dass in dem Fall, in dem Betriebsvereinbarungen Leistungen vorsehen, welche die Insolvenzmasse belasten, Insolvenzverwalter und Betriebsrat über eine einvernehmliche Herabsetzung der Leistung beraten sollen.[132]

Der Widerspruch zur Vertragspraxis

Demgegenüber ist die Restschuldversicherung bislang primär auf Abwicklung und Leistung in der Liquidation ausgerichtet, anstatt lediglich die dem Kreditnehmer fehlenden Raten zu zahlen oder anstatt den Teil der Zins- und Tilgungsleistungen an den Kreditgeber zu erstatten, den der Darlehensnehmer zur Erfüllung seiner Pflicht diesem gegenüber benötigt. Die Vertragsbedingungen der Restschuldversicherung nebst der Kündigung des Darlehensvertrages durch den Kreditgeber ist daher keine echte Hilfe für den Verbraucher, sondern lässt ihn für eine Gesamtleistung teuer bezahlen, die er

---

[131] BT-Drucks. 12/7302 abgedruckt in *Uhlenbruck*, Das neue Insolvenzrecht, 1994, S. 296 ff.

[132] *Hess*, Kommentar zur Insolvenzordnung, Einleitung vor § 1 InsO, Rn. 484.

zumeist gar nicht nötig hätte. Bewusst hat der Gesetzgeber die Beendigung des Vertragsverhältnisses lediglich bei Bauspardarlehen im Todesfall vorgesehen. Zum einen werden schätzungsweise rund 98 Prozent aller Kreditverträge ordnungsgemäß bedient. Schon insoweit sind teuere Restschuldversicherungen unnötig und in ihrer Koppelung an die Kreditvergabe anstößig. Zum anderen benötigt der Kreditnehmer im Krisenfall keine Vollzahlung der Raten, um den Kredit weiter vertragsgemäß zu erfüllen. Schließlich ist der Unwert der Restschuldversicherung heutiger Prägung angesichts der überbordenden Prämien, die durch immense Provisionen aufgebläht sind, offensichtlich.

Das Eingreifen des Rechtsstabes

Angesichts der Tatsache, dass die Sparkassen - wie bereits seit den achtziger Jahren[133] - an diesem Zusatzgeschäft nicht oder nur unwesentlich beteiligt sind, aber gleichwohl einen hohen Anteil am Verbraucherkreditaufkommen leisten, zeigt sich nicht nur die fehlende Notwendigkeit und Nutzlosigkeit der Restschuldversicherung für den Kreditbetrieb, sondern vor allem die ökonomische Sinnlosigkeit des Geschäftes für die Verbraucherseite. Ein Ausweichen zu einem anderen Institut ist aber angesichts von Vorkrediten und Kontoüberziehungen zumeist nicht möglich, weswegen die Bedingungen Verbraucherseits zwar notgedrungen akzeptiert werden, für die Rechtsordnung aber nicht ohne Weiteres tolerabel ist: Eine durch zahllose Fälle belegbare Geschäftspraktik einiger in Deutschland tätiger internationaler Großbanken funktioniert in der Weise, dass Verbrauchern zunächst ein

---

[133] Siehe *Holzscheck/Hörmann/Daviter*, Praxis des Konsumentenkredits, 1982, S. 239 Tab. DX 1/10.

Kleinkredit und zusätzlich ein Kontokorrentkredit gewährt wird. Bei Überschreiten der Kontokorrentkreditlinie wird der Kreditnehmer zur sofortigen Rückführung aufgefordert, anderenfalls die sofortige Kündigung der gesamten Verbindlichkeiten in Aussicht gestellt. Da kaum ein Verbraucher aus dem laufenden Einkommen aufgetretene Finanzlücken, die oft so einfache Ursachen wie defekte Waschmaschinen oder Fernseher haben, kurzfristig ausgleichen kann, bleibt zumeist nur die Alternative, dem „großzügigen" Angebot der Bank auf Umschuldung mit Restschuldversicherung, Bearbeitungsgebühren und weiteren Zinsen einzugehen. Durch die Beibehaltung des Bisherigen oder Einräumung eines neuen Kontokorrents kommt es in der Folgezeit oft zu dem demselben Problem, wodurch dann wieder der vorherige Kredit abgelöst und unter Ausgleich des Kontos aufgestockt in einen neuen Kredit umgewandelt wird, mit abermaligem Anfall von Restschuldversicherung, Bearbeitungsgebühren und Zinsen etc. Aus diesem „Modell" ergeben sich in der Realität häufig Kosten, die die ausgezahlte Kreditsumme – teilweise um ein Vielfaches – überschreiten und Verbraucher trotz ursprünglich geringer Schulden an den Rand der Zahlungsunfähigkeit bringen. Bei Ratensenkungen wächst der Zinseszinsanteil über die Laufzeit oft astronomisch und nicht selten wird aus mehren Kleinkrediten eine lebenslange ertragene Verschuldung, wobei die Angst vor den Auswirkungen eines Insolvenzverfahrens auf den Arbeitsplatz und das soziale Ansehen eine erhebliche Rolle spielt. Dabei ist eine derartige Kreditvergabepraxis selbst unwirksam, die nur darauf hinwirkt, dass immer weitere Kosten und Gebühren, Zinsen auf Kosten und Gebühren, Zinsen auf Zinsen und so fort geschuldet werden, für die eine echte Gegenleistung der Bank vollkommen fehlt.[134] Schon bei einmaliger Durchführung kann eine derartige Vertragspraxis nicht mehr hinnehmbaren Ergebnissen führen.[135]

Die nur beispielhaft aufgezeigten Risiken heutiger Verträge gegen die maßgeblichen Rechtsprechungsgrundsätze zeigen, dass bei Restschuldversicherungen die gerichtliche Kontrolle bisher nicht hinreichend greift. Ein erweitertes Forschungsprogramm nebst monografischer Aufarbeitung der Versicherungs- und Kreditvergabepraxis würde fast sicher weitere erhebliche Defizite offenbaren. Vor allem die bisherige Nichtberücksichtigung der von den Versicherungsunternehmen an die Kreditinstitute gezahlten Provisionen in der Preisangabe verschleiert die teilweise bis überwiegende Nutzlosigkeit der Einmalprämie für den Verbraucher und den eklatanten Überhang in der Risikoabsicherung. Auch die Nichtberücksichtigung der Beiträge für eine Restschuldversicherung in der Sittenwidrigkeitsprüfung eines Darlehens lässt sich nur mit der bisherigen Unkenntnis der Maximalprovisionen erklären. Insgesamt verteuert die Restschuldversicherung den Kredit heute zum Teil in einem Maße, die die Sittenwidrigkeitsschwelle für vergleichbare Lebensversicherungs- oder Berufsunfähigkeitsversicherungen überschreitet.

---

[134] Zur Wucherproblematik nebst Fallbeispiel *Reifner*, bank und markt, 2006, 28, 30.

[135] Beispielhaft ist ein Konsumentenkredit zweier Eheleute im Alter von 57 bzw. 58 Jahren, denen die Bank wegen Überschreiten des Kontokorrentlimits mündlich die Kündigung der gesamten Geschäftsverbindung und damit des laufenden Ratenkredits androhte, aber zugleich angeboten hatte, die Valuta unter Neukreditierung abzulösen. Der Nettokreditbetrag belief sich auf 35.888,45 €. Der zu leistende Einmalbetrag der Restschuldversicherung betrug 18.620,19 €, woraus sich ein Darlehensnettobetrag in Höhe von 54.508,64 € ergab. Bei Zinsen i. H. v. 10,06 % und einer Laufzeit von 72 Monaten und einer Bearbeitungsgebühr von 3 % wurden der Effektivjahreszinses mit 11,73% und der Gesamtbetrag mit 74.993,47 € angegeben.

Die gerichtliche Kontrolle wird daher bei den Regelungen der verbundenen Geschäfte einsetzten, nach denen ein Einwendungsdurchgriff aufgrund unwirksamer Restschuldversicherung gegenüber dem Darlehensanspruch eröffnet ist. Insbesondere in den Umschuldungsfällen ist durch die intransparente Abrechnung vorzeitig aufgelöster Verträge ein erhebliches Defizit zulasten der Kreditnehmer entstanden. Eine stärkere Kontrolle durch die Zivilgerichte wie auch die Bundesanstalt für Finanzdienstleistungen ist deshalb dringend erforderlich. Nach der Aufforderung des VZBV hat die Bundesanstalt eine solche bereits angekündigt.

1.3 Der Bedarf an Produkten zur Sicherung gegen Zahlungsprobleme

Ratenkredite verschaffen Liquidität bei der Auszahlung und schränken die Liquidität in der Rückzahlungsphase ein. In der Auszahlungsphase entstehen Probleme, wenn der Zugang zum Kredit nicht ausreichend gewährleistet ist. Hierzu gibt es in Deutschland anders als in den USA noch relativ wenig öffentliche Aufmerksamkeit und Sicherheitsbedürfnis. Demgegenüber steigt das Bewusstsein der Verbraucher zu den Gefahren der Liquiditätseinschränkung durch die Rückzahlung. Unter dem Stichwort „Überschuldung" werden die Gefahren in den Medien breit thematisiert. Der Gesetzgeber definiert „Überschuldung" im Zusammenhang mit juristischen Personen in § 19 Abs. 2 der Insolvenzordnung. Für natürliche Personen werden stattdessen rechtlich die Begriffe Zahlungsunfähigkeit bzw. Insolvenz verwendet. Hiernach ist eine Person insolvent, wenn sie aktuell oder in der Prognose nicht in der Lage ist, die fälligen Zahlungsverpflichtungen zu erfüllen (§ 17 Abs. 2 InsO).

Während die Überschuldung für den Kreditgeber ein statistisches Ausfallrisiko ist, das im Durchschnitt bei 2% liegen soll bzw. bei jedem zwölften Kredit Anpassungs- und Entscheidungsaufwand erfordert, ist die Überschuldung für die Kreditnehmer ein Schicksalsschlag, der so gravierend in die Persönlichkeit eingreift, dass es das ganze Leben der Betroffenen verändern kann. Der einzelne Haushalt verliert in der Überschuldung alles und ist auf Jahre auf das Existenzminimum zurückgestuft. Sozialer Abstieg, Folgen für den Arbeitsplatz und die Familie, für Ausbildung und persönliches Wohlbefinden sind typisch. Beispiele für Sucht und Kriminalität bis hin zum Selbstmord werden in der Presse referiert. Man kann davon ausgehen, dass das Angstpotenzial in diesem Bereich weiter wächst und diese Angst vor der Überschuldung ein wesentlicher Faktor der Kreditaufnahme wird, sodass mit neuen Formen hierauf reagiert werden muss. Ein Überblick über die einschlägigen Studien soll hier mehr Klarheit verschaffen.

1.3.1 Ausfallrisiken und Überschuldung

Die stärker angespannte Liquidität führt bei der aktuellen Struktur der Konsumkredite leicht zur Überschuldung. Gesetzlich reicht ein Rückstand mit zwei Monatsraten und einem Mindestbetrag von 5 bzw. 10% der Kreditsumme als Kündigungsgrund. Die Kündigung führt zur Gesamtfälligstellung des Restkredites. Das Ratenzahlungsprivileg entfällt damit. Der Tatbestand der Überschuldung, der sich beim Verbraucher an den „fälligen" Forderungen und ihre Begleichungsmöglichkeiten festmacht, wird dadurch willkürlich und unentrinnbar heraufbeschworen.

Kein Konsumentenkreditnehmer ist in der Lage nach Zahlungsverzug die gesamte Restkreditsumme mit einem Mal aufzubringen. Es war gerade der Sinn des Konsumentenkredits, einen aktuellen Finanzbedarf durch sukzessiven Zugriff auf künftiges Monatseinkommen zu befriedigen. Liquidität war nur unter der Prämisse angenommen worden, dass auch nur monatlich in Raten gezahlt würde. Entsprechend strukturiert ist auch die Kreditwürdigkeitsprüfung, in der die monatlichen Einnahmen und Ausgaben an erster Stelle stehen, nicht jedoch das vorhandene Vermögen.

Die bisherige Kreditkündigungspraxis ist somit der eigentliche Grund der Überschuldung. Sie hängt von der Entscheidung der Kreditgeber ab. Auch wenn die Kreditgeber ihrerseits in ihrer Entscheidung mit Blick auf andere Gläubiger sowie der Einschätzung des zukünftigen Kreditverlaufs nicht gänzlich unabhängig sind, so sieht sich doch der Kunde einer außerordentlich großen Macht der Banken ausgesetzt, die letztlich bestimmen, ob er an der

Pfändungsfreigrenze leben muss und zudem den moralischen Makel der Überschuldung trägt.

Die Unterschiede zwischen den Kreditgebern sind damit auch entsprechend groß. Einige Banken wie vor allem Citibank bevorzugen Umschuldungen auch dann noch, wenn die Kreditrückzahlung insgesamt gefährdet ist. Sie erhalten damit das Ratenzahlungssystem und vermeiden Kündigungsangst. Ein Umschuldungsangebot und sei es auch noch so belastend erfährt der Kunde in einer Liquiditätskrise als freundliches Entgegenkommen während eine Kreditkündigung, auch wenn sie letztlich die Situation des Kunden entscheidend erleichtert, als Bedrohung und Aggression empfunden wird.

Genaue Zahlen zur Entwicklung der Überschuldung gibt es nicht.

Die SCHUFA gibt die Ausfallquote mit durchschnittlich 2% an. Die altersmäßige Aufteilung zeigt aber, dass das Risiko die Familiengründungshaushalte zwischen 20 und 30 Jahren besonders belastet.

Alle Altersgruppen

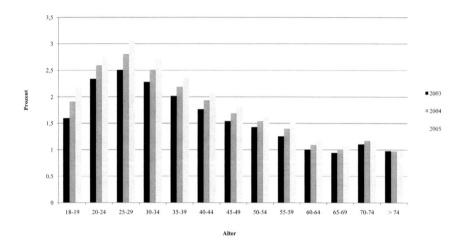

Abbildung 21: Anteil negativer Schufa-Einträge an allen Krediten nach Altersgruppen 2005. Quelle: SCHUFA.

Insgesamt ist die „harte" Überschuldung, d.h. die Überschuldung, die in die Insolvenz führt, in den letzten Jahren angestiegen, wie der SCHUFA-Überblick für alle Altersgruppen deutlich macht.

128

Harte SCHUFA-Negativeinträge

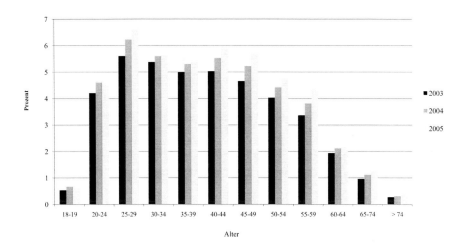

Abbildung 22: Anstieg harter SCHUFA-Negativeinträge nach Alter und Jahr. Quelle: SCHUFA.

Diese Entwicklung trifft auch für Frankreich zu, wo zwischen Oktober 2005 und September 2006 die Zentralbank einen Anstieg der erfassten gekündigten Fälle von 639.894 auf 684.602 Fälle verzeichnet und der Überblick über die anerkannten Verbraucherinsolvenzen wie folgt aussieht:

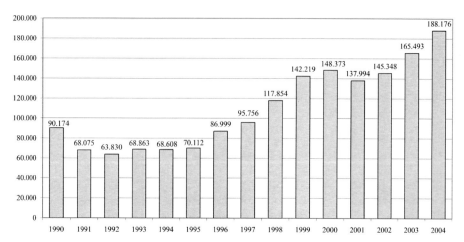

Abbildung 23: Eingereichte Verbraucherkonkurse in Frankreich 1990-2004.

In den USA ist die Entwicklung dramatischer verlaufen. Der Anstieg auf 1,5 Mio. Privatinsolvenzen pro Jahr hat zu einer drastischen Verschärfung der Zugangsbedingungen zum Insolvenzverfahren geführt, die nach Ansicht von Experten zwar die Anzahl der Verfahren senken wird, das Problem der Überschuldung aber dafür umso gravierender macht.

Aus Bankensicht ist zudem davon auszugehen, dass die Ausfallquoten erheblich an Bedeutung zunehmen werden und sich auf die Marge im Konsumkredit entscheidend auswirken werden. Da die Kreditgeber mit der Kündigungsmöglichkeit ein Steuerungsmittel in der Hand haben, dass die Überschuldung auslöst, wird es auch darauf ankommen, dieses Steuerungsmittel so wenig wie möglich zum zugekommen zu lassen und nach anderen

Mechanismen Ausschau zu halten, wie bei Liquiditätsengpässen reagiert werden kann.

Dabei zeigt sich bei den Kreditarten ein Paradox. An sich sind variable Kredite theoretisch besser geeignet, eine Kündigung abzuwenden, indem der Kredit aufgestockt wird. Insofern war der Siegeszug der Kreditkartenkredite in den USA und England auch ein Ausweg aus dem Problem, dass fixe Ratenkredite an ihre Grenzen stießen und Kündigungen systemimmanent der einzige Ausweg waren. Bei einem Anstieg der Konsumentenkredite in den USA von 304 Mrd. US$ im Jahre 1978 auf 2,2 Bio US$ im Jahre 2005 (in Deutschland sind relativ die Hälfte d.h. 1.084 Mrd. US $.[136]) zeigt sich jedoch, dass der Anteil der variablen Kredite seit 1989 wieder abnimmt.

Anteil revolvierender Kredit in den USA

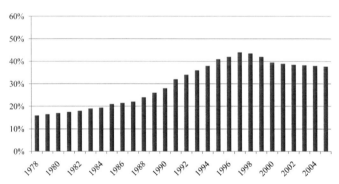

*Abbildung 24:   Verhältnis Festkredit und Revolving Credit im Konsumenten-
kredit der USA.*

---

[136]   295 Mio. US Einwohner zu 82 Mio. Deutschen * Dollarkurs * 232 Mrd. €
Konsumkreditvolumen in Deutschland (295/82 *1,2991*232).

Der Grund dürfte in den erhöhten Ausfällen im variablen Kredit liegen, die das ohnehin höhere Ausfallniveau amerikanischer Konsumkredite weiter anheben. Erst seit 2002 ist diese Entwicklung gehemmt. Es wird allerdings befürchtet, dass bei einem steigenden Zinsniveau, das die Kunden im variablen Geschäft sofort treffen wird, die Ausfallquoten dramatisch wachsen könnten.

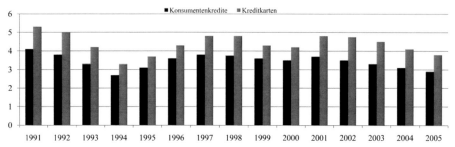

Abbildung 25: Ausfallquote bei Konsumentenkrediten und Kreditkarten in den USA.

Die hinausgezögerten Kündigungen und die vielen flexiblen Möglichkeiten, intern umzuschulden bzw. im „Flipping" verschiedene Kreditkarten z.T. sogar desselben Anbieters zum Liquiditätsausgleich bei Ratenzahlungs-schwierigkeiten zu nutzen, führen letztlich dazu, dass die Ausfallquote höher wird als im Ratenkredit. Natürlich kann hier auch eine andere Selektion eine Rolle spielen, weil z. B. zunächst der zinsgünstigere Ratenkredit bis zur Grenzbeleihung genutzt wurde und erst danach von den ohnehin prekären Haushalten die Kreditkarte als Kreditmittel in Anspruch genommen wird.

In Deutschland ist durch die überwiegende Koppelung von Kreditkarten an die Kontoüberziehung auf dem Lohn- und Gehaltskonto der Entwicklung ohnehin eine enge Grenze gesetzt gewesen. Gleichwohl zeigen Umschuldungssysteme, dass auch innerhalb der starren Grenzen von Festratenkrediten revolvierende Systeme möglich sind. Vermutlich dürften aber auch dort die Ausfallquoten erheblich höher sein.

Insgesamt liegen die Ausfallquoten in Deutschland im Konsumratenkredit nach den Angaben der SCHUFA bei durchschnittlich 2,2%. Dies entspricht auch der Angabe des Bankenfachverbandes. Allerdings bleibt unklar, ob mit der Ausfallquote der endgültige Ausfall von Forderungen oder aber nur die Anzahl gekündigter Kredite bezeichnet wird. Der größte französische Konsumentenkreditgeber, die Cetelem-Bank, die sich öffentlich verpflichtet hat, diese Werte jährlich anzugeben, hat für 2006 angegeben, dass 6% der Kredite Zahlungsschwierigkeiten aufwiesen. Die Ausfallquote wird dagegen mit 1,64% angegeben, was bei dem insgesamt niedrigeren Verschuldungsniveau darauf hindeutet, dass die oben genannten Zahlen für den deutschen Markt auch tatsächlich die Ausfallquote bezeichnen.

Es muss deshalb davon ausgegangen werden, dass in Deutschland Zahlungsschwierigkeiten für die Kreditgeber eine erhebliche Bedeutung haben, wenn man in derselben Proportion auf 8% käme. Insofern würde ein funktionierendes Vorsorgesystem erhebliche Reaktionskosten einsparen und die Kunden entlasten. Dies spricht ebenfalls für eine grundlegende Fortentwicklung der RSV zur PPI.

1.3.2   Ursachen und Auslöser von Überschuldung: Empirische Studien im Überblick

Die Ursachen der Überschuldung werden seit Anfang der 60er Jahre in den USA und Europa empirisch untersucht. Ein liquiditätssicherndes Produkt oder System muss auf die statistisch relevanten Ursachen und Auslöser eingehen und hierfür mit dem Kunden zusammen sichtbar vorsorgen. Ist das Produkt entsprechend transparent und zielgenau, so wird sich der Kunde damit identifizieren können und dafür angemessen bezahlen.

In der Debatte über die Gründe der Überschuldung stehen sich subjektive und objektive Ursachen gegenüber. Die Vertreter des subjektiven Ansatzes sehen die Überschuldungsursachen im Verhalten der überschuldeten Person selbst begründet (wie z. B. falsche Haushaltsführung und –planung; fehlerhaftes Konsumverhalten). Die Vertreter des objektiven Ansatzes sehen kritische Lebensereignisse (wie z. B. Scheidung, Krankheit, Tod) als ursächlich an. Meist spielen verschiedene Faktoren kumulativ eine Rolle.

1.3.2.1   Caplovitz (USA 1963 ff)

In der Studie von David Caplovitz aus dem Jahr 1963 gab jeder der 1320 befragten Schuldner im Schnitt drei Gründe an, die Auslöser der Überschuldung waren. 24% der Befragten gaben an, aufgrund von Einkommenseinbußen in die Überschuldung geraten zu sein. Von diesen 24% gaben mehr als 25% an, dass sie arbeitslos wurden, krankheitsbedingt für längere Zeit ausfielen, ihnen Arbeitsstunden gekürzt wurden oder das sie Opfer eines Streiks wurden. Weitere 16% gaben Arbeitsunfähigkeit als Ursache an, bei 5% fiel ein zweites Einkommen weg (Bsp. das Einkommen der Ehefrau). 17% der 1320 befragten Schuldner meinten, sich freiwillig zu hoch belastet zu haben. Allerdings fiel in 50% dieser Fälle eine hohe Belastung mit einer

Veränderung des Einkommens zusammen. Eine unfreiwillige Überschuldung gaben 7% der Befragten an. Dazu zählten insbesondere plötzlich auftretende Kosten, wie Behandlungskosten aufgrund einer Krankheit oder Schwangerschaft, Beerdigungskosten, anfallende Reparaturkosten oder Ähnliches.

In 5% der Fälle gaben die durch Caplovitz befragten Schuldner an, dass die Instabilität ihrer Ehe zu der Überschuldung geführt hat. Die Trennung oder Scheidung vom Ehepartner verursachte die finanzielle Überbelastung. Als weiterer Überschuldungsauslöser wurde die unbedachte Eingehung von Zahlungsverpflichtungen für Dritte (6%) genannt. Die Schuldner bürgten für Freunde und Verwandte, verliehen Geld oder zahlten unberechtigte Rechnungen. 28% der Befragten gaben an, dass sie die Hauptursache ihrer Überschuldung in einem Fehlverhalten ihres Kreditgebers sahen. 4 % gaben an, aufgrund von eigener Verantwortungslosigkeit in die Überschuldung geraten zu sein.[137]

1.3.2.2 National Association of Consumer Bankruptcy (USA 2006)

Eine Umfrage der National Association of Consumer Bankruptcy ergab im Jahre 2006, dass 64% der Befragten die Ursache für ihre Überschuldung bei Kosten eines hypothekarischen Kredites oder der Miete sahen. Arbeitslosigkeit gaben 39,6% an. 41,1% machten gestiegene Kreditkartenzinsen für ihre Überschuldung verantwortlich. Weitere 33% nannten plötzlich entstandene Kosten aufgrund von notwendigen Medikamenten. Lediglich 8% hielten ihr Konsumverhalten für ursächlich.

---

[137] *Caplovitz*, Consumers in Trouble, S. 53, Table 4.1.

135

1.3.2.3   Janet Ford (England 1990)

Janet Ford untersuchte in England die Ursachen.[138] Von den 284 befragten Haushalten, die angaben, in den letzten 12 Monaten Schulden bzw. finanzielle Schwierigkeiten gehabt zu haben, nannte fast jeder Zweite als Hauptursache dafür eine Einkommenseinbuße. Dabei waren 19% das Gehalt gekürzt worden, 7% fielen aufgrund Krankheit oder Arbeitsunfähigkeit aus. Als weitere ausschlaggebende Gründe für ihre Überschuldung gaben die Befragten ein dauerndes Niedrigeinkommen (14%), Übernahme zu hoher Kreditverpflichtungen (10%) und plötzlich auftretende Zahlungsverpflichtungen (12%) an.

Gründe für Überschuldung in Großbritannien
(Janet Ford)

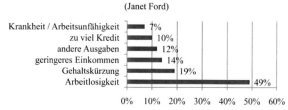

Abbildung 26: Gründe der Zahlungsunfähigkeit in England (J. Ford).

1.3.2.4   Korczak (Deutschland 1997/2004)

Zur Darstellung der Entwicklung Deutschlands sind die Studien von Dieter Korczak zu betrachten. Im Jahre 1997 verglich Korczak seine Unter-

---

[138]   *Ford*, The Indebted Society: Credit and Default in the 1980s, 1990, passim.

suchungsergebnisse zur Überschuldungssituation in den neuen Bundesländern im Jahr 1994 mit den Resultaten seines Gutachtens in den alten Bundesländern aus dem Jahr 1989.[139] Zu den Auslösern der Überschuldung befragte er 86 Schuldnerberatungsstellen aus den neuen Bundesländern, welche die auslösenden Überschuldungsfaktoren ihrer Klienten dokumentiert hatten.

Seine Untersuchung ergab, dass die Arbeitslosigkeit in den neuen Bundesländern durch den massiven Beschäftigungsabbau nach der Wende für viele Ostdeutsche zu Niedrigeinkommen und damit zu Überschuldungsrisiken geführt hat. So gaben die von ihm befragten Schuldnerberatungen an, dass unvermutet eintretende Arbeitslosigkeit bei mehr als jedem zweiten Klienten als Auslöser der Überschuldung genannt wurde. Bei ca. 38% der überschuldeten Haushalte seien Probleme bei der Haushaltsführung, mangelnde Erfahrung mit dem Waren- und Kreditangebot sowie die Überschätzung der eigenen Zahlungsfähigkeit für das Eintreten der Überschuldungssituation verantwortlich. Dauerndes Niedrigeinkommen, bei zugleich steigenden Lebenshaltungskosten und Mieten, wurde von 35% als Auslöser für die Überschuldung angesehen.

Familienrelevante Auslöser wie Trennung oder Scheidung (14%), Krankheit, Unfall oder Tod (9%), Haushaltsgründung (7%), Schwangerschaft bzw. Geburt eines Kindes (3%) führten im Jahre 1994 bei einem Drittel der Klienten zur Überschuldung.

---

[139] *Korczak*, Marktverhalten Verschuldung und Überschuldung privater Haushalte in den neuen Bundesländern 1997, S. 164-167.

Die Ergebnisse aus den neuen Bundesländern decken sich mit den Resultaten aus den alten Bundesländern in der prozentualen Verteilung. Die einzige Ausnahme stellt die Arbeitslosigkeit dar, die in Ostdeutschland eine wesentlich häufigere Rolle spielte. Während in den neuen Bundesländern 53% der überschuldeten Haushalte angaben, aufgrund von Arbeitslosigkeit in diese Situation geraten zu sein, nannten in den alten Bundesländern 37% der Befragten die Arbeitslosigkeit als einen der Auslöser für die Überschuldung.

Im Jahre 2004 führte Korczak eine weitere Studie durch. Die grundsätzliche Verteilung hat sich in den Jahren nicht ausnehmend verändert. Arbeitslosigkeit ist danach sowohl in den alten als auch in den neuen Bundesländern mit großem Abstand der primäre Auslöser von Überschuldung. In den alten Bundesländern rangiert neben der Arbeitslosigkeit auch das kritische Lebensereignis "Trennung/Scheidung" an erster Stelle. Jeder Sechste nannte in den neuen Bundesländern neuerdings eine gescheiterte Selbstständigkeit als maßgebliches Ereignis, in den alten Bundesländern sogar war es sogar jeder Fünfte. Ein andauerndes Niedrigeinkommen, bei zugleich steigenden Lebenshaltungskosten und Mieten, stellt eher ein Problem in den neuen Bundesländern dar. Während hier 29% dies als Ursache angaben, nannten in den alten Bundesländern nur 8% der Befragten ein dauerndes Niedrigeinkommen als Überschuldungsauslöser. Ähnlich gestaltet sich die Verteilung beim Ereignis "überhöhter Konsum". Die Befragten in den neuen Bundesländern gaben dieses Ereignis in 25% der Fälle an, in den alten Bundesländern nannten 4% diese Ursache. Dagegen hat in 17% der Befragten in den alten Bundesländern unwirtschaftliche Haushaltsführung als Überschuldungsauslöser benannt und in den neuen Bundesländern nur 2%.

Krankheit, Unfall und Tod führten im Jahre 2004 bei jedem Siebten der Befragten in Westdeutschland, in Ostdeutschland nur bei jedem Siebzehnten zur Überschuldung.[140]

1.3.2.5 Französische Zentralbank (Frankreich 2001/2004

Die französische Zentralbank beherbergt die Schuldenregulierungskommissionen, die das Insolvenzverfahren für Verbraucher einleiten. Sie gibt regelmäßige Berichte zur Überschuldung heraus und wertet statistisch die Daten der 188.000 Anträge in Frankreich aus. Auch aus diesen Berichten ergibt sich, dass Arbeitslosigkeit, Scheidung/Trennung, Krankheit und Unfall im Zentrum stehen. Zwar sind entsprechend der französischen eher kreditskeptischen Einstellung die Einschätzungen, dass „zu viel Kredit" aufgenommen wurden ebenso, dass der Haushalt schlecht geführt wurde, statistisch relevant. Aber auch hier dürften die Vorbehalte gelten, dass in diesen Fällen die objektiven drei Hauptgründe zusätzlich eine Rolle spielten, zu beachten sein.

---

[140] http://www.bmfsfj.de/RedaktionBMFSFJ/Abteilung2/Pdf-Anlagen/materialien-zur-familienpolitik-nr.-19_2F2004.pdf.

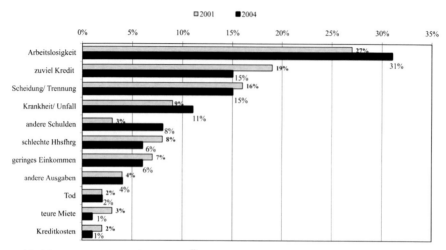

Abbildung 27: *Gründe für Überschuldung in Frankreich (Banque de France).*

1.3.2.6 Schuldnerberatung Oberösterreich (Österreich 2005)

Auch für Österreich liegen Erhebungen über die Überschuldungsgründe vor. Bei den österreichischen Erhebungen ist interessant, dass die Kategorie „Mithaftung/Bürgschaft" erfasst wird. Sie hat vor allem bei Frauen eine erhebliche Bedeutung. Die Bedeutung des Merkmals ist wahrscheinlich daraus zu erklären, dass es im österreichischen Recht keinen dem deutschen Recht vergleichbaren Schutz der mithaftenden Ehefrau gibt. Interessant ist auch die Kategorie „Wohnraumbeschaffung", die wir auch in den englischen Untersuchungen gefunden hatten. Auch hier dürfte sich der erhebliche Mieterschutz in Deutschland und Frankreich gegenüber Kaution und Courtage sowie der große Anteil genossenschaftlicher und öffentlicher Wohnungen

Auslöser	Prozent
Arbeitslosigkeit, reduzierte Arbeit	48%
Einkommensarmut	26%
Scheidung, Trennung	25%
Sonstiges	20%
Konsumverhalten	18%
Gescheiterte Selbstständigkeit	16%
Krankheit	11%
Gescheiterte Immobilienfinanzierung	8%
Sucht	7%
Straffälligkeit	2%
Tod des Partners	1%
N = 549 Mehrfachnennung möglich	

Tabelle 7:   Auslöser der Überschuldung in Deutschland (iff 2005)

Der iff-Überschuldungsreport 2007[142] hatte im Jahre 2006 eine weit größere Datenbasis. Dabei ergab die Auswertung, dass der Anteil der Ursachen, der den kritischen Ereignissen des Einkommensabfalls zugeordnet werden kann, mit insgesamt 53% aller Überschuldungsauslöser überwiegt. Demgegenüber wurde bei nur 18% der Überschuldeten ein dem Verhaltensbereich zuordenbarer Überschuldungsgrund angegeben. Die verbleibenden 29% der

---

[142] *Reifner/Knobloch*, iff-Überschuldungsreport 2007 - Private Überschuldung in Deutschland Untersuchung mit freundlicher Unterstützung der Teambank, Nürnberg 2007.

Ursachen, insbesondere die Einkommensarmut, lassen sich eher dem objektiven Bereich zuordnen.

Häufigster Überschuldungsauslöser ist nach Einschätzung der Berater die Arbeitslosigkeit bzw. reduzierte Arbeit, die in 30% der Fälle als Hauptursache der Überschuldung genannt wurde. Am zweithäufigsten (15%) wurde die Scheidung bzw. Trennung vom Lebenspartner als Überschuldungsauslöser genannt. Nur in 13% der Fälle geben die Berater das Konsumverhalten als Hauptüberschuldungsauslöser an. Ein ähnliches Ergebnis lässt sich auch in den USA verzeichnen, wo nach Einschätzung der Verbraucherinsolvenzanwälte lediglich 8% der Verbraucherinsolvenzen durch das Konsumverhalten der Überschuldeten verursacht werden.[143] Eine wichtige Rolle spielt außerdem die Einkommensarmut mit 9% der Fälle, wobei der Begriff nicht trennscharf ist und keine Rückschlüsse auf die Ursache der Einkommensarmut bzw. des gesunkenen Einkommens zulässt. Schließlich ist der Faktor „Krankheit" zu nennen, der in 7% der Fälle als Hauptursache der Überschuldung angegeben wurde.

---

[143] Umfrage der *National Association of Consumer Bankruptcy Attorneys* (NACBA) unter http://www.thehastingsgroup.com/NACBASurvey/Summary.html, entnommen am 24.01.2007.

Überschuldungsursachen nach Einschätzung der Berater

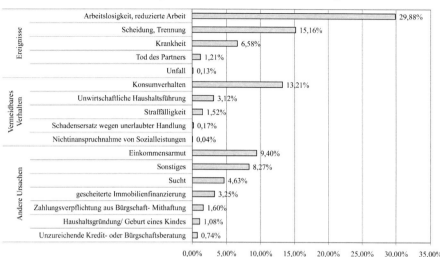

Abbildung 29: Überschuldungsursachen nach Einschätzung der Schuldner-berater (iff 2007).

Schlüsselt man diejenigen Gründe, die objektiv nach Kreditabschluss die Liquidität beeinträchtigen, nach Alter auf, so zeigt sich, dass die Gruppe derjenigen, bei denen der Haushaltsvorstand zwischen 35 und 40 Jahre alt ist, besonders betroffen sind. Die hohe Bedeutung von Scheidung und Trennung neben der Arbeitslosigkeit und Krankheit zeigt ähnlich wie schon in den anderen empirischen Erhebungen auf die Bereiche, in denen eine vorsorgende Liquiditätssicherung sich konzentrieren muss.

145

Gründe in % Alter	20 bis 25	25 bis 30	30 bis 35	35 bis 40	40 bis 45	45 bis 50	50 bis 55	55 bis 60	60 bis 65	Gesamt
Arbeits-losigkeit, reduzierte Arbeit	35,12	35,76	27,45	33,91	26,53	26,59	29,61	35,71	18,57	**29,88**
Scheidung /Trennung	6,61	13,61	18,63	17,10	20,42	18,35	16,20	9,82	2,86	**15,16**
Krankheit	2,89	3,16	6,86	5,51	7,43	10,86	8,38	9,82	10,00	**6,58**
Tod des Partners	0,00	0,32	0,00	0,29	1,06	1,12	4,47	2,68	7,14	**1,21**
Unfall	0,00	0,00	0,00	0,00	0,53	0,37	0,00	0,00	0,00	**0,13**

Tabelle 8:   Objektive Überschuldungsauslöser nach Alter. Quelle: iff 2007.

1.3.2.8   Zusammenfassung

Alle empirischen Untersuchungen zu den Ursachen der Überschuldung unterscheiden zwischen Ursachen, die bei Vertragsabschluss vorhanden waren und später hinzugekommenen Ereignissen oder Verhaltensweisen. Bei den Verhaltensweisen werden solche, die dem Kunden zugerechnet werden, von denen, die der Bank zugerechnet werden, unterschieden. Als dritte Gruppe geht es um die keiner Seite zuzurechnenden Gründe, die erst nach Vertragsschluss eingetreten sein können, weil eine Vertragspartei andernfalls auf den Vertragsschluss hätte verzichten können oder über die maßgeblichen Umstände von Anfang an im Irrtum war.

Die größte empirische Bedeutung haben die objektiven Gründe, die weit über 50% der Überschuldungen bedingen, wobei die Ergebnisse je nach Fragestellung zusammengenommen bis zu einem Anteil von 85% reichen. Hierbei dominieren arbeitsbedingte Einkommenseinbußen, insbesondere die Arbeitslosigkeit aber auch sonstiger Einkommensverlust durch Kurzarbeit, Herabstufung, Verlust eines Teiles der Arbeit etc. Ferner spielt hier die Trennung und Scheidung sowie die Krankheit eine dominierende Rolle. Unfall, Berufsunfähigkeit und Tod spielen dagegen in den Statistiken praktisch keine Rolle als Ursachen der Überschuldung.

Die subjektiven Gründe im Verhalten von Verbrauchern und Anbietern sind dagegen naturgemäß stark umstritten. Hier weichen die Ergebnisse signifikant voneinander ab, da die Einordnung von Kausalitäten im subjektiven Bereich sehr stark durch die Einstellung der Beobachter geprägt ist. Will man die Werbung der Banken für Kredite oder den Konsumwunsch des Verbrauchers verantwortlich machen? Ließ sich der Kredit ganz oder in dieser Höhe „vermeiden" und wer legt den akzeptablen Konsumstandard fest? War die Kündigung notwendig, gerechtfertigt oder ein Druckmittel bzw. „zur Unzeit" und „unzumutbar" und hatte, womit sich die Gerichte mehrfach befassen mussten, die Umschuldung letztlich einen rettenden oder eine zerstörenden Effekt?

	Vor/Bei Vertragsschluss	Nach Vertragsschluss
Objektive Faktoren		Arbeitslosigkeit, reduzierte Arbeit
		Krankheit
		Scheidung, Trennung
		Tod des Partners
		Unfall
		Haushaltsgründung/ Geburt eines Kindes
Kundenverhalten	unnötiger Luxus	unbekümmerter Konsum
	zu geringes Einkommen	Nichtinanspruchnahme von Sozialleistungen
	Sucht	Schadensersatz wegen unerlaubter Handlung
		Straffälligkeit
		unwirtschaftliche Haushaltsführung
Bankverhalten	zu viel Kredit	zu früh gekündigt
	unzureichende Beratung	Zinserhöhung
	Mithaftung/Bürgin	ungünstige Umschuldung
	überteuerter Kredit	
	falsche Kreditform	

Tabelle 9:   Faktoren der Überschuldung im Überblick.

Im Kontext des vorliegenden Gutachtens kommt es auf diese Fragen nur bedingt an. Für eine Versicherungslösung kommen im Wesentlichen nur die mit statistischer Relevanz auftretenden, für beide Parteien objektiven Risiken infrage. Damit geht es um den hervorgehobenen oberen rechten Quadranten der Matrix.

Bzgl. der verhaltensbezogenen Gründe gibt es andere Lösungsmöglichkeiten, die eine Bank wählen kann, wobei Recht und Verbrauchererziehung eine wichtige Rolle spielen können, ebenso wie freiwillige Selbstbeschränkung, Transparenz und Aufklärung über die Kreditfolgen.

1.3.3 Strukturelle Ursachen zunehmender Unsicherheit im Konsumkredit

Die empirischen Befunde lassen sich als strukturelle Entwicklung zu mehr Unsicherheit im Konsumkredit erklären. Versteht man *Konsumkredit als den über das Finanzsystem vermittelten entgeltlichen Zugriff auf künftiges eigenes Einkommen,* so spielt die Einkommenserwartung eine zentrale Rolle bei der Sicherung der Kreditrückzahlung. Während im Investitionskredit das Gelingen der kreditvermittelten Investition entscheidend ist, im Hypotheken-kredit die Wertsteigerung und das eingesparte Nutzungsentgelt des Grund-stücks wesentlich ist, hat der Konsumkredit keinen eindeutigen Gegenstand, aus dessen Entwicklung sich die Rückzahlbarkeit des Kredites ablesen ließe. Es geht um das Einkommen im Verhältnis zu den notwendigen Konsumaus-gaben. Unsicherheit beim Einkommen wird zur Unsicherheit in der Kredit-rückzahlung. Umso unsicherer das Einkommen ist und umso stärker der Kredit als Ausgleich verschiedener Liquiditätsperioden im Lebenszyklus notwendig wird, desto größer ist die Notwendigkeit, als Kreditgeber Un-sicherheiten im Kredit zu berücksichtigen, die der einzelne Kreditnehmer selber nicht auffangen kann.

Die Unsicherheit ist soziologisch gesehen nur Unsicherheit auf der Ebene des einzelnen Kreditnehmers. Auf der Ebene der Kreditgeber wird die akkumulierte Unsicherheit zu einem sicher erwartbaren Ausfall- oder Störungsrisiko. Kein Kreditnehmer weiß, ob er sterben wird, aber die Kredit-geber wissen, dass sie im Ratenkredit mit großer Konstanz jedes Jahr 8000

Fälle bearbeiten müssen. Das Gleiche gilt für Arbeitslosigkeit, Ehescheidung und andere der oben aufgeführten Gründe.

1.3.3.1 Unsicherheit in der zukünftigen Liquiditätserwartung

Der Ratenkredit geht von einer sicheren zukünftigen Liquiditätserwartung und von einem stetigen starren Einkommensüberschuss zur Begleichung der Raten in der Zukunft aus.

Arbeitseinkommen und Arbeitslosigkeit

Dem liegt die Vorstellung vom „Normalarbeitsverhältnis" zugrunde, wie es die 50er und 60er Jahre in Deutschland vorwiesen. Ein solches Normalarbeitsverhältnis ist jedoch einem zunehmenden Erosionsprozess ausgesetzt.

- Immer mehr Deutsche verdienen ihr Geld in Selbstständigkeit, die keinerlei Einkommenssicherheit mehr gewährt.

- Mehrere Arbeitsverhältnisse werden auch in Deutschland zunehmen.

- Frauenerwerbstätigkeit führt durch die Berücksichtigung der Kindererziehung im Erwerbsleben zu stark sich verändernden Biografien.

- Unterbrechung von kontinuierlichen Einkommenszyklen durch Arbeitslosigkeit nimmt stark zu und betrifft innerhalb von vier Jahren bereits ein Drittel der Arbeitnehmer.

Bei einer Auswertung von Daten der Sozialversicherung in Hamburg über einen Zeitraum von 10 Jahren zeigte sich, dass die relativ stabil angegebenen Durchschnittsverdienste sich in der Realität beim einzelnen Kreditnehmer als extrem unsichere Einkommenserwartungen niederschlagen.

So zeigen z. B. Frauen im gebärfähigen Alter eine außerordentlich volatile Einkommensentwicklung, wie die folgende Grafik von zehn Frauen zwischen ihrem 30. und 40. Geburtstag deutlich macht.

Frauen zwischen 30-40 Jahren

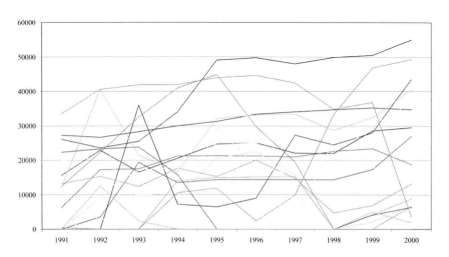

Abbildung 30: Einkommensschwankungen bei Frauen zwischen 30 u. 40.

Die entsprechende Einkommensgrafik für Männer weist dagegen deutlich mehr parallele Linien auf.

Männer zwischen 40-50 Jahren

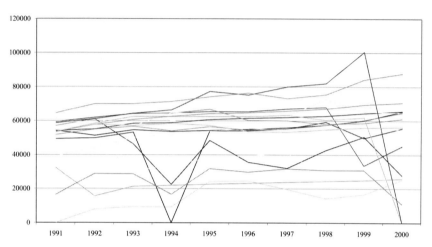

Abbildung 31: Einkommensschwankungen bei Männern zwischen 40 u. 50.

Misst man die Varianz der Einkommensdaten, also die Breite und Häufigkeit ihrer Veränderungen, so zeigt sich, dass besonders untere Einkommensschichten von starken Einkommensveränderungen betroffen sind. In der folgenden Grafik ist der Durchschnitt der Abweichungen von ihrem mittleren Lebenseinkommen bei niedrigen sowie bei hohen Einkommen von Männern verschiedener Altersgruppen mit Daten der LVA Hamburg dargestellt. Der Unterschied der Abweichung ist für diese Männer zwischen 20 und 50 Jahren doppelt so hoch für die niedrigen Einkommen.

Variabilität des Einkommens männlicher Versicherter nach Altersstufen und Einkommensgruppe
(1990-2000)

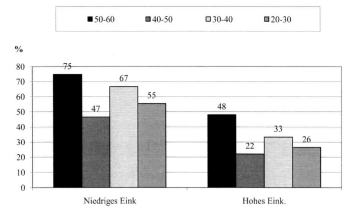

Abbildung 32: *Durchschnittliche Einkommensschwankungen bei männlichen Sozialversicherten.*

Niedriges Einkommen ist somit nicht das Hauptproblem dieser Kundengruppe, sondern die hohe Volatilität dieses Einkommens bei relativ starren Ratenzahlungsprodukten, die ihren Lebensverhältnissen nicht angepaßt sind.

Über die Bedeutung der Arbeitslosigkeit brauchen keine Zahlen vorgelegt zu werden. Allerdings ist auch die nach der statistischen Bereinigung erhöhte Anzahl von rund 5 Mio. Arbeitslosen weit zu niedrig angegeben. Kredittechnisch muss der Begriff der Arbeitslosigkeit durch den Begriff der vorübergehenden Einkommenslosigkeit bzw. Einkommensminderung ersetzt werden. Der Selbstständige, der keinen Umsatz mehr macht, leidet unter derselben Einkommensminderung wie der offiziell Arbeitslose. Das Gleiche gilt für Ehefrauen nach der Trennung, die weniger Unterhalt erhalten ebenso wie

153

für Studierende nach dem Examen, wenn sie keine Stelle, aber auch keine elterliche Unterstützung oder Zahlungen aus BAFÖG oder Studentenkrediten mehr erhalten.

Arbeitslosigkeit ist damit kredittechnisch ein Liquiditätsverlust.

Hierzu hat die Hamburger Studie interessante Daten bestätigt, die bereits in den siebziger Jahren vom Institut für Arbeitsmarkt- und Berufsforschung (IAB) der Bundesagentur für Arbeit vorgelegt wurden.[144] Danach führt Arbeitslosigkeit nicht unmittelbar zum Ratenverzug. Vielmehr trat er damals erst 18 Monate danach ein. Grund sind eine Reihe von Anpassungsmöglichkeiten etwa beim Aufschub von Konsum (Reparaturen, Neuanschaffung, Urlaub) ebenso wie bei der Nutzung familiärer Ressourcen (Familienkredite machen nach der iff-Untersuchung für die SCHUFA 13% der Schulden Überschuldeter aus).

Aus der folgenden Tabelle geht hervor, dass der Überschuldungsanteil bei den Kurzzeitarbeitslosen kaum größer ist als im Durchschnitt der Gesellschaft. Erst nach 12 Monaten Arbeitslosigkeit ist eine drastische Erhöhung des Anteils der Überschuldungen feststellbar. Lediglich 6% der Überschuldeten erhielten Arbeitslosengeld I, waren also höchstens 12 Monate arbeitslos, während 50% der Überschuldeten SGB II Empfänger („Hartz IV") waren.

---

[144] *Brinkmann*, Die individuellen Folgen langfristiger Arbeitslosigkeit: Ergebnisse einer repräsentativen Längsschnittuntersuchung, Mitteilungen aus der Arbeitsmarkt– und Berufsforschung 1984 S. 454 ff.

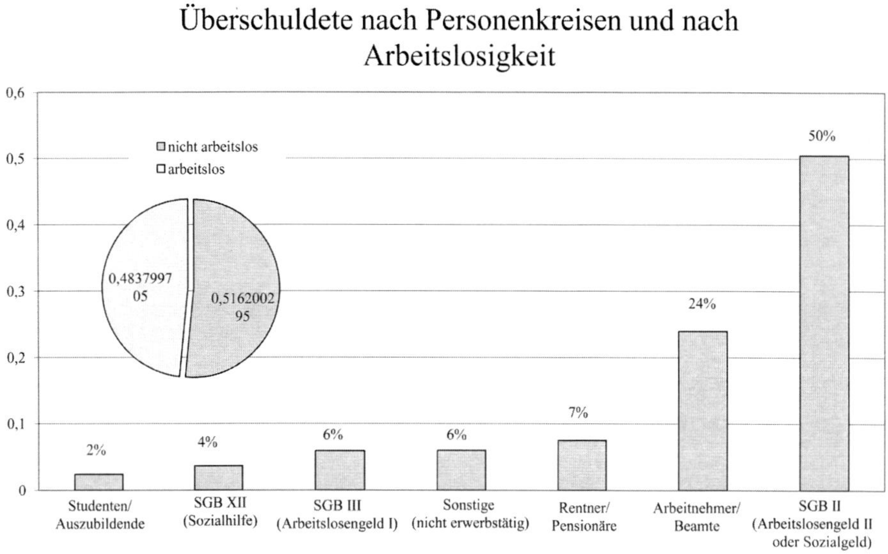

Überschuldete nach Personenkreisen und nach Arbeitslosigkeit

Abbildung 33: Überschuldete nach Personenkreisen und nach Arbeitslosigkeit.

Damit ergibt sich, dass es bei der Liquiditätssicherung nicht um die Absicherung von Ereignissen, sondern vielmehr um die Absicherung von Einkommensveränderungen als Folge solcher Ereignisse geht. Diese Veränderungen können aber je nach Ereignis sehr früh oder sehr spät eintreten.

Ehescheidung und Trennung

Ehescheidungen nehmen in großem Ausmaß zu. Obwohl offiziell noch eine Vorstellung einer lebenslangen Familiengemeinschaft besteht, zeigt die Realität, dass die Scheidungsquote zunimmt und heute bereits eine Scheidungswahrscheinlichkeit von über 50% angenommen wird.

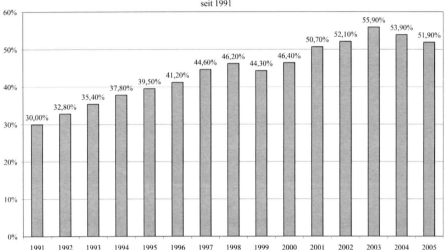

Abbildung 34: Entwicklung der Scheidungsquoten in Deutschland.

Da in zunehmendem Maße Paare und Familien auch ohne Trauschein zusammen wirtschaften und sich wieder trennen und davon ausgegangen
werden muss, dass solche Wirtschaftsgemeinschaften noch eher Trennungen
unterworfen sind, spielt die Ehescheidung heute eine wesentliche Rolle bei
der Kreditrückzahlung, ohne dass dies die Kreditgeber bisher im Produkt
berücksichtigen.

Das Problem der Trennung wird dabei bisher vor allem als Ausgabenproblem
angesehen, weshalb die Versicherbarkeit sich entsprechend etwa der Haus-
ratsversicherung als Schadensversicherung begreift. Die Ehescheidung führt
dazu, dass durch Umzug, Steuernachzahlung, Anwalts- und Scheidungs-
kosten zusätzliche Belastungen entstehen, die über analoge Versicherungen
etwa zu Rechtsschutz- oder Ausbildungsversicherung für die Kinder getragen

werden sollten. Tatsächlich stellt sich die Scheidung jedoch vor allem als relativer Einkommensverlust dar.

Anknüpfungspunkt für den Kredit und die Ratenzahlung ist nämlich nicht das individuelle, sondern das Haushaltseinkommen der Kreditnehmer. Bei Trennung wird jedoch die Wirtschafts- und damit Einkommensgemeinschaft aufgelöst, sodass zwei Haushalte entstehen. Die jeweils darauf entfallenden Einkommen sind somit erheblich geringer, während bei Mithaftung der vormaligen Ehegatten die Ratenschuld ungeteilt bleibt. Die Kreditanstalt für Wiederaufbau hat dies in ihren Bedingungen insoweit berücksichtigt, als sie unter bestimmten Bedingungen eine Ratenaufteilung nach Ehescheidung ermöglicht.

Tatsächlich zeigen die Ergebnisse der Überschuldungsuntersuchung des iff 2007, dass nicht die Ehescheidung als Ereignis, sondern umgekehrt die Existenz mehrerer Erwachsener in einem Haushalt, der als Wirtschaftsgemeinschaft fungiert, erheblichen Liquiditätsausgleich verspricht und das Risiko der Überschuldung erheblich vermindert. In der nachfolgenden Grafik zeigt sich, dass vor allem Alleinerziehende ein viermal so hohes Risikopotenzial haben, wie es ihrem Anteil in der Bevölkerung entsprechen würde. Bei Haushalten mit mehreren Erwachsenen ist dagegen das Risiko nur ein Drittel so hoch, wie es ihrem Anteil in der Bevölkerung entspräche.

Haushalte nach Typen

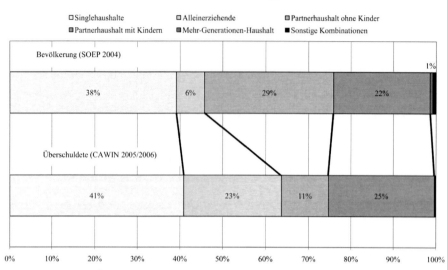

Abbildung 35: Überschuldete Haushalte nach Haushaltstyp.

Diese Ergebnisse machen deutlich, dass Wirtschaftsgemeinschaften Erwachsener als Liquiditätsausgleich fungieren. Dies gibt auch Hinweise darauf, mit welchen Risikoausgleichsprodukten die zunehmende Anzahl derjenigen bedient werden müsste, die tendenziell in einem Ein-Erwachsenen-Haushalt leben. In Großstädten wie Hamburg stellen sie bereits die Mehrheit dar.

Dabei ist es interessant zu sehen, dass es nicht einmal auf Paarbeziehungen ankommt. Auch getrennt lebende Paare scheinen Schwierigkeiten zu haben, von sich aus einen Liquiditätsausgleich zu organisieren. Das Führen einer gemeinsamen Haushaltskasse scheint diese Kommunikationskosten dagegen abzunehmen.

Auch bei den getrennt Lebenden zeigte sich, dass die Ehescheidung bzw. Trennung nicht als schadensstiftendes Ereignis auf den Punkt des Auftretens bezogen werden kann. Die nachfolgende Grafik zeigt, dass zwar anders als bei der Arbeitslosigkeit immerhin 48% derjenigen, bei denen die Ehescheidung als Grund der Überschuldung eingeschätzt wurde, erst weniger als ein Jahr getrennt lebten. Umgekehrt bedeutet dies aber auch, dass 52% sich über dieses erste Jahr noch in gewisser Weise „retten" konnten und weitere 21% sogar noch mehr als zwei Jahre.

Alleinerziehendenhaushalte in der Schuldnerberatung
Zeitraum seit der Trennung (in Monaten)

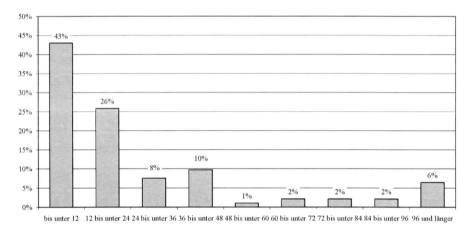

Abbildung 36: Alleinerziehende und Überschuldung.

Tod und Arbeitsunfähigkeit

Der Todesfall ist immer noch der weitaus häufigste Fall der Liquiditätsvorsorge im Konsumentenkredit. Ganz überwiegend werden Restschuldversicherungen auf diesen Fall bezogen.

Tatsächlich zeigen die Sterbetafeln, dass dieses Risiko für die typischen Jahrgänge, in denen die Ratenkreditrückzahlung erfolgt, eher gering ist.

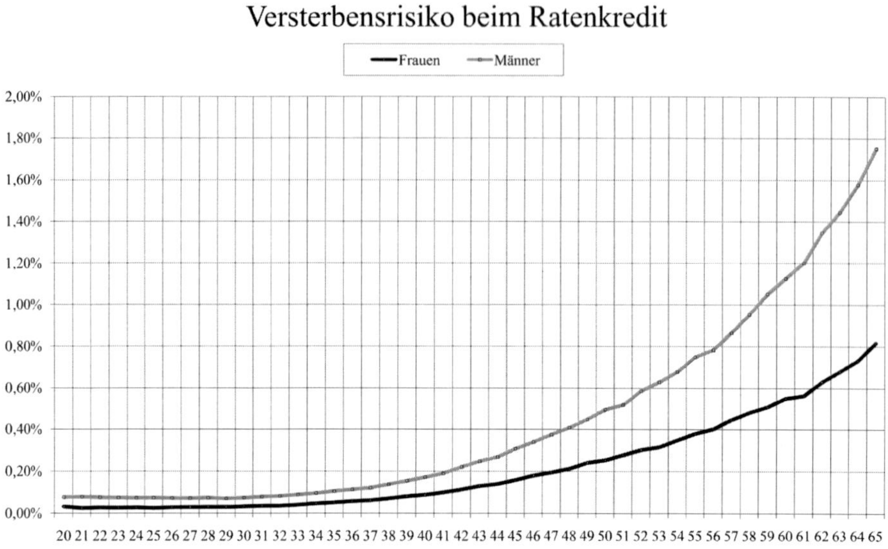

Versterbensrisiko beim Ratenkredit

Abbildung 37: Ablebensrisiko von Frauen und Männern.

Bis zum 47. Lebensjahr bleibt das Risiko bei Männern unter 0,4% und bei Frauen unter 0,2%. Für Laufzeiten bis zum Alter von 30 Jahren dürfte es im Prinzip gar keine Versicherungskosten geben.

Das Sterbefallrisiko der Statistik wird dabei von den Zahlen der Restschuldversicherung auf den Todesfall einschließlich der Arbeitsunfähigkeit noch weit unterboten. Nach den Statistiken des BAFIN wird nur bei einer Quote von 0,21% der Versicherten für die Erben die Versicherungssumme ausgeschüttet. Dies bedeutet, dass 99,79% „umsonst" Versicherungsprämien bezahlen.

Grund hierfür ist einmal die weitere Selektion wie aber auch die Ausschlussklauseln, die einen Risikoausschluss für viele eher langfristige Ursachen des Todes vorsehen.

Gleichwohl lässt sich eine solche Versicherung relativ gut vermarkten, wie die Kapitallebensversicherung deutlich gemacht hat, die als Vehikel für den Verkauf dieser Sparverträge die Angst vor den Folgen des Todes für Angehörige nutzt. Grund ist der in der Versicherungsliteratur diskutierte Effekt[145], dass Risiken anders wahrgenommen werden als sie tatsächlich auftreten.[146] Besonders für Risiken, für die wie beim Tode keinerlei Steuerungsmöglichkeiten existieren, werden Versicherungen verlangt. Dem liegt der Gedanke der gesellschaftlichen Risiken zugrunde, die auch über das Geldsystem vergesellschaftet werden sollen.

Daher wird die Versicherung des Todesfallrisikos selbst bei jüngeren Haushalten auf eine entsprechende Nachfrage treffen.

Aber auch hier ist fraglich, ob es sich wirklich um ein versichertes Ereignis handelt. Tatsächlich entsteht ja durch den Tod kein versicherbarer Schaden. Vielmehr ist der Tod des Hauptkreditnehmers ein Ereignis, dass das Haushaltseinkommen der verbliebenen Kreditnehmer entscheidend reduziert. Dies

---

[145] Vgl. *Bayerische Rück* (Hrsg.), Risiko ist ein Konstrukt. Wahrnehmungen zur Risikowahrnehmung, Knesebeck 1993.

[146] Diskutiert wird dabei immer der Vergleich zwischen einem Flugzeugabsturz und dem Überqueren eines Zebrastreifens, wobei Letzteres ein weit höheres Risiko birgt, aber als Versicherung nicht verkäuflich wäre.

ist auch das eigentliche Risiko, dass die Kreditnehmer versichert haben möchten.

Es geht ihnen nicht darum, ihr Erbe zu entschulden. Wäre dies ein allgemeines Anliegen, so würde die Risikolebensversicherung, die weniger als die Restschuldversicherung verkauft wird, erheblich an Bedeutung gewinnen. Im Ergebnis liegt es daher nahe, auch die Kreditlebensversicherung aus der Perspektive der Liquiditätssicherung nach dem Sterbefall zu sehen und nur dort, wo keine andere Liquidität vorhanden ist, versicherungstechnisch einzuspringen.

1.3.3.2 Überschuldungspotenzial durch höhere Verschuldung

Bei den Überschuldungsgründen wird häufig das niedrige Einkommen als Überschuldungsgrund angegeben. Soweit damit nicht ein Einkommensabfall gemeint ist, wird dabei suggeriert, Armut führe zu Kreditausfällen. Dies ist jedoch zu relativieren. Kredite werden zumindest in Deutschland weitgehend einkommensbezogen vergeben. Arme sind damit relativ gesehen nicht unbedingt stärker verschuldet als mittlere Einkommensschichten. Die durchschnittliche Kredithöhe ist bei ihnen daher auch entsprechend geringer. Das eigentliche Problem liegt jedoch bei ihnen darin, dass sie eine Kreditform am wenigsten vertragen können, die ihre höheren Liquiditätsschwankungen nicht berücksichtigt.

40% der Haushalte haben in Deutschland eine negative Sparquote[147], d.h., sie nehmen mehr Kredit auf, als sie ansparen. Dies liegt überwiegend daran, dass ihr Einkommen relativ niedrig ist und keinen regelmäßigen Überschuss er-

---

[147]   Siehe den Reichtums- und Armutsbericht der Bundesregierung 2006.

wirtschaftet, andererseits ist diese Kreditaufnahme auch für Altersgruppen typisch, in denen etwa zwischen 25 und 35 Jahren mehr Haushaltsinvestitionen (insbesondere PKW) erforderlich sind, die sich erst später amortisieren. Die SCHUFA zeigt die Verteilung der Kreditbelastung mit folgender Grafik an.

Kreditbelastung nach Alter

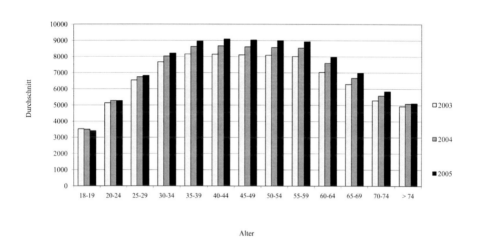

Abbildung 38: Konsumkreditaufnahme nach Alter, Quelle: SCHUFA.

Eine genaue Aufschlüsselung über die soziale Verteilung von Konsumkrediten liegt nicht vor. Das sozioökonomische Panel befragt allerdings jährlich Haushalte auch danach, ob sie an Konsumkrediten abzahlen, und kommt dabei auf einen Satz von 35%, auf den die Kurve etwa ab einem Alter bis 30 Jahre ansteigt und von dem sie nach dem Erreichen der Grenze von 40 Jahren wieder fällt.

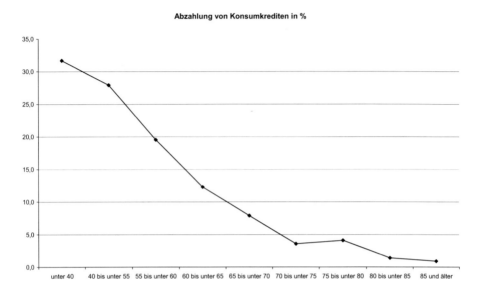

Abbildung 39: Haushalte mit Abzahlung im Konsumkredit nach Alter (SOEP Daten 2005).

Der Prozentsatz ist dabei ebenso stetig gestiegen wie das Volumen an Konsumkrediten[148] insgesamt. Dies würde die Liquidität im Prinzip nicht beeinträchtigen, wenn mit mehr Ratenzahlungen zugleich auch das Einkommen entsprechend gestiegen wäre. Tatsächlich ist die Verschuldung aber überproportional zum verfügbaren Jahreseinkommen gestiegen. Nach einer überschlägigen Verteilung der bankmäßigen Konsumentenkredite allein auf

---

[148]   s.o. Tabelle.

die verschuldeten Haushalte ergibt sich, dass von 1978 auf 2006 ist der Prozentsatz von 15% auf 26% (Säulen) gestiegen. Die durchschnittliche Verschuldung der Haushalte stieg von 6.200 auf 18.100 € pro Haushalt.

Kreditverschuldung pro Haushalt
1978 - 2005

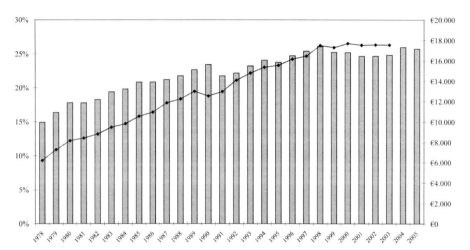

Abbildung 40: Haushaltsverschuldung im Konsumkredit und verfügbares Einkommen.

Damit haben sich nicht die Ausgaben, sondern vor allem die Ausgabenstrukturen geändert, die ohne Kredit immer weniger denkbar sind. Dass hier erhebliches weiteres Potenzial besteht, zeigt die höhere Verschuldung in Großbritannien, den USA aber auch in Norwegen und Schweden.[149]

Die objektiven Gründe für den steigenden Kreditbedarf erklären sich insgesamt aus einer steigenden Investitionsnotwendigkeit privater Haushalte. Individualisierung bei gleichzeitiger Vergesellschaftung von Konsumprozessen, höherer Kapitalbedarf in der Konsumsphäre und der Ersatz direkter Kooperations- und Unterstützungsbeziehungen (Familie, Sippe, Erbe) durch Geldbeziehungen auf der Ausgabenseite sowie unstetere Erwerbsbiografien beim Einkommen sind die allgemeinen Gründe, die sich aus der Sicht der Kreditnehmer vor allem in der Altersgruppe zwischen 20 und 40 Jahren wie folgt darstellen:

- Selbstständigkeit von der Familie muss selbst finanziert werden. Erbschaften fallen später an, elterliche Hilfe ist eingeschränkt.

- Langlebige Konsumgüter wie insbesondere Kraftfahrzeuge (50% der Finanzierungen), aber auch Computer, Haushaltsgeräte, Möbel sind Teil des notwendigen Konsums geworden und müssen selbst beschafft und ihre zukünftige Nutzung vorfinanziert werden.

- Die Kosten für Bildung und Erziehung (Studium, Kindergarten, Konsum der Kinder, eigene Fortbildung) steigen und müssen tendenziell von den Betroffenen selber getragen werden, wodurch im Lebenszyklus die Verbraucher im Alter zwischen 25 und 35 Jahren eine negative Liquidität aufweisen.

---

[149] Vgl. dazu *Selosse*, Consumer Credit in Europe (1990-2005) ECRI Statistical Package 2006, ECRI Brüssel Nov. 2006
http://shop.ceps.be/BookDetail.php?item_id=1403.

- Der hohe Kapitalbedarf bei Haushaltsgründung sowie der Abbau traditioneller Kapitalversorgungsmechanismen (Ausstattung, Mitgift) machen Ansparprozesse schwierig bis unmöglich. Im Ergebnis ist der „Notgroschen", mit dem kurzfristige Liquiditätsabfälle ausgeglichen wurden,[150] weggefallen und wird in Deutschland durch kurzfristige Kredite (Überziehungskredit/Kreditkarte) und in England durch Kreditkarte und Payday Loans ersetzt.

1.3.3.3 Kundenwahrnehmung der Liquiditätsrisiken

Kundennachfrage wird nicht unmittelbar durch das Kundenbedürfnis, sondern durch die Kundenwünsche gesteuert, d.h. durch das, was der Kunde selber als sein Bedürfnis einschätzt. Deshalb ist es durchaus zutreffend, dass die Kreditnehmer, die objektiv überteuerte und häufig unsinnige Restschuldversicherungen abgeschlossen haben, dieses häufig auch „wollten".

Nach einer Umfrage der Finaccord vom August 2006[151] hielten 97% der Befragte die von ihnen abgeschlossene Restschuldversicherung für „wichtig". 65,4% gaben, dass sie „diese Versicherung als wichtig und wertvoll" einstuften. Weitere 31,6% hielten sie für wichtig, aber überteuert. Nur 2,9% hatten vor diese zu kündigen. Nach dieser Umfrage wollen viermal mehr Kunden ihre Baufinanzierung als ihre Kreditkartenrückzahlungen damit

---

[150] In den Haushaltsuntersuchungen der 50er Jahre wurden noch Beträge von 2000.- DM von den Befragten als nicht verfügbare und unantastbare Notgroschen angesehen. Sie waren die traditionelle Liquiditätsreserve auch in den unteren Schichten.

[151] *Creditor Metrics*, Verbrauchereinstellung zu Restschuld- und Zahlungsunfähigkeitsversicherungen in Deutschland – Berichtsprospekt London August 2006 (Finaccord Ltd. Jubilee Business Centre, Exeter Road London NW2 3UF).

sichern, wobei allerdings die Berufsunfähigkeit und Arbeitslosigkeit eher beim Verbraucherkredit eine Rolle spielt.

Da diese Umfrage offensichtlich nicht nach Restschuldversicherungen differenziert, sodass sehr billige und sehr teure Versicherungen zusammen abgefragt werden, ferner nicht zwischen der soziologisch gesehen sehr unterschiedlichen Klientel von Baufinanzierung und Konsumkredit unterscheidet, die sich im Wesentlichen wechselseitig ausschließen und auch das jeweilige Informationsniveau über die öffentliche Kritik nicht mit abgefragt wurde, sind die Ergebnisse wohl kaum verwertbar.

Auch eine Umfrage der Cardif Versicherung[152] kommt zu dem Ergebnis, dass die Kreditnehmer die bestehende Restschuldversicherung als adäquate Antwort auf ihre Furcht vor zukünftigen Zahlungsschwierigkeiten ansehen. Bei 31% der Befragten, die bereits einmal Zahlungsschwierigkeiten hatten, ist die Furcht begründet. 59% der Befragten fanden die RSV adäquat zur Absicherung von Zahlungsschwierigkeiten. In der Baufinanzierung waren es sogar 82%, beim Autokauf 41% und bei der Kontoüberziehung aber nur 25%. Gerade junge Erwachsene im Alter zwischen 25 bis 34 Jahren unterstützen diese Einschätzung zu 81%, was angesichts der Dominanz der Lebensversicherung in der RSV erhebliche Unkenntnis vermuten lässt.

Die hohe Zustimmung zur aktuellen RSV dürfte erheblich abnehmen, wenn mehr Information und vor allem alternative Angebote auf dem Markt sind, die dem grundlegenden Bedürfnis nach Sicherheit nicht nur durch ein

---

[152] Repräsentative Befragung von 1000 Personen ab 18 Jahre, Stuttgart 7.11.2005 „Ergebnis der Cardif-Studie: Jeder dritte Deutsche hatte schon einmal Schwierigkeiten bei der Zahlung der monatlichen Kreditraten".

Produkt, sondern durch eine Vielfalt von Lösungsmöglichkeiten entgegen-kommt.

Das eigentliche Kundeninteresse bezieht sich nämlich, wie insbesondere die Cardif-Umfrage deutlich macht, die die Fragen nach der Restschuldver-sicherung in den Kontext von Fragen nach Kreditaufnahme und Zahlungs-schwierigkeiten eingebettet hat, auf die Vermeidung von Überschuldung. Dass die RSV in ihrer aktuellen Form nur sehr peripher hierzu einen Beitrag leistet und die statistisch signifikanten Probleme nicht löst, kann erst durch Aufklärungsarbeit vermittelt werden. Dabei hilft die Öffentlichkeit, die zu-nehmend die eigentlichen Ursachen der Überschuldung in den Liquiditäts-problemen sieht.

Die Sorge um die Überschuldung hat erheblich zugenommen und die Nach-frage nach Informationen zum Überschuldungsrisiko steigt. Das Presseecho auf den bereits zum dritten Mal veröffentlichten SCHUFA-Schuldenkompass ist nach wie vor hoch. Über 600.000 Einträge verzeichnet Google zum Be-griff „Überschuldung". Creditreform bringt einen eigenen Überschuldungs-report heraus. Verbraucher- und Wohlfahrtsverbände haben in ihrem vierten vom iff redigierten Schuldenreport 2006 Ursachen und Abhilfen diskutiert. Das iff wertet bereits zum zweiten Mal die Daten der Schuldnerberatungs-stellen in seinem Überschuldungsreport 2007 aus.

Immer mehr Ratgeber auf dem Internet befassen sich mit diesem Thema[153], das auch zunehmend in den Schulunterricht eingeführt wird. Bei einer Um-

---

[153] Vgl. z. B. bei www.akademie.de: „Über drei Millionen Haushalte sind über-schuldet. Hier finden Sie Praxis-Tipps und Ratgeber, um sich aktiv aus der Finanz-Krise zu steuern: Was tun bei eidesstattlicher Versicherung oder Ver-

frage der HypoVereinsbank bei Hypothekenkunden wurde an vierter Stelle bei den Erwartungen gegenüber dem Kreditgeber genannt, dass man schon beim Abschluss Informationen zum Bankverhalten in der Krise wünsche.

Die Angst vor wachsender Überschuldung hat in der Schweiz (und voraussichtlich demnächst in den Niederlanden) bereits zu drastischen gesetzgeberischen Beschränkungen der Kreditvergabe geführt. Auch in Frankreich überwiegt die Einschätzung, dass die Überschuldung nicht eine Folge von Liquiditätsproblemen verschuldeter Haushalte, sondern eine Folge der Verschuldung selber ist, sodass eine Sanktionierung der Kreditgeber zu vorsichtigerer Kreditvergabe („verantwortliche Kreditvergabe") motivieren würde, was wiederum die Überschuldung reduzieren würde.

Diese Annahme dürfte falsch sein. Kredite verhindern auch Überschuldung, sodass ihr Abbau die Überschuldung insgesamt erhöhen könnte. Daher ist der Versicherungsansatz zu bevorzugen, der in der Öffentlichkeit deutlich macht, dass über ein kompetentes Risikomanagement auch bei steigender Kreditvergabe die Überschuldungsfolgen in Grenzen gehalten werden können. Bereits die Einführung der Restschuldbefreiung und der Verbraucherinsolvenz hat hier für die Extremfälle (weniger als 100.000 Verfahren stehen einer geschätzten Überschuldungszahl von 4 Mio. Haushalten gegenüber) einen Ansatz gefunden, der allein die Überschuldung, nicht aber die Verschuldung durch Kredite bekämpft.

Die Öffentlichkeit ist hier weiter gespalten. Insbesondere die obere Hälfte der Bevölkerung, die „Sparertypen" tendiert dazu, ihre eigene Situation als

---

weigerung des Girokontos? Weitere Beiträge folgen in Kürze: Lohnpfändung, Kontopfändung, Wege zur Restschuldbefreiung für Selbstständige."

Problemlösung darzustellen. Würden keine Kredite aufgenommen, so gäbe es keine Überschuldung. Sie übersehen dabei, dass die andere Hälfte der Bevölkerung erst über Kredite an den Möglichkeiten produktiven Konsums teilnehmen kann.

Überträgt man diese Problematik auf die geäußerten Kundenbedürfnisse, so wird man jedoch feststellen, dass auch „Kredittypen" diese für sie unrealistische Einstellung pflegen. Sie äußern in Befragungen, dass zu viel Kredit aufgenommen würde, und geben in Fernsehsendungen zu, dass sie sich übernommen hätten -selbst wo die Ursachen eindeutig in nicht vorhersehbaren späteren Ereignissen lagen.[154] Insbesondere im Thema „Jugendverschuldung" wird durch teilweise extrem verzerrte Darstellung der Realität[155] suggeriert, die Entwicklung des Konsumkredits sei eine Folge von Überkonsum und Leichtsinn statt eine Folge veränderter wirtschaftlicher Rahmenbedingungen der Konsumtion.

Durch eine konstruktive Verbraucherbildung[156] und Werbung sowie ein aktives Risikomanagement für die Kunden sollte es der Deutschen Bank möglich sein, die Kundenwünsche nach mehr Kredit zu entideologisieren und dabei die Nachfrage auf Angebote zu lenken, die unmittelbar die Überschuldung ansprechen und nicht bei der Verschuldung verharren. Hierzu aber

---

[154] Vgl. dazu den Kommentar zur Talkshow im Ersten Fernsehen „Volkes Stimme bei Maischberger: Die ARD-Talkshow misshandelte das Thema Überschuldung am 6.9.2006" http://news.iff-hh.de/index.php?id=1976&viewid=38452.

[155] Dazu siehe Reifner, Mythos Jugendverschuldung, http://www.verantwortliche-kreditvergabe.net/index.php?id=1976&viewid=39386.

[156] Siehe zu einem solchen kreditbasierten Ansatz das Projekt www.schuelerbanking.de des iff in 100 Hamburger Schulen.

müssen die Liquiditätsprobleme der Haushalte im Ratenkredit studiert und ernst genommen werden. Das aktuelle Angebot der RSV dürfte dagegen zu Recht eher als ein Ausnutzen dieser Ängste denn als ein bewusstes Eingehen auf diese Ängste darstellen.

1.4 Ausblick: Reform der Restschuldversicherung

1.4.1 Reformbedürftige Elemente der bestehenden Restschuldversicherungsprodukte

1.4.1.1 Die RSV ist eine Konkursausfallversicherung der Bank statt eines Liquiditätsschutzes für den Kunden

Es wird die die Restschuld versichert, die bei der Liquiditätsvorsorge des Kunden nicht als fällig vorausgesetzt wurde. Damit wird nicht der Kundenwunsch, sondern das Ausfallrisiko der Bank angesprochen.

Auch die versicherten Risiken machen dies deutlich. Statt die häufigsten Liquiditätsrisiken zu sichern, wird überwiegend der Todesfall versichert, hinter dem sich liquiditätstechnisch die Zahlungspflicht von mithaftenden Familienangehörigen verbirgt.

1.4.1.2 Die RSV schützt falsch

Die RSV setzt, soweit sie die „Restschuld" anspricht, eine Kündigung voraus und schützt dann vor den Folgen dieser Kündigung. Sie unterstellt, dass Liquiditätsprobleme zur Kreditbeendigung führen müssen, obwohl bereits Arbeitsunfähigkeit und Arbeitslosigkeit gar nicht die Restschuld sondern das Einkommen versichern.

Die RSV schützt nicht die Liquidität des Kunden, sondern u.U. weit mehr und führt damit zu einer unsinnigen Kundenbereicherung. Zum einen wird die Rate unabhängig von der Dauer des tatsächlichen Liquiditätsverlustes übernommen, zum anderen wird die volle Rate auch dann übernommen, wenn dies nicht notwendig ist.

173

1.4.1.3 Die RSV ist intransparent, überraschend und übervorteilend

Die RSV hat in Deutschland eine Prämienvorauszahlungspflicht, die eine marktwidrige Schlechterstellung dieser Versicherungsnehmer bedeutet. Die USA und England zeigen, dass dies nicht notwendig ist. Im Vergleich zu allen anderen Versicherungen ist dieses System anachronistisch.

Bei der RSV werden dem Verbraucher keine Auswahl und kein Vergleich ermöglicht.

Das System der versteckten Innenprovisionen macht sich dies bewusst zunutze, indem auf diesem Wege Kreditkosten umgeleitet und damit unsichtbar gemacht werden.

1.4.1.4 Die RSV wird sich weder öffentlich noch aus rechtlichen Gründen unverändert weiter betreiben lassen

Die bisherige Praxis vor allem einiger Banken stößt zunehmend in der Öffentlichkeit auf Unverständnis und gefährdet den Ruf der Kreditwirtschaft insgesamt. Die ersten Mitbewerber haben dies als Chance erkannt, sich insgesamt durch ein aktives Eingehen auf die Missstände in der Öffentlichkeit zu profilieren. Umso stärker die sozial- und verbraucherpolitische Diskussion wird, umso erfolgreicher dürfte diese Strategie sein, bei der bereits jetzt die Presse zwischen „guten" und „schlechten" Banken unterscheidet.

Es bestehen sowohl auf EU-Ebene als auch auf nationaler Ebene umfangreiche Überlegungen, die insgesamt als unbefriedigend empfundene Effizienz der Regeln zu Wucher, Preisklarheit und Preiswahrheit sowie zum Wettbewerb zu verbessern. Es ist dabei sogar wahrscheinlich, dass die Gerichte dem wie schon in den 80ziger Jahren in Deutschland zuvorkommen und damit auch rückwirkend die bisherige Praxis für rechtswidrig erklären. Dies könnte für diejenigen, die nicht rechtzeitig reagieren, ähnliche Probleme wie bei der Sittenwidrigkeit von Ratenkrediten, bei der Tilgungsverrechnung sowie bei der Disagiorückrechnung haben, wo allein der verwaltungsmäßige Aufwand für die Kundenbeschwerden erhebliche Kosten verursacht hat.

1.4.2 Grundsätze für ein neues Produkt

- Ein neues Produkt sollte die Kosten der Bank bei Zahlungsstörungen vermindern, dem Kunden das Gefühl der Zusammenarbeit mit der Bank in der Krise vermitteln und seine wirklichen Probleme betreffen sowie Anreize zur eigenen Problembewältigung enthalten.

- Die RSV sollte als PPI (Payment Protection Insurance) die Zahlungsfähigkeit des Kreditnehmers in unverschuldeten und temporären Krisen schützen.

- Schutzgut ist das für die Ratenzahlung vertraglich vorgesehene verfügbare Einkommen. Unvorhergesehene Ausgaben sollten dagegen nicht versichert werden.

- Die PPI muss Risiken betreffen, die objektiv, häufig und temporär sind. Hierzu gehören insbesondere Arbeitslosigkeit, Ehescheidung, Krankheit/Arbeitsunfähigkeit und Todesfolgen für mithaftende Ehegatten.

- Die Risiken sollten nur ab dem Zeitpunkt und so lange und nur in dem Ausmaß als Ratenzahlung versichert sein, wie dies notwendig ist.

- Soziologische Unterschiede der Risiken sollten nicht nur in der Prämienhöhe, sondern auch in der Art der angebotenen Versicherung bzw. der sie begleitenden Maßnahmen berücksichtigt werden.

- Die PPI muss mit der kreditrechtlichen Behandlung von Zahlungs-schwierigkeiten abgestimmt werden. Sie muss Teil der Maßnahmen zur Gewinnung von Kundenvertrauen werden.

- Die PPI muss Anreizsysteme sowohl zur Vorsorge wie auch zur nachträglichen Verminderung der Ausfallkosten schaffen.

2. Teil: Produktentwicklung zu einer Payment Protection Insurance

Der deutsche Markt setzt an der RSV überwiegend als Lebensversicherung an und sieht darin („Restschuld") eine Sicherung vor Insolvenz nach Vertragsbeendigung. Zusätzliche Produktvarianten auf dem deutschen Markt wie die Arbeitsunfähigkeitsversicherung sind oft unzureichend und gelten als überteuert und intransparent. Demgegenüber ist der angelsächsische Markt mit dem Begriff „Payment Protection" zum Ansatz der Liquiditätssicherung übergegangen. Nicht die Kündigung wird abgesichert, sondern vor der Kündigung soll geschützt werden. Dies ist, was Kunden erwarten und der Markt zurzeit entwickelt (siehe Norisbank: „Kredit mit Sicherheitsgurt", der allerdings inhaltlich eher eine Mogelpackung ist).

Mit dem Slogan „Transparenz und Sicherheit" muss daher der Liquiditätssicherungsaspekt in den Vordergrund gestellt werden. Dazu ist darzustellen, welche Liquiditätsgefährdungen auftreten können (soziologische Analyse entsprechender Erhebungen), wie der Kreditgeber darauf reagieren kann und welches Versicherungsprodukt hierzu passend die Liquidität optimal und vor allem sichtbar im Voraus sichern hilft. Dazu sollen Elemente einer Payment Protection Insurance (PPI) entwickelt, neue Risiken einbezogen, flankierende Krisenberatung erwogen und im Kreditprodukt eventuell Mechanismen eingebaut werden, die die anderen Instrumente unterstützen. Im Einzelnen geht es dabei voraussichtlich um:

- Flexibilisierung der Kreditrückzahlung evtl. mit Zusatzkreditaufnahme; Einbeziehung von Krisenberatung evtl. durch externe Vertraute per Hotline

177

- Aufspaltung der LV in freie Risikolebensversicherung (Cross-Selling) und integrierte PPI

- Markenzeichenentwicklung von Kredit und Sicherheit.

Die KKV ist eine Versicherung mit laufender Prämienzahlung, die einen Ansparvorgang in der Weise mit einer Risikoversicherung verbindet, dass die Kreditraten für den Zeitraum gesichert werden, in dem es aufseiten des Kunden zu unverschuldeten Zahlungsschwierigkeiten aufgrund von Tod, Trennung, Arbeitslosigkeit und Krankheit kommt. Juristisch handelt es sich um einen schuldrechtlichen Vertrag, in dem sich der Versicherer nach § 1 des Versicherungsvertragsgesetzes (VVG) verpflichtet, das Risiko des Zahlungsausfalls des Versicherungsnehmers gegenüber der Bank im vertragsgemäßen Umfang abzusichern und bei Eintritt des vereinbarten Versicherungsfalles zu erbringen hat, wobei der Versicherungsnehmer verpflichtet ist, an den Versicherer die vereinbarte Prämie zu leisten. Außerdem erfolgt ein Ansparvorgang in der Versicherung, die dort zu Überschüssen führt, die dem Versicherten auszuzahlen sind, soweit sie nicht zur Risikodeckung verwendet werden mussten.

Als Antwort auf die vielfältigen Probleme bei Restschuldversicherungen bei Recht, Behandlung, Image und Effizienz zur Überbrückung von Liquiditätskrisen schlägt das iff eine Kapitalkreditversicherung vor, die nach dem Modell der Kapitallebensversicherung aus Spar- und Versicherungselementen besteht und spezifisch auf die statistisch häufigsten Finanz- und Liquiditätskrisen von Kreditnehmern reagiert.

2.1 Anforderungsprofil

2.1.1 Ziele

Hauptziel der Kapitalkreditversicherung ist der Erhalt der Zahlungsfähigkeit und damit der Rückgewähr der Darlehensraten in finanziellen Krisen des Kreditnehmers, womit zum einen die Überschuldung des Kreditnehmers mit ihren vielgestaltigen negativen Folgen vermieden wird und zum anderen das Erfüllungsinteresse des Kreditgebers auf die Verzinsung und Tilgung des ausgereichten Kapitals vollständig gesichert wird.

Nach einer aktuellen Studie sind zwischen 15 und 27% der Haushalte mit Konsumentenkrediten überschuldet.[157] Ideal für die Verbraucher wäre eine Versicherung, die ohne Berücksichtigung von Grund und Dauer der Zahlungsschwierigkeiten bei Liquiditätsengpässen einspringt und die Kreditraten vollständig und unbegrenzt übernimmt. Die Kreditausfallquote ließe sich durch eine solche Versicherung theoretisch auf null senken und die Anzahl überschuldeter Haushalte massiv reduzieren. Eine solche „vollständige" Versicherung ist jedoch aus mehreren Gründen nicht praktikabel: Zum einen ist sie zu teuer, da das gesamte Volumen aller ausfallenden Raten abgedeckt werden müsste. Weiterhin ist aus der Überschuldungsforschung bekannt, dass Überschuldung in einem Teil der Fälle durch irrationales Verhalten der betroffenen Kreditnehmer bedingt ist (je nach Schätzung etwa 20%). Es wäre Kunden nicht vermittelbar, dass durch ihre Prämien im Wege des Solidaritätsprinzips auch solche Haushalte, bei denen individuell vorwerfbares Ver-

---

[157] *Zimmermann*, in: Schufa-Schuldenkompass 2007, S. 104f.

halten Ursache der Liquiditätskrise ist, Versicherungsleistungen erhalten sollen. Bei einer Totalversicherung bestünde zudem die Gefahr der Selektion und Akkumulation gerade dieser Fälle bei einem einzelnen Kreditinstitut, was die Kosten der Versicherung weiter steigern und daneben die Akzeptanz des Produkts reduzieren würde. Zudem würde ein Anreiz geschaffen, auch bei an und für sich vorhandener Leistungsfähigkeit den Versicherungsfall herbeizuführen oder die Krise und Zahlungsunfähigkeit mutwillig herbeizuführen.

Daraus ergibt sich fast zwangsläufig, dass eine bezahlbare und zugleich wirkungsvolle Versicherung der Kreditrisiken auf unverschuldete Liquiditätskrisen zu begrenzen ist. Somit wird eine Prüfung der Ursache des Liquiditätsengpasses notwendig. Angesichts des Massengeschäfts und der Prozessabläufe muss diese Prüfung möglichst standardisiert und automatisiert erfolgen können. Hieraus ergibt sich eine weitere Einschränkung der Versicherung: Es lassen sich nur die statistisch fassbaren und häufigsten Risiken für Zahlungsausfälle versichern, nicht aber untypische Verläufe und schwer erfassbare Risiken.

Ein weiteres Ziel der Versicherung muss es sein, diese möglichst kostengünstig für die Kunden zu gestalten. Konsumentenkreditkunden haben einen aktuellen Liquiditätsbedarf und sind daher auf kostengünstige Produkte angewiesen. Die Kalkulation der Versicherung wird durch die Quote der Versicherungsfälle, die Höhe und Dauer der Versicherungsleistungen und durch Provisionen bestimmt. Die Eintrittswahrscheinlichkeiten der Versicherungsfälle lassen sich nicht steuern, da sie von Faktoren abhängen, auf die der Anbieter keinen oder nur einen sehr begrenzten Einfluss hat. Die Höhe und die Dauer der Leistungen können aber durch die Gestaltung der Versicherungsbedingungen gesteuert werden. Denn trotz der Einschränkung der Versicherung auf objektive Ausfallrisiken werden Liquiditätsverläufe und der Liquiditätsbedarf nach Eintritt des kritischen Ereignisses auch vom Verhalten der Betroffenen mitbestimmt. Ist etwa die Arbeitslosigkeit Ursache des Liquiditätsproblems, kommt es für den weiteren Liquiditätsverlauf neben anderen Umständen auch auf das Bemühen des Betroffenen an, eine neue Stelle zu finden. Ist noch weiteres Vermögen in der Familie vorhanden, so kommt es für den weiteren Liquiditätsverlauf auch auf die Anstrengung des Kreditnehmers an, dieses zur Bedienung der Raten einzusetzen. Daher empfiehlt es sich auch bei einer Versicherung, die sich auf objektive Risiken beschränkt, Anreizsysteme zu bieten, um die Betroffenen zu einem risikoaversen und schadensminimierenden Verhalten zu veranlassen. Schließlich sollte sich ein Anbieter, auch aus den im ersten Teil bereits dargestellten rechtlichen Risiken, auf die Kalkulation mit der bisherigen Marktlage vergleichsweise moderaten Provisionen beschränken.

Neben dem Zinsinteresse besteht das für den Kreditanbieter vorrangige Ziel bislang vielfach in dem Ertrag aus den Provisionszahlungen der zu dem Kredit geschlossenen Versicherung. Dieses Ziel der Bank steht dem eben genannten Ziel der kostengünstigen Kalkulation der Prämie nur vordergründig entgegen. Die Einführung einer sinnvollen Kapitalkreditversicherung würde zu einer Zunahme des Geschäftsvolumens, und zwar nicht nur hinsichtlich des Versicherungsgeschäfts, führen. Ließe sich durch die Einführung der Kapitalkreditversicherung die Zahlungsfähigkeit einer beachtlichen Kundengruppe in der Liquiditätskrise erhalten, hätte dies im Hinblick auf das Kreditgeschäft mit den Betroffenen und zudem mit weiteren potenziellen Kunden positive Auswirkungen. Den Kunden in der Krise würde geholfen, was ihr Vertrauen in - und damit ihre Bindung an das Kreditinstitut - steigern würde. In einem Teil der Fälle könnte die Krisensituation insgesamt überwunden werden. Solche Haushalte würden als Wirtschaftssubjekte nicht ausfallen und hätten nach Stabilisierung der wirtschaftlichen Situation wieder Bedarf an Finanzdienstleistungen, den Sie aufgrund der positiven Erfahrungen und der starken Kundenbindung beim ursprünglichen Anbieter decken würden. Auf diese Weise ließen sich Kundengruppen erhalten, die der Bank anderenfalls verloren gingen. Daneben würden die positiven Erfahrungen der betroffenen Kunden zur Erschließung weiterer Kundengruppen führen. Aus verschiedenen Studien ist bekannt, dass ein Teil der Verbraucher gerade aus Angst vor Überschuldung vor einer Kreditaufnahme zurückschreckt. Das positive Beispiel eines Kredits mit einer Versicherung, die im Krisenfall wirklich hilft und die Kosten zugleich im Rahmen hält, würde der Bank den Zugang zu jenen Kunden eröffnen, die sonst von einer Kreditaufnahme überhaupt oder mangels ausreichender Sicherheiten Abstand nehmen. Der Ertragsausfall durch die vergleichsweise moderaten Provisionshöhen ließe sich durch eine Steigerung des Gesamtgeschäfts ausgleichen.

2.1.2 Risiken

Wie eben gezeigt sind allein die statistisch fassbaren objektiven Risiken, die zu Liquiditätsengpässen führen, bei der Kapitalkreditversicherung zu berücksichtigen. Diese liegen nach den einschlägigen Studien, die bereits im ersten Teil dieser Studie ausführlich dargestellt wurden, in dem Eintritt von Arbeitslosigkeit, Krankheit und Unfall sowie in der Scheidung und Trennung von Eheleuten, Lebenspartnern und Haushaltsgemeinschaften. Alle genannten Risiken führen überwiegend zu lediglich temporären Zahlungsschwierigkeiten. Während Arbeitslosigkeit, Krankheit und Unfall Auswirkungen auf die Einkommenssituation eines in seinem Bedarf unveränderten Haushalts haben, kommt es bei Scheidung und Trennung zu einer Aufspaltung des Haushalts und damit zusammenhängend zu einem Mehrbedarf bei gleich-

zeitig zunächst konstant bleibendem Einkommen. Betrachtet man das Netto-
äquivalenzeinkommen der einzelnen Personen, so ergeben sich in beiden
Kategorien Einbußen mit Auswirkungen auf die Zahlungsfähigkeit der ver-
pflichteten Kreditnehmer. Je nach Risikoart gibt es typische Liquiditätsverläufe nach Eintritt des Risikos, die hinsichtlich der Prämienkalkulation zu
berücksichtigen sind. Als Beispiel hierfür sei die Liquiditätseinbuße nach
Eintreten der Arbeitslosigkeit genannt, die in ihrer Höhe und in ihrem Zeitpunkt durch die einschlägigen Vorschriften des SGB II und SGB XII vorgegeben ist. Da sich die Vorgaben ändern, sind auch die entsprechenden Ver-
laufstypen regelmäßig zu überprüfen und gegebenenfalls anzupassen. Diese
Musterliquiditätsverläufe müssen ihre Entsprechung weiterhin in den Versicherungsbedingungen, etwa hinsichtlich der Eintrittspflicht der Versicherung, haben. Je präziser und vielschichtiger nach Musterverläufen unterschieden werden kann, desto eher wird die Versicherung den wahren Bedürf-
nissen des Versicherten gerecht werden. Auf der anderen Seite verbietet sich
eine zu feine Unterscheidung, da das Massengeschäft anderenfalls nicht mehr
praktikabel wäre. Als Kompromiss müssen die Versicherungsangebote den
wichtigsten, d.h. häufigsten Musterverläufen angepasst werden. Daneben
haben diese die Möglichkeit einer individuellen Steuerung durch den Kunden
in der Krise zu bieten. Die Musterverläufe geben somit feste Grenzen der
Versicherungsleistung vor, innerhalb derer der Betroffene selbst die
Möglichkeit der Feinregulierung hat.

Eine Sonderrolle gegenüber den genannten Risiken nimmt das Todesfallrisiko ein. Hier kommt eine Versicherung naturgemäß nicht mehr dem
Kreditnehmer zugute, sondern könnte lediglich ein Instrument im Interesse
der Erben und des Kreditinstituts sein. Weiterhin sind die wirtschaftlichen
Folgen, die der Tod eines Familienmitglieds für einen Haushalt zeitigt, nie
von vorübergehender Natur. Daher ist das Todesfallrisiko vom Ansatz anders

zu behandeln, als die vorher genannten Risiken. Das Todesfallrisiko ist daher nicht durch die Kapitalkreditversicherung, sondern durch eine herkömmliche Risikolebensversicherung abzusichern.

2.1.3 Schutzgut der KKV

Schutzgut der Kapitalkreditversicherung ist die Zahlungsfähigkeit des Kunden im Hinblick auf den Ratenkreditvertrag. Abgesichert aus Banksicht sind damit die wiederkehrenden, laufenden Zahlungsverpflichtungen des Kreditnehmers, d.h. seine fälligen Kreditraten. Abgesichert aus Kundensicht ist die Einkommens-Ausgaben-Relation des Haushalts für die Dauer der Kreditlaufzeit. Damit umfasst sind die berechtigte und vertraglich fest-gesetzte Einkommenserwartung und zudem das Vertrauen in den Bestand des Haushalts. Geschützt ist nur der Teil der Kreditrate, der tatsächlich nach Ein-tritt des Versicherungsfalls nicht mehr durch den Darlehensnehmer aus eigener Kraft zurückgezahlt werden kann. Da sich die Einkommens-Ausgaben-Relation auch nach Eintritt des Versicherungsfalls noch flexibel ändern kann, passt sich auch die Versicherung flexibel dem tatsächlichen Bedarf an, leistet also lediglich so viel, wie nötig ist, um die gestörte Ein-kommens-Ausgaben-Relation im Hinblick auf den Konsumentenkredit aus-zugleichen. Dies entlastet die Versicherung von Zahlungen und kann sich günstig auf die Versicherungsprämienkalkulation auswirken.

2.1.4 Anreiz- und Kontrollsystem

Wie oben bereits dargestellt könnte der Schutz der Versicherung dazu führen, dass Versicherungsleistungen mehr als nötig in Anspruch genommen werden. Diese Gefahr ist, was den Eintritt des Versicherungsfalls betrifft, eher theoretisch: Niemand wird absichtlich oder fahrlässig seine Arbeitslosigkeit herbeiführen, niemand hat es in der Hand, krank zu werden, einen Unfall zu erleiden oder kann den eigenen Tod voraussagen. Im Hinblick auf die Trennung sind die Manipulationsmöglichkeiten zwar größer, aber angesichts der mannigfaltigen negativen Folgen und des Aufwands einer Trennung sind Manipulationen unwahrscheinlich. Anders sieht es bei der Dauer des Bezugs von Versicherungsleistungen im Fall des Versicherungseintritts aus. So hängt die Dauer der Arbeitslosigkeit auch von eigenen Problemlösungs-bemühungen des Kreditnehmers und seiner Familie ab. So richtet sich die Dauer der Arbeitslosigkeit unter anderem nach den Bemühungen des Versicherungsnehmers, eine neue Stelle zu finden. Ähnlich verhält es sich im Falle der Trennung oder Ehescheidung, bei der es entscheidend darauf ankommt, wie schnell der vorher erwerbslose Partner eine Arbeitsstelle findet. Um die Inanspruchnahme der Versicherungsleistung zu minimieren und Manipulationen einzudämmen, bietet das Produkt daher verschiedene Anreiz- und Kontrollsysteme. Hierzu gehört ein Anreizsystem dafür, Versicherungsleistungen so kurz wie möglich in Anspruch zu nehmen.

2.1.4.1 Vorsorgedepot

Die durch den Kreditnehmer zu erbringenden monatlichen Versicherungs-prämien enthalten jeweils einen Sparanteil und eine Versicherungsprämie. Der Sparanteil wird auf einem eigenen Konto des Versicherten bei der Versicherung geführt und diesem bei Ablauf der Versicherung verzinst im Ganzen erstattet, falls ein Versicherungsfall nicht eingetreten ist. Der Versicherte bildet somit im Laufe der Vertragslaufzeit ein eigenes Vorsorgedepot. Bei der KKV handelt es sich somit um eine Versicherungs-Spar-Kombination ähnlich einer Kapitallebensversicherung. Im Falle des Versicherungseintritts werden die monatlichen Leistungen nicht lediglich aus Mitteln der Versicherung, sondern zum Teil auch aus dem bereits angesparten Vorsorgedepot des Versicherten erbracht. Das Depot wird dabei nur anteilig genutzt, damit der Anreiz der Rückzahlung unverbrauchter Depotanteile nicht bereits nach wenigen Ratenzahlungen aufgebraucht ist. Der Anteil der Leistung aus dem Vorsorgedepot wird vom Versicherer als ein Prozentsatz der Rate festgelegt. Dies kann gruppenspezifisch aber auch pauschal erfolgen. Im Fall der Arbeitslosigkeit würde damit das Vorsorgedepot auf die Prämien eines Jahres aufzuteilen sein. Dauert der Versicherungsfall bis zur Höchstgrenze der vertraglich vorgesehenen Versicherungsleistungen an, so wird das Vorsorgedepot des Versicherten vollständig aufgebraucht. Zwischenzeitlich wird das Vorsorgedepot sogar „überzogen", d.h., die Versicherung springt für den Anteil, der erst später angespart werden soll, ein. Dieser Anteil fließt der Versicherung nach Beendigung des Versicherungsfalls aber wieder aus den laufenden Raten des Versicherten zu, der damit sein „überzogenes" Vorsorgedepot wieder ausgleicht. Erreicht der Versicherungsfall (auch wegen der Bemühungen des Kreditnehmers) nicht die Höchstbezugsdauer, dann verbleibt dem Versicherten ein Restbetrag im Vorsorgedepot, der weiter verzinslich bis zum Ende des Kreditvertrags angelegt wird.

2.1.4.2 Standardisierte Hilfestellungen und Beratung

Als weitere Anreizsysteme für die möglichst kurze Inanspruchnahme der Versicherung bietet sich eine standardisierte Beratung bei Kreditvergabe an, bei der die versicherten Risiken anhand von einfachen Informationsmaterialien dargestellt und erläutert werden, und die Bank bereits bei Abschluss der Versicherung Hilfestellungen im Krisenfall anbietet. Kommt es zum Versicherungsfall, stellt die Bank Informationsmaterialien zur Verfügung, in denen konkrete Lösungsmöglichkeiten und Hilfestellungen gegeben werden. Dies könnte für die Arbeitslosigkeit zum Beispiel eine

Broschüre: „Was tun bei Kündigung"[158] sein, in der Fragen zum Thema des Kündigungsschutzes und des Zugangs zu Sozialleistungen[159] behandelt werden. Solche Informationsmaterialien werden zum Teil bereits von staatlichen Institutionen oder Verbänden angeboten und müssten daher überwiegend nicht neu erstellt werden. Hier bieten sich Kooperationen an[160].

2.1.4.3 Kontrollmöglichkeiten

Die Kontrolle muss sich zum einen auf den Nachweis des Eintritts des Versicherungsfalls beziehen und zum anderen auf den Nachweis des Mehrbedarfs. In beiden Fällen muss auf einfach handhabbare Indikatoren zurückgegriffen werden. Im Falle der Arbeitslosigkeit sind dies der Nachweis der Kündigung und die Bestätigung des Antrags auf Arbeitslosengeld durch die Agentur für Arbeit. Das Antragsformular wird erst nach der förmlichen Arbeitslosmeldung herausgegeben. Im Fall der Ehescheidung sind dies die Ummeldung und der Bezug einer neuen Wohnung.[161] Die einzelnen Nachweise sind unten bei der Darstellung der Risiken wiedergegeben. Hinsichtlich des Nachweises der Höhe und der Dauer der Versicherungsleistung kommt es darauf an, inwieweit die Flexibilitätsanforderung des Produkts umgesetzt wird:

- Soll der Bedarf individuell bei Versicherungseintritt festgelegt werden,

---

[158] Vgl. hierzu zum Beispiel die entsprechende Broschüre des Arbeitnehmerschutzbundes, Download unter: www.arbeitnehmerschutzbund.de.

[159] Vgl. hierzu „Wegweiser durch die Arbeitslosigkeit" des Portals „Beamte4u".

[160] Beispielsweise mit dem Portal „Beamte4U", www.beamte4U.de.

[161] Vgl. zu den Nachweisen ausführlich unten unter 2.3.2.

dann ist nachzuweisen, inwieweit sich das Einkommen reduziert hat. Dies erfolgt durch Kontoauszüge, Gehaltsbescheinigungen etc.

- Soll der Bedarf nicht bei Versicherungseintritt individuell festgelegt werden, sondern steht er bereits bei Abschluss der Versicherung fest, dann bedarf es keines weiteren Nachweises des Abfalls des Einkommens bzw. des Mehrbedarfs des Haushalts. Dann reicht der oben genannte Nachweis des Eintritts des Versicherungsfalls aus.

2.1.5 Gruppengenauigkeit und individuelle Genauigkeit

Die Höhe der Leistungen und die mögliche Bezugsdauer müssen wie die zu versichernden Risiken bereits bei Vertragsschluss feststehen. Sie sind abhängig vom tatsächlich zu erwartenden Bedarf des Haushalts. Die Leistungen sind auch bei identischem versicherten Risiko bei verschiedenen Haushalten nicht notwendig identisch. Sie hängen ab von der individuellen Haushaltsökonomie der Versicherten und damit von der Haushaltsform, dem Alter, dem individuellen Konsumverhalten, von der Kredithöhe und von weiteren individuellen Faktoren und Besonderheiten. Vorgaben ergeben sich auch aus den Bestimmungen der KKV zur Leistungshöchstdauer und Leistungshöchstgrenze.

Um eine adäquate Versorgung der Versicherten mit Versicherungsleistungen zu gewährleisten, den Versicherten gegenüber bereits bei Abschluss des Versicherungsvertrags Angaben zur Höhe der möglichen Versicherungsleistungen machen zu können und um der Versicherung die Kalkulation der Versicherungsprämie zu ermöglichen, ist der theoretische Bedarf der Versicherten möglichst genau bereits bei Versicherungsabschluss zu ermitteln. Hierzu sind drei Wege möglich, die nachstehend beschrieben sind:

2.1.5.1 Festlegung auf einen standardisierten Leistungsbezug

Der Leistungsbezug lässt sich in hohem Maße standardisieren, indem der gezahlte Ratenanteil entsprechend durchschnittlichen Liquiditäts-berechnungen prozentual, Leistungseintritt und Leistungsdauer für alle gleich festgelegt werden.

2.1.5.2 Einordnung des Versicherten in einen Haushaltstypenkatalog

Es ist darüber hinaus aber auch eine genauere Leistungsbestimmung denkbar. Dem unterschiedlichen Bedarf und der unterschiedlichen Prämienkalkulation könnte mit Musterliquiditätsverläufen Rechnung getragen werden. Grundlage für eine Einordnung wäre ein **Haushaltstypenkatalog (sog. „Standard-Budgets")**[162]. Pro Haushaltstyp wird eine typische Einnahmen-Überschussrechnung vor und nach Eintritt des Versicherungsfalls hinterlegt, bei einzelnen Haushaltstypen würden also mehrere Risiken und die ent-sprechenden Liquiditätsverläufe angegeben.[163] Der Haushalt des Kredit-nehmers wird bei Abschluss des Versicherungsvertrags „seinem" Haushalts-

---

[162] Diese sind z. B. in den Niederlanden durch das Nationaal Instituut voor Budgetvoorlichting (NIBUD) für die holländische Bevölkerung erarbeitet worden und sind dort von den Banken als Grundlage ihrer scorecards bei der Kreditver-gabe zwingend zu nutzen. Rechenprogramm erhältlich unter http://www.nibud.nl/rekenprogrammas/.

[163] Die statistische Grundlage für die Erstellung der Haushaltstypen für Deutsch-land, die beispielhaft auch im Rechentool genutzt wurde, ist die Einkommens- und Verbraucherstichprobe (EVS), die alle 5 Jahre vom Statistischen Bundes-amt durchgeführt wird. Die neuesten Erhebungsergebnisse stammen aus dem Jahr 2003; die Ergebnisse für 2008 werden Ende des Jahres 2008 veröffent-licht. Die EVS dokumentiert das Einkommens- und Ausgabenverhalten deutscher Haushalte anhand einer Stichprobe von 50.000 Haushalten. Die Daten stehen wissenschaftlichen Einrichtungen als scientific files zur Verfügung.

typ zugeordnet. Anhand des gewählten Haushaltstyps und den hinterlegten Einnahme-Überschussrechnungen erfolgen dann die Berechnung der Versicherungsprämie und die Berechnung der Höhe der zu erwartenden Versicherungsleistungen. Diese werden dem Versicherten vorab mitgeteilt. Die Leistungen können hierbei in Prozent der Kreditrate oder absolut angegeben werden. Auch die Höchstbezugsdauer der Versicherungsleistungen wird mitgeteilt. Im Versicherungsfall genügt dann der Nachweis des Eintritts des versicherten Risikos für die Eintrittspflicht der Versicherung. Die Höhe der Versicherungsleistung wird dem Plan entnommen, der dem Musterhaushalt entspricht.

2.1.5.3 Individuelle Berechnung bei Vertragsschluss

Die individuellen Lebensverhältnisse des Kreditnehmers könnten darüber hinaus besonders gut durch eine individuelle Berechnung der Versicherungsleistung vor Eintritt des Risikofalls berücksichtigt werden. Hierzu müssten die individuellen Haushaltsdaten, wie bei Kreditvergabe üblich, vor Darlehensvertragsschluss aufgenommen und gespeichert werden. Die Datenaufnahme könnte auf die bereits vorhandene EDV-Technik der Deutschen Bank aufsetzen. Aus den Daten ergibt sich im Gegensatz zur typisierten Haushaltsrechnung (oben unter 2) eine **individuelle Einnahmen-Überschussrechnung des Haushalts**, anhand derer zunächst die prinzipielle Kreditentscheidung erfolgt. Anhand dieser Daten wird dann in einem typisiert-individuellen Verfahren die Einnahme-Überschuss-Situation des konkreten Haushalts nach Eintritt des jeweiligen Risikos berechnet und dargestellt. Diese Variante der Leistungs- und Prämienkalkulation ließe zudem zusätzlich noch Raum für individuelle Wünsche des Versicherten. Es wäre möglich, die Versicherungsleistung und typische Verläufe dem Versicherten gegenüber darzustellen und ihn dann entscheiden zu lassen, die Höhe der Versicherungsleistungen hinauf- oder herabzusetzen.

2.1.6 Rechtliche Einordnung des Produktes

Die KKV ist wie die Restschuldversicherung gerade nicht auf Dauer angelegt, sondern nur für einen bestimmten Zeitraum abgeschlossen. Der Vertrag begründet zwischen den Parteien mithin ein zeitlich begrenztes Dauerschuldverhältnis, auf das zum einen die Regeln des Bürgerlichen Gesetzbuches (BGB), primär und vorrangig aber die Vorschriften des (reformierten) Versicherungsvertragsgesetzes anwendbar sind. Sie regeln den besonderen Vertragstyp des Versicherungsvertrages aber nur unvollkommen. Insbesondere die Regeln über den Vertragsschluss in den §§ 145 ff. BGB, wie auch die Inhaltskontrolle der Vertragsbedingungen nach den §§ 307 ff. BGB als auch die Regeln des allgemeinen Teils des Schuldrechts des BGB bleiben weiterhin anwendbar.

Wie bereits oben ausgeführt, besteht die Hauptpflicht des Versicherers nach § 1 VVG darin, das Risiko des Zahlungsausfalls des Versicherungsnehmers gegenüber der Bank aus dem geschlossenen Kreditvertrag im vertragsgemäßen Umfang abzusichern, wohingegen der Versicherungsnehmer verpflichtet ist, an den Versicherer die vereinbarte Prämie zu leisten. Abweichend von einer normalen Restschuldversicherung kommt ein Ansparvertrag hinzu, aus dessen Leistungen primär etwaige Zahlungsausfälle bedient werden. Eine solche Spar-Versicherungskombination dürfte auch juristisch betrachtet kein Novum darstellen, da sie systematisch mit einer Kapitallebensversicherung zur Kreditsicherung (und Tilgungssubstitut)

vergleichbar ist. Eine Kapitallebensversicherung setzt sich aus einem Anspar-
und einem Risikoanteil zusammen.[164] Nicht anders verhält es sich mit einer
Kapitalkreditversicherung. Sowohl der Ansparanteil als auch die Prämie für
das Risiko des (teilweisen) Kreditausfalls dienen zur Sicherung der Liquidität
des Versicherungsnehmers und Kreditnehmers. Im Falle von Einbrüchen
seiner Leistungsfähigkeit soll primär aus dem Ansparbetrag, und wenn dieser
aufgezehrt ist, sekundär aus der Versicherung die Fortführung des Kredits
ermöglicht werden. Beide Leistungen sichern nicht eine Restschuld, sondern
eine Leistung pro rata temporis, die in Form von Zins und Tilgung gegenüber
der kreditgebenden Bank zu erfüllen ist. Die Ansparleistung unterfällt § 54
des Versicherungsaufsichtsgesetzes (VAG), wonach für gebundenes Vermögen wie Bestände des Sicherungsvermögens Anlagegrundsätze und An-
zeigepflichten bestehen. Schuldrechtlich wird die Verbindung zwischen Ansparleistung und ihrer Verwendung für den Kredit im Versicherungsfall wie
eine Zweckbestimmung durch eine Sicherungszweckklausel hergestellt.

Im weiteren Unterschied zu einer herkömmlichen Restschuldversicherung
(auch Kreditlebensversicherung oder Restkreditversicherung genannt) wird
die Zahlung an die Versicherung, die einen Ansparanteil und die eigentliche
Versicherungsprämie enthält, nicht am Anfang in voller Höhe für die gesamte
Laufzeit des Versicherungsvertrages, die exakt der Laufzeit des Kreditvertrages entspricht, gezahlt und mitfinanziert. Vielmehr wird die Prämie fort-
laufend wie in anderen Versicherungsarten entrichtet.[165] Damit wird die für

---

[164] Vgl. BGH WM 1988, 364.

[165] Sog. Versicherungen gegen Einmalbeitrag. Neben der Verwendung dieser Bei-
tragsart ausschließlich in der Restkreditversicherung wird das Modell vor-

die Konsumenten besonders nachteilige Vertragskonstruktion vermieden, dass die Leistung an die Versicherung von Anfang an über die gesamte Laufzeit des Kredites mitfinanziert werden muss, vermieden. Durch die ganz erhebliche Zins- und Tilgungsreduktion ist der Konsument in der Lage neben der Rückzahlung an die Bank an die Versicherung die vertragsgemäße Leistung zu erbringen, hat aber den Nachteil, dass mit teilweisem oder völligem Abbrechen des Zahlungsstroms zunächst die bisherige Ansparleistung ausreichen muss, um beide Zahlungen zu decken. Ist eine nennenswerte Ansparleistung noch nicht vorhanden, werden allein aus der Versicherung die laufenden Zahlungen zu erbringen sein und in die Kalkulation der anfänglichen Raten mit einzurechnen sein.[166] Da aber die Versicherung in aller Regel nicht den Totalausfall seiner Zahlungen und damit die Restschuld sichert, sondern eine zeitlich und der Höhe begrenzte Zahlungsstromversicherung darstellt, liegen die Kosten für die Verbraucherseite deutlich niedriger als die Kosten eine Vollabsicherung entsprechend der bisherigen Vertragspraxis. Einen deutlichen Unterschied kann die KKV zu einer herkömmlichen Restschuldversicherung auch dadurch aufweisen, dass sich anders als dort durch den Wegfall der Einmalbeträge und ihrem Ersatz durch laufende Versicherungsprämienzahlungen der Versicherungsvertrag problemlos an eine etwaig erfolgte Verkürzung oder Verlängerung der Darlehenslaufzeit anpassen lässt.

wiegend auch in der Auslandsreisekrankenversicherung angewandt (*Bach/Moser*, Private Krankenversicherung, MBKK1994 §§ 8 Rn 6).

[166] Vgl. zur Tarifkalkulation von Restkreditversicherungen allg. NVersZ 2000, 164.j

Um hinreichende Transparenz herzustellen und zugleich einen Anreiz zu schaffen, dass möglichst die Ansparleistung und Versicherung nicht für die Fortzahlung des Kredits verwandt werden soll, sondern die Ansparbeträge kapitalisiert am Ende der Laufzeit ausgezahlt werden können, müssen Kreditnehmer, die einen solchen Schutz wählen, klar und deutlich vor Vertragsschluss (formularmäßig) aufgeklärt werden. Insbesondere bei einem Preisvergleich zwischen herkömmlichen und weitgehend nutzlosen Restschuldabsicherungen und einer KKV darf nicht der Eindruck erweckt werden, als handele es sich um dieselbe Absicherung bzw. um ein gleich wirkendes Produkt.

Zudem müssen die Versicherungsnehmer bei derartigen Kombinationsverträgen, die in aller Regel formularmäßig geschlossen werden, schon aus Transparenzgründen auf etwaig bestehende besondere Gefahren klar und deutlich aufmerksam gemacht werden. Analog zu anderen Kombinationsprodukten kommen als besondere „kombinationstypische Gefahren"[167] in Betracht, über die aufzuklären ist:

- die Höhe der monatlichen Gesamtbelastung, bestehend aus Zinsen und Tilgung für den Kredit einerseits und für die Ansparleistung und die Prämie für die Versicherungsleistungen andererseits.

- die Verpflichtung zur Zahlung von Versicherungsprämien für die gesamte Laufzeit des Versicherungsvertrages trotz Beendigung des gesicherten Kreditvertrages.

---

[167] Vgl. etwa *Knops*, Kombinationsfinanzierungen, AcP 206 (2006), 867 ff.

- u.U. ein in der ersten Zeit die Summe der eingezahlten Beiträge unterschreitenden „Rückkaufswert"[168] der Ansparbeiträge, sowie

- die erhebliche Vermögenseinbuße bei vorzeitiger Kreditkündigung wegen des ungünstigen Rückkaufswertes der Versicherung[169]

- das Risiko des Totalverlustes sämtlicher Ansparleistungen bei Insolvenz oder Untergang des Versicherers.

Sind diese Voraussetzungen bei Vertragsschluss erfüllt und die übrigen zwingenden Angaben nach dem VVG beachtet, dass ein so gestalteter Versicherungsvertrag mit dem Darlehensvertrag zwar separate Rechtsgeschäfte darstellen, jedoch wie bei der Kombination von Restschuldversicherungs- und Kreditvertrag[170] als Verbundgeschäfte im Sinne des § 358 Abs. 3 BGB anzusehen sind. Die Restschuldversicherung dient dabei der Bank als Sicherungsmittel, bei vorher definierten Einkommensverlusten des Kreditnehmers und Versicherungsnehmers die nach dem Tilgungsplan ausstehende Verbindlichkeit des Darlehensnehmers aus dem Darlehensverhältnis zu er-

---

168 Vgl. § 169 VVG (analog).

169 OLG Frankfurt, WM 2002, 549, 553; vgl. zur Rücksichtnahmepflicht des Darlehengebers BGH ZIP 1987, 1105.

170 Vgl.OLG Rostock, MDR 2006, 39 f.; LG Bonn Urteil vom 10.05.2007 Az. 3 O 396/05, VuR 2007, 357 (LS); LG Hamburg Urteil vom 11.07.2007 Az. 322 O 43/07; Staudinger-Kessal-Wulf, BGB, 13. Aufl. 2004, § 358 Rn. 40; MünchKomm-Habersack, 4. Aufl. 2003, § 358 Rn. 12; Knops, Restschuldversicherung im Verbraucherkredit, VersR 2006, 1455 (1457); wohl auch Derleder/Knops/Bamberger/Reifner, Handbuch zum deutschen und europäischen Bankrecht, § 11 Rn. 159; a.A. LG Lüneburg Beschluss vom 03. Mai 2005, Az. 3 W 79/05; Scholz, Verbraucherkreditverträge, 2. Aufl. 1992, Rn. 345.

füllen. Im Versicherungsfall bedient somit die Versicherung die nach dem Tilgungsplan offenstehende Darlehensforderung anstelle des Darlehensnehmers gegenüber dem Darlehensgeber gemäß § 267 BGB.[171] Die Verbundenheit der Verträge hat im Falle des Widerrufs zur Folge, dass bei Unwirksamkeit eines Vertrages (Kredit oder Versicherung) auch der andere Vertrag (Versicherung oder Kredit) rückabgewickelt werden muss, § 358 Abs. 1 und 2 BGB. Nach § 359 BGB richten sich Einwendungen gegen den einen Vertrag auch gegen den anderen.

In dem Kreditvertrag müssen die Kosten für die KKV ebenso wie für eine Restschuldversicherung ausgewiesen werden, weil es sich insoweit um Verträge gleicher Wirkungsweise handelt. Gemäß § 492 Abs.

Durch die Kombination von Spar- und Versicherungselementen wird zwar die KKV nicht zu einer „echten" Lebensversicherung nach § 150 VVG. Auch dürften die Regelungen über den Rückkaufswert, sei es bei planmäßiger Durchführung oder vorzeitiger Beendigung des Vertrages nur eingeschränkt anwendbar sein, da es sich nicht um eine Versicherung handelt, die Versicherungsschutz für ein Risiko bietet, bei dem der Eintritt der Verpflichtung gewiss ist (s. § 169 Abs. 1 VVG). So kann etwa auch nach § 153 Abs. 1 VVG eine Überschussbeteiligung bezüglich der Sparbeiträge gänzlich aus-

---

[171] *Knops*, Restschuldversicherung im Verbraucherkredit, VersR 2006, 1455 ff. Eigentümlich an der Restschuldversicherung ist, dass sie nicht von den Versicherern selbst, sondern allein von Bankinstituten in ihrer Funktion als Darlehensgeber vertrieben wird - eine eigene Infrastruktur der Versicherer für diesen Versicherungszweig besteht demzufolge nicht. Daher kann der Darlehensnehmer nur bei der Darlehensaufnahme in einem Bankinstitut eine Restschuldversicherung abschließen (s. Geßner, Die Restschuldversicherung in der Äquivalenzprüfung des Darlehensvertrages, VuR 2008, Heft 3).

geschlossen werden. Nicht aber kann die Herausgabe der Ansparbeiträge verweigert werden, wenn diese nicht zur Kredittilgung verwandt werden, weil der Versicherer dann ungerechtfertigt bereichert wäre. Möglich wäre aber eine Verrechnung mit gegebenenfalls nicht gezahlten Prämienteilen, aber nur soweit die Ansparleistung wegen des vorrangigen Sicherungszwecks nicht für die Tilgung des Kredits Verwendung finden kann.

Auch wenn ansonsten eine Vergleichbarkeit zu einer Lebensversicherung nur eingeschränkt möglich ist, bleibt zu beachten, dass dem Versicherungsnehmer hinsichtlich des zu gewährenden Widerrufsrechts nach § 8 VVG die auf 30 Tage verlängerte Frist zum Widerruf nach § 152 Abs. 1 VVG zustehen wird, wie auch die §§ 152 ff. VVG zum Schutz des Versicherungsnehmers eingreifen. Zwar ist die KKV in aller Regel wesentlich geringer dimensioniert als eine herkömmliche Kapitallebensversicherung, sichert aber ebenfalls für den Fall des Ablebens ein bestimmtes Risiko ab und verwaltet Geldleistungen zugunsten des Kunden. Zudem sind beide Versicherungsarten Personenversicherungen, d.h., die KKV sichert ebenso wie die (Kapital-) Lebensversicherung ein persönliches Risiko des Versicherten. Zwar betrifft dies nicht nur den Tod, sondern auch Scheidung, Trennung, Arbeitslosigkeit, Berufsunfähigkeit und ggf. noch weitere Risiken. Strukturell unterscheiden sich diese Versicherungsarten daher vor allem in ihrer konkreten Ausgestaltung und der risikospezifischen Besonderheiten, nicht aber dem Prinzip und dem Risiko „Mensch" nach. Entsprechend ist nicht nur der Kreditgeber bei sich ändernden Bedingungen wie des Refinanzierungsmarktes oder allgemein des Zinsniveaus beim variablen Kredit zur Konditionenanpassung berechtigt. Auch der Versicherer kann unter den Voraussetzungen des § 163 VVG eine Prämien- und Leistungsänderung durchsetzen, also etwa bei Ansteigen des Risikos. Umgekehrt ist je nach Höhe der Ansparleistung, der offen stehender Valuta des Kredits und dem Umfang des Versicherungsschutzes theoretisch eine Übersicherung denkbar, die zur Folge hat, dass der Kreditgeber nach seinem Ermessen dem Kreditnehmer gegenüber zur Freigabe verpflichtet ist.

Weitaus wichtiger aber in diesem Zusammenhang ist, dass der Umfang der Leistungen aus dem Versicherungsvertrag auf den Versicherungsfall bestimmbar sein muss. Der Eintritt des Versicherungsfalls bezeichnet dasjenige Ereignis, das die in dem Vertrag bestehende Ungewissheit, ganz gleich, worin diese im gegebenen Fall besteht.[172] Entscheidend ist mithin nicht auf welchem Grund der Eintritt einer Trennung oder Scheidung, Arbeitslosigkeit etc. beruht, sondern nur, dass dieser Umstand zum (teilweisen) Ausfall der Fähigkeit zur Bedienung des gesicherten Kredites führt. Lediglich bei auf den Todesfall geschlossenen Versicherungen könnte es bedingungsgemäß einen Unterschied machen, ob der Versicherungsfall durch ein unabwendbares Ereignis (Unfall, Krankheit) oder durch ein freiwilliges Handeln (Selbsttötung) beruht. Die eigentliche – auch juristisch schwer zu erfassende – Schwierigkeit besteht darin, dass bei Eintritt des Versicherungsfalls der Versicherer nicht per se zur Übernahme der gesamten Ratenverpflichtung aus dem Kreditvertrag verpflichtet ist, sondern unter Berücksichtigung der trotz des Ereignisses noch vorhandenen (teilweisen) Leistungsfähigkeit nur denjenigen Teil, der zur Erfüllung der vollen Verbindlichkeit (Kreditrate) erforderlich ist. Möglich wäre es aufgrund einer individuellen Analyse der finanziellen Lage des Versicherungsnehmers und seines Haushaltes zum einen und der Anwendung einer Formel oder Tabelle (vermittelt durch eine Software) zum anderen, Klarheit darüber herzustellen, welche Leistungen die Versicherung

---

[172] Siehe *Prölls/Martin*, VVG, Vor §§ 159-178 Rn. 3.

im Versicherungsfall aus der Ansparleistung und der Versicherung erbringen muss. Soweit versicherungsmathematisch gesicherte Grundlagen bestehen, könnte auch die Vereinbarung eines Leistungsbestimmungsrechts des Versicherers nach § 315 BGB mit der Möglichkeit einer gerichtlichen Kontrolle eine – wenn auch fehleranfälligere – Lösung bieten. Da es aber der Versicherung darauf ankommen wird, den Aufwand in der Vertragsabwicklung so gering wie möglich zu halten, sind standardisierte, durch statistisches Datenmaterial wie beim Scoring legitimierte Verfahren aufwendigen Individualprüfungen vorzuziehen. In laufenden Verträgen sind Anpassungen bei Änderungen der gesetzlichen Vorschriften (Leistungen nach SGB, Unterhaltsbeiträge im Fall der Scheidung und Trennung, Pfändungsfreigrenzen) erforderlich. Ohnehin sind insgesamt betrachtet zahlreiche Angaben erforderlich, um den gesetzlichen Anforderungen Genüge zu tun. Dies betrifft die Gesamtbetragsangabe beim Kredit nach § 492 Abs. 1 Satz 5 Nr. 6 BGB, wonach nicht nur die Kosten einer „echten" Restschuldversicherung anzugeben sind, sondern auch die einer anderen Versicherung, die im Zusammenhang mit dem Verbraucherdarlehensvertrag abgeschlossen wird. In den effektiven Jahreszins ist einen solche Versicherung nach § 6 Abs. 3 Nr. 5 Preisangabenverordnung nur dann, wenn sie obligatorisch, d.h. zwingend als Bedingung für die Gewährung des Darlehens abgeschlossen werden muss. Hinzu kommen muss wiederum aus Gründen der Klarheit und Transparenz eine wenigstens beispielhafte Nennung eines typischen Versicherungsfalls und die Verdeutlichung der Chance die Ansparleistung bei ordnungsgemäßer Tilgung des Kredits (verzinst) zurückzuerhalten und bei Eintritt des vereinbarten Versicherungsfalles zu erbringen hat. Nach Ablauf des Kreditzeitraumes endet die Versicherung automatisch, ohne dass es einer Kündigung durch eine der beiden Vertragsparteien bedarf. Schließt der VN dann eine neue Restschuldversicherung ab, wird das höhere Eintrittsalter zugrunde gelegt.

2.2 Das Produkt

Im Folgenden soll das Produkt im Überblick dargestellt werden. Hierzu werden das Produktdesign, eine Merkmalstabelle sowie die Erläuterung zu der Berechnung des Produktes gegeben.

2.2.1 Produktdesign

2.2.1.1 Was ist eine KKV?

Die KKV ist eine Liquiditätsversicherung des Kunden im Ratenkredit mit laufender Prämienzahlung, die ausschließlich bei der Versicherung ähnlich der Kapitallebensversicherung einen Ansparvorgang in der Weise mit einer Risikoversicherung verbindet, dass die Kreditraten für einen fixen Zeitraum gesichert werden, für den es aufseiten des Kunden zu unverschuldeten temporären Zahlungsschwierigkeiten wegen Tod, Trennung, Arbeitslosigkeit oder Krankheit kommt.

2.2.1.2 Warum sollte eine KKV eingeführt werden?

Die KKV ist eine Antwort auf die zunehmende Überschuldungssensibilität der Kunden sowie auf Fehlentwicklungen in der Restschuldversicherung (RSV). Die bisherige RSV ist durch teilweise überhöhte intransparente Innenprovisionen, Vorausfinanzierung und künstlich herbeigeführte Rückkaufverluste in Öffentlichkeit und Rechtsprechung in Misskredit gekommen. Sie sichert zudem den falschen Betrag (Restschuld) zu falschen Zeitpunkten (Formalisierung der Risiken/ siehe Gutachten Teil 1). Mit der Provisionsoffenlegungspflicht und jüngsten Gerichtsurteilen zum verbundenen Geschäft zeigen sich im Marktangebot bereits deutliche Trends zur Liquiditätsversicherung.

2.2.1.3   Was ist das Ziel der KKV?

Hauptziel der Kapitalkreditversicherung ist der Erhalt der Zahlungsfähigkeit und damit der Rückzahlung der Darlehensraten in finanziellen Krisen des Kreditnehmers zur Vermeidung temporärer Liquiditätsengpässe als Über-schuldungsursachen und zur Entlastung der Kreditgeber von Ausfall- und Servicekosten im Krisenfall.

2.2.1.4   Was sind die gesicherten Risiken?

Tod, Trennung, Arbeitslosigkeit und Krankheit werden in mehr als 50% der Fälle als Überschuldungsursache genannt. Bis auf den Tod, der eine Sonder-stellung einnimmt, führen die genannten Risiken überwiegend nur zu temporären Liquiditätsstörungen, die ein bis zwei Jahre andauern können. Die KKV überbrückt den Liquiditätsengpass und verhindert damit einen auf lange Sicht betrachtet unnötigen finanziellen Absturz.

2.2.1.5   Was leistet die KKV nicht?

Die KKV reagiert nicht auf längerfristige Liquiditätsstörungen von über zwei Jahren. Hierbei handelt es sich nicht um ein Problem der temporären Fehl-allokation des Lebenseinkommens, sondern um ein Problem struktureller Armut, das durch private Vorsorge nicht gelöst werden kann. Adressat für Armutslösungskonzepte sind vorrangig der Staat und die Familien.

2.2.1.6   Welche Philosophie liegt der KKV zugrunde?

Schutzgut der Kapitalkreditversicherung ist die Zahlungsfähigkeit des Kunden beim Ratenkreditvertrag. Abgesichert aus Banksicht sind damit die Ratenzahlungen des Kreditnehmers. Die KKV ist flexibel und kompensiert Liquiditätsmängel nur dann und auch nur in dem Umfang, wie sie auch tat-sächlich vorkommen. Statt Tod wird das Erbe gesichert, statt Arbeitslosigkeit der Wegfall der Kompensationsmöglichkeiten für den Einkommensverlust, statt Ehescheidung die Auflösung der ehelichen Wirtschaftsgemeinschaft, statt Krankheit die Einkommensminderung. Weil nur der notwendige Teil der Kreditrate geschützt ist, wird die Zahlungsmoral des Kunden durch fortdauernde verminderte Zahlungspflicht aufrechterhalten, durch Einbeziehung von rückzahlbaren Sparbeiträgen wird ein Interesse an Risikovermeidung geweckt und durch die Minimierung des Aufwandes die Prämie niedrig gehalten. Die KKV vermeidet Umschuldungsanreize für Anbieter und Umschuldungsnotwendigkeiten für die Verbraucher.

2.2.1.7   Wie funktioniert die KKV?

Die KKV verbindet das Solidaritätsprinzip der Versichertengemeinschaft mit der Eigeninitiative des von der Krise betroffenen Kreditnehmers. Die KKV wird über monatliche Prämienzahlungen finanziert, die aus einem Spar-, und aus einem Versicherungsanteil bestehen. Der Sparanteil wird bei der Versicherung auf einem Vorsorgedepot für den Kunden aufbewahrt. Bei Eintritt des Risikos erfolgt die Übernahme eines Teils der Kreditrate durch die Leistung aus dem Vorsorgedepot; der Rest wird von der Versichertengemeinschaft übernommen. Je nach Zeitpunkt des Risikoeintritts und Dauer der Leistung wird das Vorsorgedepot hierbei aufgebraucht oder kann sogar überzogen werden. Der Versicherungsnehmer gleicht nach Beendigung der Krise die Überziehung mit den dann noch ausstehenden Prämien aus. Die am Ende der Vertragslaufzeit noch fehlende Summe wird von der Versicherung übernommen. Der Kunde erhält nach Ablauf der Kreditlaufzeit das im Vorsorgedepot angesparte Kapital, soweit es nicht während einer Krise verbraucht wurde, verzinst zurückerstattet. Folgende Grafik verdeutlicht die Funktionsweise der Versicherung:

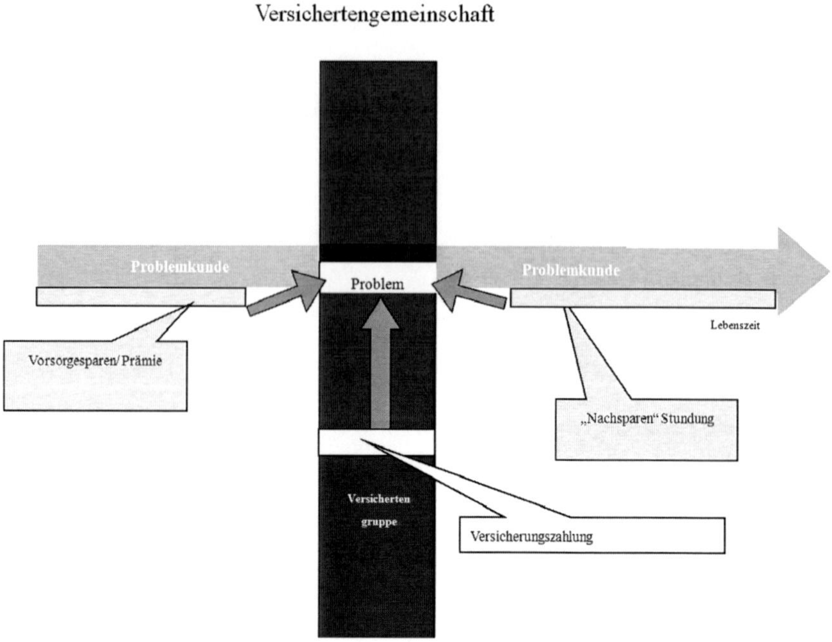

Versichertengemeinschaft

Abbildung 41: Funktionsweise der KKV.

2.2.1.8 Ist das Produkt nicht zu kompliziert?

Das Produkt reagiert auf die statistisch fassbaren, objektiven Hauptursachen für Liquiditätskrisen. Der Risikoeintritt wird mit Hilfe von objektiven für das jeweilige Risiko typischen Nachweisen belegt. Dies ist z. B. bei der Scheidung die Vorlage eines neuen Mietvertrags und der Bescheinigung einer anwaltlichen Beratung, bei der Arbeitslosigkeit die Meldung bei der Agentur für Arbeit, bei Krankheit die Krankschreibung. Seine Idee ist in der Tat so komplex wie die Liquiditätskrisen Verschuldeter. Es lässt sich jedoch in hohem Maße standardisieren, indem der gezahlte Ratenanteil entsprechend durchschnittlichen Liquiditätsberechnungen prozentual, Leistungseintritt und

Leistungsdauer für alle gleich (oder aber für wenige Gruppen differenziert) festgelegt wird.

2.2.1.9 Wie kann man es bei höheren Verkaufszahlen attraktiv fortentwickeln?

Je genauer die Risikoabstimmung erfolgt, desto interessanter kann die Prämie gestaltet werden. Differenziertere Standardbudgets könnten einem Haushaltstypenkatalog bei Vertragsschluss entnommen und die Versicherungsleistung danach berechnet werden. Alternativ hierzu wäre auch eine individuelle Berechnung des hypothetischen Bedarfs unter Zugrundelegung der echten Haushaltsdaten bei Vertragsabschluss möglich. Software hierzu ist u.a. beim iff dazu vorhanden.

2.2.1.10 Wie berechnet sich die Prämie?

Der vom Kreditnehmer ab Vertragsbeginn zu zahlende Betrag setzt sich zusammen aus dem Sparanteil, einer Innenprovision, einem Verwaltungskostenanteil sowie der Risikoprämie. Die Risikoprämie berechnet sich nach dem durchschnittlichen Risiko der versicherten Gruppe in den versicherten Fällen, der Ratenhöhe, der durchschnittlich zu erwartenden sowie der maximalen Zahlungsdauer abzüglich der einzubeziehenden angesparten Beträge sowie evtl. der aus dem vorherigen Vertrag verbleibenden nicht ausgeschütteten Überschüsse.

2.2.1.11 Welche Marketingchancen schafft das Produkt?

Das Produkt geht auf empirisch belegte zunehmende Ängste der Verbraucher ein, stärkt den Willen zur Vorsorge und macht die Bank darin glaubwürdiger, bindet den Kunden mit seinem Vertrauen an die Bank und ist „Helfer in der Not". Das Produkt ist fair, transparent und letztlich einfach. Ein Slogan wäre: „Wir sind auch dann für Sie da, wenn Sie Probleme haben. Mit der KKV sichern Sie zu günstigen Tarifen die Zahlungsfähigkeit bei Arbeitslosigkeit, Krankheit, Trennung und Tod für sich, Ihren Ehepartner und die Kinder. Zugleich legen Sie damit ihr Geld an und bekommen den nichtverbrauchten Teil zurück."

2.2.2 Merkmalstabelle

Funktion	Erläuterung
Risikoabsicherung	temporäre Zahlungsschwierigkeiten durch Stundung und Vorsorge
Vorsorgesparbeitrag	wird während der gesamten Kreditlaufzeit zusätzlich erbracht
	zur Ratentilgung im Krisenfall eingesetzt
	mit Überschussbeteiligung versehen
	bei Nichtnutzung am Ende der Laufzeit ausgezahlt oder für Anschlussversicherung genutzt.
Risikoprämie	wird für Risikoversicherung bezahlt
	trägt den verbleibenden Teil der Rate
Wirkungen	
	störungsfreier Ablauf: Auszahlung des verzinsten Ansparbetrages mit Schlussbonus
	gestörter Verlauf: Anteilige Raten-

	zahlung im Risikofall
Arbeitslosigkeit	Ratenanteil fünf Monate nach dem Nachweis der Arbeitslosigkeit für maximal 12 Monate Ratenanteil
Scheidung	Ratenanteil ein Monat nach Auflösung der Wirtschaftsgemeinschaft für 12 Monate
Todesfall	Teilratenübernahme für erbende Unterhaltsberechtigte

Tabelle 10: Einnahmen- und Ausgabenrelation bei Eintritt der Arbeitslosigkeit.

2.2.3 Prämienberechnung in Excel

Das entwickelte Excel-Tool[173] dient der überschlägigen Berechnung der Versicherungsprämie. Hierzu können Annahmen gemacht und verändert werden insbesondere zu:

- Anteil der Rate, der übernommen werden soll (Vorschlag 60%);

- Zeitpunkt nach Eintritt des Risikos, ab dem gezahlt wird: (Vorschlag Ehescheidung 1 Monat, Arbeitslosigkeit 5 Monate)

- Zeitraum, für den maximal gezahlt wird (12 Monate);

---

[173] Nachfolgende Ausführungen beziehen sich auf ein Excel-basiertes Rechentool, welches vom iff entwickelt wurde, um die Versicherungsprämie zu berechnen und um den Liquiditätsverlauf der Versicherten vor und nach Eintritt des Risikos darzustellen.

- Außerdem wird die Liquidität des Benutzers vor und nach Eintritt des Risikos berechnet. Hierzu gibt es zwei Möglichkeiten:
- globale Voreinstellung nach den Durchschnittswerten;
- individuelle Eingabe auch nach Monaten differenziert für Einkommen und Ausgaben.

Die Berechung der Prämie erfolgt auf Grundlage der vom Benutzer eingegebenen Informationen.

Der Berechnungsvorgang nun in folgende Schritte unterteilt:

1. Abfrage der Informationen über monatliche Haushaltseinnahmen bzw. Ausgaben. Dem Benutzer stehen dazu zwei Eingabevarianten zur Auswahl.

   a. Bei der ersten Eingabevariante findet die Eintragung pauschaler Werte über das Tabellenblatt *Übersicht* statt.

   b. Die zweite Eingabevariante ermöglicht eine detaillierte Eingabe der monatlichen Werte über das Tabellenblatt *Einnahmen-Ausgaben*. Auf der Grundlage der Einnahmen-Ausgabenstruktur berechnet das Modell die Gesamtnettoeinnahmen und die Gesamtausgaben des Haushalts sowie die monatliche verbleibende freie Liquidität.

2. Im Tabellenblatt *Produkt* erfolgt die Berechnung der Darlehensrate. Die Maximalhöhe der Rate bemisst sich an der im vorigen Schritt berechneten freien Liquidität.

3. Ebenfalls im Tabellenblatt *Produkt* werden die Parameter für die Versicherungsleistung zur Berechnung der Versicherungsprämie eingegeben.

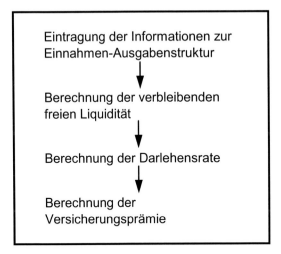

Abbildung 42: Berechnungsschritte.

2.2.3.1 Tabellenblatt „Übersicht":

Einnahmen-Ausgabenstruktur des Haushalts – Pauschale Werte

Im Tabellenblatt *Übersicht* erfolgt zunächst die Auswahl, ob mit voreingestellten Werten (*pauschal*) oder mit eigenen Eingaben gearbeitet werden soll.

(1) Die Pauschalvariante soll das allgemeine Verständnis über die Funktionsweise des Tools vermitteln.

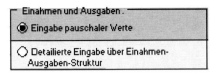

(2) Es werden Informationen zu den monatlichen Haushaltsnettoeinnahmen sowie zu den Gesamtausgaben (ohne Darlehensbelastung) eingetragen. Die Differenz in der nächsten Zeile ist die verbleibende freie Liquidität.

	Eingabe pauschaler Werte
Haushaltsnettoeinnahmen	4.700,00 €
Summe Ausgaben (ohne Darlehen)	3.800,00 €

(3) Daten zur Krisensituation werden eingegeben wie Eintrittsmonat, Einkommensminderung und in Reaktion darauf mögliche Ausgabeneinschränkungen in Prozent ihrer vorherigen Höhe.

Auslösendes Ereignis im	Okt. 02 ▼
Einkommensreduktion um	20%
Ausgaben sinken anfänglich um	0%
sinken dann monatlich Ø um	1,00%

(4) In den fett markierten Feldern erscheinen die aufgrund der gemachten Eingaben berechneten Werte.

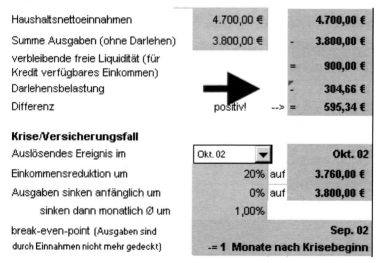

Haushaltsnettoeinnahmen	4.700,00 €		4.700,00 €
Summe Ausgaben (ohne Darlehen)	3.800,00 €	-	3.800,00 €
verbleibende freie Liquidität (für Kredit verfügbares Einkommen)		=	900,00 €
Darlehensbelastung		-	304,66 €
Differenz	positiv!	--> =	595,34 €

Krise/Versicherungsfall

Auslösendes Ereignis im	Okt. 02 ▼		Okt. 02
Einkommensreduktion um	20%	auf	3.760,00 €
Ausgaben sinken anfänglich um	0%	auf	3.800,00 €
sinken dann monatlich Ø um	1,00%		
break-even-point (Ausgaben sind durch Einnahmen nicht mehr gedeckt)			Sep. 02 -= 1 Monate nach Krisebeginn

Tabellenblatt Einahmen-Ausgaben: Detaillierte Eingaben über die Einnahmen-Ausgaben-Struktur

Einahmen und Ausgaben.

○ Eingabe pauschaler Werte

◉ Detailierte Eingabe über Einahmen-Ausgaben-Struktur

(1) Bei der detaillierten Eingabevariante werden Informationen zur Haushaltsliquidität in das Tabellenblatt *Einnahmen-Ausgaben* eingetragen. Mit der Auswahl *Individuelle Eingaben* können Einzelwerte zu den jeweiligen Einnahmen- bzw. Ausgabenarten eingetragen werden.

◉ Individuelle Eingaben

○ Standardfall Familie 2 Erw. 2 Kinder (Zahlen für Standardfälle sind aus

○ Standardfall Single der Bundesstatistik übernommen)

	53	Eingabe individueller Daten	Jan. 01	Feb. 01	Mrz. 01
	54	1	**Haushaltsbruttoeinkommen**....................	0	0	0
	55	2	Bruttoeinkommen aus unselbstständiger Arbeit................			
	56	3	Bruttoeinkommen aus selbstständiger Arbeit....................			
	57	4	Einnahmen aus Vermögen....................			
	58	5	Einkommen aus öffentlichen Transferzahlungen................			
	59	6	dar.: (Brutto) Renten der gesetzl. Rentenversich..........			
	60	7	(Brutto) Pensionen....................			
	61	8	Arbeitslosenhilfe....................			
	62	9	lfd. Übertragungen der Arbeitsförderung....................			
	63	10	Kindergeld....................			
	64	11	Einkommen aus nichtöffentl. Transferzahlungen....................			
	65	12	Einnahmen aus Untervermietung....................			
	66	13	**Gesetzliche Abzüge**....................	0	0	0
	69	16	**Haushaltsnettoeinkommen (nach Steuern und Soz.Abg.)**...	0	0	0
	70	17	**Sonstige Einnahmen**....................	0	0	0
	73	20	**Haushaltsnettoeinnahmen INSGESAMT**....................	0	0	0
	74	21	**Summe Ausgaben**	0	0	0
	75	22	**Private Konsumausgaben**....................	0	0	0
	87	34	**Andere Ausgaben (ohne Kredite und Vermögensbildung)**.	0	0	0
	92	39	**Verbleibende freie Liquidität**....................	0	0	0

(2) Der Benutzer kann im Modell hinterlegte Musterliquiditätsverläufe wählen. Als Alternativen stehen dabei eine vierköpfige Familie sowie ein Single-Haushalt zur Verfügung.

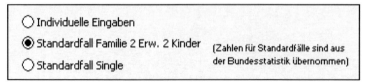

(3) Bei dem Musterhaushalt Familie ist die Auswahl zwischen *Arbeitslosigkeit* und *Scheidung* möglich (beim Single-Haushalt nur Arbeitslosigkeit).

Die Musterliquiditätsverläufe sind so konzipiert, dass die Liquiditätsengpässe ca. 2 Jahre nach Beginn der Darlehenslaufzeit entstehen.

2.2.3.2 Tabellenblatt Produkt: Berechnung der Darlehensrate und der Versicherungsprämie

Die Darlehensbelastung wird im Tabellenblatt *Produkt* berechnet.

(1) Berechnung der Darlehensrate. Darlehenssumme und Nominalzins werden eingegeben. Das Modell rechnet standardmäßig mit einer Laufzeit von 72 Monaten (6 Jahre).

Darlehensbetrag	16.436 €
Jahreszins	9,5%
Erste Fälligkeit	01.01.2001
Jahresanfangstilgung	12,4%
Zahlungen pro Jahr	12
Rate	300,00 €
Perioden	72

(2) Berechnung der Versicherungsprämie. (a) Verwaltungskosten- und Provisionssätze werden in Prozent eingegeben. (b) Das Verhältnis von Sparanteil und Risikoanteil in der Prämie wird festgelegt. (c) Der Aufzinsungsfaktor und/die Rendite werden als Prozentsatz gewählt (die Aufzinsung erfolgt nach der AIBD Methode).

Versicherungsprämie	1,55%	18,11%
in €	4,66 €	54,34 €
Verwaltungskosten	15,00%	
Provision	5,00%	
Sparanteil	33,00% der Nettoprämie	
Risikoanteil	67,00% der Nettoprämie	
Rendite/Aufzinsungsfakto	4,50%	

213

(3) Beginn, Dauer und Höhe der Versicherungsleistungen werden festgelegt.

Einspringen der Versicherung	1 Monat ▼	nach Ereigniseintritt
Zahlungszeitraum	12 Monate ▼	
Überrnahme eines Anteils von	65% ▼	der Darlehensrate

(4) Anklicken des Buttons *Versicherungsprämie berechnen* führt zur Berechnung der Prämie. Dabei wird die Versicherungsprämie als Prozentsatz der Darlehensrate und als Eurobetrag errechnet.

Versicherungsprämie	1,55%	18,11%
in €	4,00 €	54,34 €
Verwaltungskosten	15,00%	
Provision	5,00%	
Sparanteil	33,00%	der Nettoprämie
Risikoanteil	67,00%	der Nettoprämie
Rendite/Aufzinsungsfakto	4,50%	

2.2.3.3 Tabellenblatt Grafiken: grafische Darstellung der Ergebnisse

Im Tabellenblatt *Grafiken* wird die Entwicklung der Einnahmen und Ausgaben des Haushalts über die Laufzeit in drei Grafiken dargestellt. Die Darstellung macht auch grafisch deutlich, wann die Einstellungen angepasst werden müssen.

(1) Einnahmen-Ausgabenrelation des Haushalts ohne Versicherungsleistungen. (a) Die blaue Linie gibt den Verlauf des Haushaltsnettoeinkommens wieder. (b) Die orange Linie zeigt die Entwicklung der Haushaltsausgaben ohne Berücksichtigung der Darlehensbelastung an. (c) Die rote

Linie stellt der Verlauf der Gesamtausgaben des Haushalts inklusive der Darlehensbelastung dar.

Die blaue Linie wird zeitweise unter der roten Linie liegen, wenn die Haushaltsausgaben das Haushaltsnettoeinnahmen übersteigen.

(2) Einnahmen-Ausgabenrelation des Haushalts mit Versicherungsleistungen. (a) Die rote gestrichelte Linie gibt den Verlauf der Gesamtausgaben des Haushalts inklusive der Darlehensbelastung wieder. (b) Die grüne Linie stellt die Entwicklung der Haushaltsausgaben dar, wenn die Versicherung einen Anteil der Darlehensraten übernimmt. In dem Zeitraum, in dem Versicherungsleistungen gezahlt werden, verläuft die grüne Linie unter der roten Linie.

(3) Entwicklung des angesparten Vorsorgedepots über die Laufzeit.

2.2.4 Grafisches Beispiel für Arbeitslosigkeit

In der folgenden Grafik werden Ausgaben und Einnahmen bei Eintritt von Arbeitslosigkeit dargestellt. Die Grafik soll verdeutlichen, wie sich die im Einzelnen auswirkenden Liquiditätsrisiken, wie sie unter C. dargestellt sind, auf ein Versicherungsprodukt auswirken können.

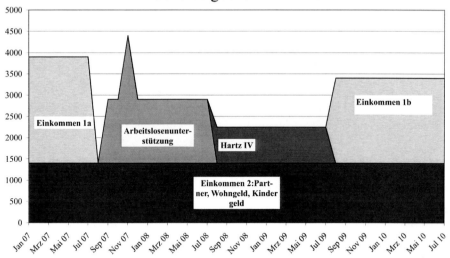

Abbildung 43: Schema Arbeitslosigkeit: Ausgaben.

Arbeitslosigkeit - Ausgaben

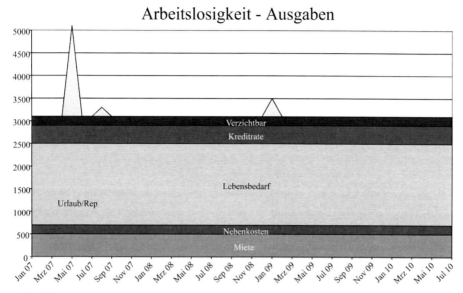

Abbildung 44: Schema Arbeitslosigkeit: Einnahmen.

Einnahmen-Ausgaben-Relation

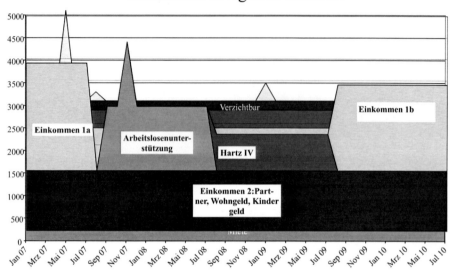

Abbildung 45: Schema Arbeitslosigkeit: Einnahmen-Ausgaben-Relation als Grundlage des Liquiditätsbedarfs.

2.3 Risikoabsicherung: Arbeitslosigkeit und Ehescheidung

Die Kapitalkreditversicherung soll die vier Hauptrisiken: Arbeitslosigkeit, Ehescheidung, Todesfall und Krankheit incl. Berufsunfähigkeit absichern. Im Folgenden werden an den Beispielen Arbeitslosigkeit und Ehescheidung empirisch nachgewiesen, dass eine Liquiditätssicherung in diesen Fällen für die überwiegende Anzahl der Kreditnehmer eine bezahlbare sinnvolle Möglichkeit darstellen würde, wenn das Produkt KLV entsprechend angepasst würde.

2.3.1 Arbeitslosigkeit: Einkommensminderung

Arbeitslosigkeit wird von Betroffenen und von Schuldnerberatern als eine der Hauptursachen für den Eintritt von Überschuldungssituationen angegeben und ist daher im Hinblick auf einen Versicherungsbedarf und auf Kreditausfälle von großer Relevanz.

2.3.1.1 Risikodarstellung und Liquiditätsbedarf

Die Risikoeintrittswahrscheinlichkeit ist davon abhängig, wie „Arbeitslosigkeit" in der KKV definiert wird. Dementsprechend werden nachfolgend gängige Definitionen dargestellt und eine Definition für die KKV diskutiert (hierzu unter 2.3.1.1.1). Die Höhe des Risikos lässt sich aufgrund der verschiedenen Statistiken nur annähernd bestimmen. Hierzu können die Zahlen des Statistischen Bundesamts, der Agentur für Arbeit und der Versicherer, die bereits Arbeitslosigkeitsversicherungen anbieten, herangezogen werden (hierzu unter 2.3.1.1.7). Der Liquiditätsverlauf ab Eintritt der Arbeitslosigkeit ist insbesondere von den staatlichen Transferleistungen geprägt, weiterhin vom Vermögen, das der betroffene Haushalt in der Krise vorfindet und zu liquidieren bereit ist und natürlich von der Haushaltsform. Schließlich hängt der Liquiditätsverlauf davon ab, inwieweit der betroffene Haushalt seinen Konsum einschränken kann.

Definition und Nachweismöglichkeiten

Arbeitslosigkeit wird in den Statistiken und in bestehenden Versicherungen unterschiedlich definiert. Das liegt unter anderem an der Zielsetzung der Statistik und an den unterschiedlichen Datenerhebungsmethoden.

Statistisches Bundesamt

Nach dem Labour Force Konzept der ILO ist eine Person im Alter von 15 bis 64 Jahren erwerbslos, wenn sie in der Berichtswoche keiner mit einem Einkommen verbundenen Tätigkeit nachgegangen ist, nicht selbstständig war und in den vergangenen vier Wochen nicht aktiv eine Erwerbstätigkeit gesucht hat. Die Person muss außerdem innerhalb von zwei Wochen eine Erwerbstätigkeit aufnehmen können, also für den Arbeitsmarkt verfügbar sein. Eine Registrierung beim Arbeitsamt ist hingegen nicht erforderlich. Die Datenerhebung erfolgt telefonisch nach dem Gabler-Häder-Verfahren. Eine länderübergreifende Vergleichbarkeit wird hierdurch ermöglicht.

Agentur für Arbeit

Der Begriff des Arbeitslosen ergibt sich aus §§ 16 und 119 des Sozialgesetzbuches III (SGB III). Als arbeitslos gilt, wer keine oder nur eine weniger als 15 Stunden pro Woche umfassende Erwerbstätigkeit ausübt, eine versicherungspflichtige Beschäftigung sucht und dabei den Vermittlungsbemühungen der Agentur für Arbeit zur Verfügung steht, sich persönlich bei der Agentur für Arbeit oder einem kommunalen Träger arbeitslos gemeldet hat und momentan nicht an Maßnahmen der aktiven Arbeitsmarktpolitik teil-nimmt.[174] Die Altersspanne geht vom vollendeten 15. bis zum nicht voll-endeten 65. Lebensjahr. Die Arbeitslosenanzahl wird anhand der registrierten Personen ermittelt.

Bestehende Versicherungen

Eine unverschuldete Arbeitslosigkeit wird bei den bereits im Markt be-findlichen Anbietern ganz überwiegend definiert als Verlust des Arbeits-platzes aufgrund einer nicht verhaltensbedingten Kündigung durch den Arbeitgeber. Daneben wird verlangt, dass die versicherte Person als arbeits-suchend bei der Bundesagentur für Arbeit gemeldet ist und sie nicht gegen Entgelt anderweitig tätig ist.[175] Einige Versicherungsbedingungen definieren als Arbeitslosigkeit zusätzlich den Fall, dass der Arbeitgeber und der Ver-sicherte das Arbeitsverhältnis einvernehmlich durch Aufhebungsvertrag be-

---

[174] Mit dem dritten Gesetz für moderne Dienstleistungen am Arbeitsmarkt (in Kraft seit 1. Januar 2004) wurde im § 16 SGB III klargestellt, dass Teilnehmer in Maßnahmen aktiver Arbeitsmarktpolitik prinzipiell nicht als arbeitslos gelten. Dies entsprach grundsätzlich der schon vorher angewandten Praxis; eine Änderung ergab sich allein für Teilnehmer an Eignungsfeststellungs- und Trainingsmaßnahmen, die bis Ende 2003 auch während des Maßnahmebesuchs als Arbeitslose gezählt wurden. Bei Vergleichen der Arbeitslosenzahl mit Daten vor 2004 ist das zu beachten. Nach den Regelungen der §§ 428 SGB III und 252 Abs. 8 SGB VI müssen 58-Jährige oder Ältere dem Arbeitsmarkt nicht mehr voll zur Verfügung stehen und werden auch nicht mehr als Arbeitslose gezählt. Ein Teil der Arbeitslosmeldungen entfällt auf technische Unter-brechungen der Arbeitslosigkeit, insbesondere Wiederzugänge nach Krankheit oder Meldeversäumnis. Außerdem ist die Zahl der sich arbeitslos meldenden Personen kleiner als die Zahl der Arbeitslosmeldungen, weil sich einige von ihnen in der Periode mehrmals arbeitslos melden. Prinzipiell das gleiche gilt für andere im Bericht verwandten Bewegungsgrößen, insbesondere für Abgänge aus Arbeitslosigkeit.

[175] So die Regelung in den AGB der Neue Leben (HASPA).

enden und die versicherte Person als arbeitssuchend bei der Bundesagentur für Arbeit gemeldet ist.[176]

Definitionsvorschlag für die KKV

Die Definition für die KKV muss sich mit Einschränkungen an der Definition der Bundesagentur für Arbeit orientieren und sich somit auf das SGB beziehen, welches die Anspruchsvoraussetzungen für den Bezug von Arbeitslosengeld regelt, denn die Höhe des Mehrbedarfs richtet sich nach den Leistungen, die von der Arbeitsagentur bewilligt wird. Entgegen der dortigen Definition spielt die Teilnahme an Maßnahmen der aktiven Arbeitsmarktpolitik aber keine Rolle, da sie keinen Einfluss auf den Liquiditätsabfall des Haushalts hat. Als arbeitslos gilt daher, wer keine oder nur eine weniger als 15 Stunden pro Woche umfassende Erwerbstätigkeit ausübt, eine versicherungspflichtige Beschäftigung sucht und dabei den Vermittlungsbemühungen der Agentur für Arbeit zur Verfügung steht, sich persönlich bei der Agentur für Arbeit oder einem kommunalen Träger arbeitslos gemeldet hat.

Nachweis der Arbeitslosigkeit

Die Nachweise richten sich nach dem tatsächlichen Ablauf der Arbeitslosigkeit. Sie beginnt mit der Kündigung oder der einvernehmlichen Aufhebung des Arbeitsvertrags durch eine schriftliche Kündigung des Arbeitgebers bzw. einen Aufhebungsvertrag. Die Kündigungsfrist beträgt in der Regel drei

---

[176] So die AGB der *civ* (Citibank).

Monate. Nach § 37 b SGB III[177] hat sich der Arbeitnehmer umgehend bei der Agentur für Arbeit persönlich arbeitssuchend zu melden. Bei dieser Meldung handelt es sich nicht unbedingt um eine Arbeitslosmeldung, die frühestens drei Monate vor Eintritt der Arbeitslosigkeit erfolgen kann. Erst nach erfolgter Arbeitslosmeldung wird dem Arbeitssuchenden der Antrag auf Arbeitslosengeld persönlich ausgehändigt, den er auszufüllen und mit diversen Nachweisen versehen zurückzureichen hat. Hierüber kann dem Arbeitssuchenden eine Bestätigung durch die Agentur für Arbeit erteilt werden.

Diese Bestätigung sollte als Nachweis der Arbeitslosigkeit herangezogen werden, da hierdurch nicht nur dokumentiert wird, dass der Betroffene arbeitslos ist, sondern auch, dass er alles Erforderliche zum Erhalt des ALG I getan hat und damit seine Liquidität bestmöglich sichert.

Risikoeintrittswahrscheinlichkeit

Zur Wahrscheinlichkeit des Eintritts der Arbeitslosigkeit liegen hinsichtlich der Gruppe der Konsumentenkreditnehmer keine frei verfügbaren Zahlen vor.

---

[177] Wortlaut der Norm: *„Personen, deren Arbeits- oder Ausbildungsverhältnis endet, sind verpflichtet, sich spätestens drei Monate vor dessen Beendigung persönlich bei der Agentur für Arbeit arbeitsuchend zu melden. Liegen zwischen der Kenntnis des Beendigungszeitpunktes und der Beendigung des Arbeits- oder Ausbildungsverhältnisses weniger als drei Monate, hat die Meldung innerhalb von drei Tagen nach Kenntnis des Beendigungszeitpunktes zu erfolgen. Zur Wahrung der Frist nach Satz 1 und 2 reicht eine fernmündliche Meldung aus, wenn die persönliche Meldung nach terminlicher Vereinbarung nachgeholt wird. Die Pflicht zur Meldung besteht unabhängig davon, ob der Fortbestand des Arbeits- oder Ausbildungsverhältnisses gerichtlich geltend gemacht oder vom Arbeitgeber in Aussicht gestellt wird. Die Pflicht zur Meldung gilt nicht bei einem betrieblichen Ausbildungsverhältnis."*

Lediglich Versicherungen, die das Risiko Arbeitslosigkeit absichern, verfügen über solches einschlägiges Zahlenmaterial. Aussagen lassen sich lediglich für die Gesamtheit der deutschen Bevölkerung anhand der Statistik der Bundesagentur für Arbeit treffen[178].

Anzahl der Arbeitslosen

Im Jahresdurchschnitt 2007 waren durchschnittlich 3,77 Mio. Personen arbeitslos gemeldet. Hiervon entfielen 1,25 Mio. auf den Rechtskreis SGB III (Arbeitsagenturen) und 2,52 Mio. auf den Rechtskreis SGB II (Träger der Grundsicherung). Leistungen in Form von ALG I und ALG II erhielten insgesamt 6,25 Mio. Personen, hiervon Arbeitslosengeld I nach dem SGB III durchschnittlich 1,077 Mio. Personen und Leistungen in Form von ALG II nach dem SGB II durchschnittlich 5,28 Mio. Personen. Nicht alle Leistungsempfänger waren arbeitslos und nicht alle Arbeitslosen bezogen Leistungen:

Von den 1,077 Mio. Personen, die Arbeitslosengeld I bezogen, waren nur etwa 74% (0,795 Mio.) arbeitslos gemeldet. Die übrigen Arbeitslosengeld I Empfänger wurden nicht als arbeitslos geführt, weil sie die vorruhestandsähnliche Regelung des § 428 SGB III in Anspruch nahmen, arbeitsunfähig erkrankt waren oder sich in einer Trainingsmaßnahme befanden. Von den 5,28 Mio. Personen, die ALG II in Anspruch nahmen, waren lediglich 2,523 Mio. arbeitslos gemeldet. Insgesamt erhielten 2,755 Mio. erwerbsfähige Hilfebedürftige ALG II, ohne arbeitslos zu sein. Dies waren Erwerbstätige mit weniger als 15 Wochenstunden Arbeitszeit, Personen, die die vorruhe-

---

[178] Die folgenden Ausführungen beziehen sich auf Zahlen der Bundesagentur für Arbeit aus deren Monatsbericht Dezember und Jahr 2007, Download unter: www.arbeitsagentur.de.

standsähnliche Regelung des § 428 SGB III i.V.m. § 65 SGB II in Anspruch nahmen, Beschäftigte in Arbeitsgelegenheiten, Schulbesucher, Personen in Qualifikationsmaßnahmen und solche Personen, die kleine Kinder oder pflegebedürftige Angehörige betreuen.

Arbeitslosigkeit und Leistungsbezug			
Deutschland	2007	2006	2005
Arbeitslosigkeit	**3.776.000**	**4.487.000**	**4.861.000**
davon:			
arbeitslose Leistungsempfänger [1]	3.223.000	3.822.000	4.060.000
davon:			
Arbeitslosengeld [1]	795.000	1.123.000	1.427.000
Arbeitslosengeld II	2.523.000	2.823.000	2.770.000
Aufstocker [1]	96.000	124.000	137.000
arbeitslose Nicht-Leistungsempfänger [1]	554.000	665.000	801.000
nachrichtlich:			
Leistungsempfänger insgesamt [1]	6.250.000	6.702.000	6.563.000
davon:			
Arbeitslosengeld [1]	1.077.000	1.445.000	1.728.000
Arbeitslosengeld II [1]	5.278.000	5.392.000	4.982.000

1) für 2007 hochgerechnete Werte

Tabelle 11:   Arbeitslosigkeit und Leistungsbezug[179].

---

[179] Grafik entnommen aus: Bundesagentur für Arbeit, Monatsbericht Dezember und Jahr 2007.

Arbeitslosenquote

Die Arbeitslosenquote bezeichnet den Anteil der arbeitslos gemeldeten Personen an allen zivilen Erwerbspersonen. Dies waren im Jahr 2007 ca. 42 Mio. Personen. Daraus ergibt sich eine Gesamtquote von 9%. Die anteilige SGB III Arbeitslosenquote betrug 3%; die anteilige SGB II Arbeitslosenquote 6%.

Anzahl der Zugänge

Im Jahr 2007 meldeten sich hochgerechnet 8,23 Mio. Menschen bei einer Arbeitsagentur oder einem Träger der Grundsicherung arbeitslos während gleichzeitig 8,84 Mio. Menschen ihre Arbeitslosigkeit beendeten. Im Rechtskreis des SGB III (ALG I) meldeten sich 4,124 Mio. Personen arbeitslos, dies entspricht einer Zugangsrate bezogen auf den Bestand des Vormonats von 26,8%. Die monatliche Abgangsrate aus dem Rechtskreis SGB III als Maßzahl der Abgangswahrscheinlichkeit betrug im Jahresdurchschnitt 27%.

Zugang in und Abgang aus Arbeitslosigkeit		
Deutschland	2007	Veränderung gegen- über Vorjahr in % [4]
Rechtskreis SGB III und SGB II [1]		
Zugang	8.233.300	+2,2
Zugangsrate[2]	17,9	x
Abgang	8.837.200	+2,1
Abgangsrate[2]	19,2	x
Rechtskreis SGB III [3]		
Zugang	4.124.600	-5,3
Zugangsrate[2]	26,8	x
Abgang	4.160.100	-4,3
Abgangsrate[2]	27,0	x
Rechtskreis SGB II [1][3]		
Zugang	4.108.700	+12,3
Zugangsrate[2]	13,5	x
Abgang	4.677.100	+9,6
Abgangsrate[2]	15,3	x

1) einschl.hochgeschätzte Daten für zugelassene kommunale Träger
2) Zugang bzw. Abgang bezogen auf den Bestand des Vormonats
3) Zugang bzw. Abgang jeweils ohne Rechtskreiswechsler.
4) Errechnet auf Basis von Daten aus dem BA-IT-Fachverfahren

Tabelle 12:   Zugang und Abgang aus Arbeitslosigkeit[180].

---

[180] Grafik entnommen aus: Bundesagentur für Arbeit, Monatsbericht Dezember und Jahr 2007.

Zugangsquote

Setzt man die Anzahl der jährlichen Zugänge mit der Anzahl der zivilen Erwerbspersonen (42 Mio.) ins Verhältnis, erhält man die Zugangsquote und damit die Eintrittswahrscheinlichkeit in die Arbeitslosigkeit. Nach den Zahlen beträgt die Wahrscheinlichkeit, in die Arbeitslosigkeit einzutreten (Rechtskreis SGB III und SGB II) insgesamt ca. 19,5%. Auf die einzelnen Rechtskreise aufgeteilt ergeben sich 9,8% Eintrittswahrscheinlichkeit bezüglich SGB III und ebenso viel bezüglich SGB II.

Dauer und Verbleib in der Arbeitslosigkeit

Die abgeschlossene Dauer der Arbeitslosigkeit betrug für Personen, die im Jahr 2007 die Arbeitslosigkeit beendeten, 42,1 Wochen. Der Anteil der Langzeitarbeitslosen[181] an allen Arbeitslosen betrug 2007 40%, im Rechtskreis des SGB III waren es 25%. Hierbei handelt es sich hauptsächlich um Nichtleistungsempfänger, die nie einen Anspruch hatten, wie Berufseinsteiger, oder die nach Auslaufen des ALG I mangels Bedürftigkeit keinen Anspruch auf ALG II haben. Im Rechtskreis des SGB II betrug der Anteil der Langzeitarbeitslosen 49%. Auf die Dauer der Arbeitslosigkeit haben unterschiedliche Faktoren Einfluss, wie etwa das Alter, die Beschäftigungsdauer, das Geschlecht, das Berufsfeld und der regionale Arbeitsmarkt, um nur einige zu nennen. Im Schnitt verbleiben etwa 45% der Arbeitslosen nicht länger als 4,5 Monate in der Arbeitslosigkeit. Etwa 80% der Arbeitslosen sind nach spätestens 13 Monaten aus der Arbeitslosigkeit ausgetreten.[182] Bei den Nicht-

---

[181] Dies sind Arbeitslose mit einer Arbeitslosigkeit von mehr als 12 Monaten.

[182] *Rudolph/ Müntnich*, MittAB 4/2001, 532.

Langzeitarbeitslosen im Juni 2000 lag die Verweildauer in der Arbeitslosigkeit sogar bei lediglich 17 Wochen, bei den Langzeitarbeitslosen bei 120 Wochen.[183]

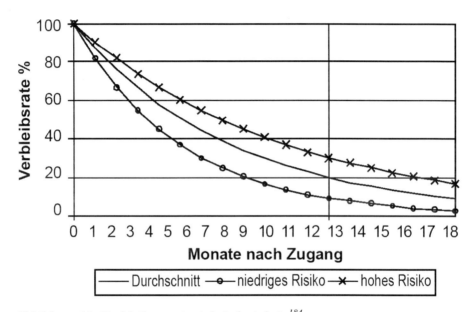

Abbildung 46: Verbleibsrate in Arbeitslosigkeit.[184]

---

[183] *Karr*, BeitrAB 250, 107, 115.

[184] Grafik entnommen aus *Rudolph/ Müntnich*, MittAB 4/2001, 532.

Zusammenfassung

Aus den genannten Zahlen lassen sich Schlussfolgerungen für die KKV ziehen. Es besteht eine Eintrittswahrscheinlichkeit von ca. 10% in ALG I bezogen auf die Erwerbspersonen. Da die Gruppe der Konsumentenkreditnehmer ganz überwiegend Erwerbspersonen sind, ist bei diesen in der Tendenz von einer ähnlichen Eintrittswahrscheinlichkeit auszugehen. Nur ein geringer Teil (etwa 20%) derjenigen, die in die Arbeitslosigkeit eintreten, muss damit rechnen, länger als 12 Monate und damit langzeitarbeitslos zu sein. Die Verweildauer in der Arbeitslosigkeit liegt im arithmetischen Mittel bei der Gruppe der Nicht-Langzeitarbeitslosen bei lediglich 4 bis 5 Monaten.

Staatliche Transferleistungen bei Arbeitslosigkeit

Der Liquiditätsverlauf im Falle der Arbeitslosigkeit ist vom Wegfall des Arbeitseinkommens und von den verfügbaren Transferleistungen des Staates bestimmt. Hierbei handelt es sich um das sogenannte Arbeitslosengeld (ALG) I, geregelt im Sozialgesetzbuch III und um das ALG II, geregelt im SGB II. Während für die Höhe des ALG I das zuvor erzielte Einkommen maßgeblich ist („Lohnprinzip"[185]) und die Zahlungen zeitlich begrenzt sind, entspricht das ALG II dem Sozialhilfeniveau. Es ist im Gegensatz zum ALG I eine steuerfinanzierte und keine Versicherungsleistung, richtet sich nach dem Bedarf und kann bei Bedarf theoretisch unbegrenzt gewährt werden.

---

[185] *Wimmer*, Ratgeber ALG II, 4.

Arbeitslosengeld I

Die gesetzlichen Grundlagen für die Errechnung des Arbeitslosengeldes I finden sich im SGB III § 127 und 129. Maßgeblich ist die Dauer der versicherungspflichtigen Arbeitsverhältnisse vor dem Eintritt der Arbeitslosigkeit sowie das Lebensalter bei Eintritt der Arbeitslosigkeit. Die Bezugsdauer beträgt mindestens 6 und höchstens 18 Monate (ab 55 Jahre und 36 Monaten Pflichtversicherungszeit im Bemessungszeitraum).

Das Arbeitslosengeld beträgt als allgemeiner Leistungssatz 60 % des pauschalierten Nettoentgelts, das sich aus dem versicherungspflichtigen Bruttoeinkommen ergibt, welches der Arbeitslose in dem Bemessungszeitraum vor der Arbeitslosigkeit erzielt hat. Höchstansatzbetrag des Bruttoeinkommens ist die Beitragsbemessungsgrenze zur Arbeitslosenversicherung in Höhe von 5.250 € monatlich. Eine Person, die 7.000 € Monatsbruttoeinkommen hat, erhält nicht mehr Arbeitslosengeld als jemand mit 5.250 €, obwohl sein Nettoeinkommen deutlich höher liegt. Die Auszahlung des ALG I erfolgt immer für abgeschlossene Zeiträume. Es wird jeweils zum Monatsende gezahlt.

Zur Veranschaulichung werden im Folgenden (vereinfachte) Beispielsrechnungen dargestellt.

Beispielrechnung 1:

Ein Bruttoeinkommen von 5.250 € ergibt in Steuerklasse I bei gesetzlicher Krankenversicherung mit einem Beitragssatz von 12 % ein Nettoeinkommen von 2.857,48 €. Als Arbeitslosengeld würden davon 60 % gezahlt = 1.714,49 €. Die Differenz beträgt 1.142,99 €.[186]

Beispielrechnung 2: Ein Bruttoeinkommen von 3.000 € ergibt bei den gleichen Voraussetzungen ein Nettoeinkommen von 1.815,45 €. 60 % davon ergeben eine Summe von 1.089,27 €. Die Differenz beträgt 726,18 €.

Die Kinderkomponente in der Berechnung des Arbeitslosengeldes I wirkt sich durch zwei Einflussfaktoren positiv auf einen höheren Auszahlungs-betrag der Arbeitslosenversicherung aus. Kinder führen zum einen durch Freibeträge zu einer Steuerersparnis und somit zu einem höheren Nettoein-kommen. Zum anderen wird für Arbeitslose mit Kind ein erhöhter Leistungs-satz von 67 % gezahlt[187].

Arbeitslosengeld II /Sozialgeld

Im Gegensatz zum Arbeitslosengeld I ist das Arbeitslosengeld II eine ein-kommensunabhängige Leistung, die sich an Regelsätzen zur Sicherung des Lebensunterhaltes orientiert. Sie umfasst insbesondere Ernährung, Kleidung, Körperpflege, Hausrat, Haushaltsenergie, ohne die auf die Heizung ent-fallenden Anteile, Bedarfe des täglichen Lebens sowie in vertretbarem Um-fang auch Beziehungen zur Umwelt und eine Teilnahme am kulturellen Leben. Geregelt ist dies in § 20 SGB II. Die monatliche Regelleistung beträgt 345 € für Alleinstehende. Weitere erwerbsfähige Angehörige haben einen

---

[186] Lohnsteuerrechner im Internet unter: http://www.vdata.de/vdata-rechner/lohnsteuer_out.jsp.

[187] *Wissing/Mutschler/Bartz/Schmidt-De-Caluwe*, Sozialgesetzbuch III Arbeits-förderung, S. 970ff.

Anspruch auf 80 % der Regelleistung (276 €). Für Kinder bis zum vollendeten 14. Lebensjahr werden 60 % der Regelleistung, für ältere Kinder 80 % gezahlt. Zusätzlich werden Leistungen für Unterkunft und Heizung erbracht, also die Miete und die Heizkosten übernommen, sofern sie angemessen sind (§ 22 SGB II). Das bedeutet, dass das Verhältnis von Wohnraum zur Anzahl der Bewohner nachvollziehbar sein muss. Mehrbedarfe (§ 21 SGB II) sind zusätzliche Geldleistungen. Sie werden gezahlt:

- bei Schwangerschaft (17 % der Regelleistung nach der 12. Schwangerschaftswoche),

- für Kinderbetreuung (36 % bei einem Kind unter sieben Jahren oder 2 oder 3 Kindern unter sechzehn Jahren. Alternativ 12 % pro Kind, wenn sich ein höherer Satz ergibt – das bis max. 60 %),

- für erwerbsfähige behinderte Hilfebedürftige. Sie erhalten 35 % der Regelleistung,

- für erwerbsfähige Hilfebedürftige, die eine kostenaufwendige Nahrung benötigen, in angemessener Höhe.

Befristeter Zuschlag bei Übergang ALG I zu ALG II

Im Falle des Überganges von Arbeitslosengeld I zu Arbeitslosengeld II wird ein befristeter Zuschlag (§ 24 SGB II) gezahlt. Er beträgt zwei Drittel der Differenz der beiden Transferleistungen unter Berücksichtigung von eventuell gezahltem Wohngeld. Dies gilt für das erste Jahr. Im zweiten Jahr wird der Betrag halbiert. Im dritten Jahr entfällt er ganz.

Liquiditätsverläufe nach Risikoeintritt

Die Liquiditätsverläufe sind von den dargestellten staatlichen Transfer-leistungen und zudem von familiären Maßnahmen zur Erhaltung des Ein-kommens und zur Reduzierung der Ausgaben bestimmt.

Einsparungen nach Kündigung

Unmittelbar nach Kündigung wird der betroffene Haushalt versuchen, die laufenden Ausgaben zu reduzieren und Investitionen aufzuschieben. Hierdurch kann für die Dauer von zwei Monaten ein Liquiditätspolster ge-bildet werden.

Einkommensabfall im ALG I

Das Einkommen der betroffenen Person sinkt zunächst beim Übergang zum Arbeitslosengeld I ab, und zwar um ca. 40% des Nettoarbeitseinkommens, welches die versicherte Person durchschnittlich vor Eintritt der Arbeitslosig-keit erzielt hat. Im ersten Monat der Arbeitslosigkeit kann es zudem zu einer akuten Liquiditätslücke kommen, weil das letzte Gehalt evtl. bereits vor-schüssig am Monatsanfang des letzten Monats des Arbeitsverhältnisses aus-gezahlt wurde und das ALG I erstmalig am Monatsende des ersten Monats in Arbeitslosigkeit gezahlt wird. Zudem besteht die Gefahr, dass die Arbeits-agentur das ALG I nicht rechtzeitig auszahlt. Dies ist grundsätzlich nur dann der Fall, wenn der Kreditnehmer sich nicht rechtzeitig um die Beantragung des ALG I kümmern konnte oder in selteneren Fällen bei Verzögerungen der Bearbeitung durch die Arbeitsagentur. Grundsätzlich sollte ein Monat Warte-zeit einkalkuliert werden. Der prozentuale Abfall des Familiennettoein-kommens richtet sich nach dem Typ des betroffenen Haushalts: Handelt es sich um einen Haushalt, bei dem mehrere Personen zum Familieneinkommen beitragen, wird der prozentuale Abfall des Familiennettoeinkommens niedriger ausfallen, als bei Haushalten mit nur einem Verdiener.

Liquidierung von Vermögen

Nach Eintritt der Arbeitslosigkeit wird der Haushalt versuchen, gegebenenfalls vorhandenes Vermögen liquidieren, um die Liquidität zu erhalten. Hierdurch kann der Einkommensabfall in vielen Fällen für einige Monate abgeschwächt werden. Zu bedenken ist allerdings, dass Ratenkreditnehmer über weniger liquidierbares Vermögen verfügen, als Personen ohne Kreditverpflichtungen. Denn es ist zu vermuten, dass Haushalte die Liquidierung eigenen Vermögens grundsätzlich einer Kreditaufnahme vorziehen. Weiterhin können akute Liquiditätsausfälle durch Familiendarlehen ausgeglichen werden. Neben diesen Maßnahmen zur Erhaltung des Einkommens wird der Haushalt Maßnahmen zur Reduzierung der Ausgaben treffen. Hier kommen aber nur diejenigen Ausgaben in Betracht, die verzichtbar für den Haushalt sind. Damit fallen Forderungen aus Dauerschuldverhältnissen wie die Miete oder fixe Wohnnebenkosten ebenso weg wie Ausgaben, die zur Befriedigung der Grundbedürfnisse des Haushalts gehören. Aus der Einkommens- und Verbraucherstichprobe ist ersichtlich, dass Haushalte mit höheren Einkommen auch höhere Ausgaben haben. Zudem haben bei gleichen Einkommen Haushalte, bei denen der Haupteinkommensbezieher arbeitslos ist, höhere Ausgaben als solche, bei denen der Haupteinkommensbezieher den Status eines Angestellten hat. Hieraus lässt sich folgern, dass Haushalten mit einer durch Arbeitslosigkeit „aufgezwungenen" Einkommenseinbuße anscheinend eine Reduzierung der Ausgaben auf das Niveau der übrigen Haushalte mit gleichem Einkommensniveau nicht sofort bzw. nur teilweise möglich ist.

Übergang ALG II

Dauert die Arbeitslosigkeit länger als 12 Monate an, dann kommt es regelmäßig zu einem weiteren Einkommensverlust auf die Höhe des Arbeitslosengeldes II. Wie oben bereits gezeigt werden konnte, besteht aber nur eine relativ geringe Wahrscheinlichkeit von 20% dafür, länger als 12 Monate und somit „langzeitarbeitslos" zu werden. Beim längerfristigen Verbleib in der Arbeitslosigkeit handelt es sich um ein Problem struktureller Armut, welches nicht mit privater Vorsorge, sondern vielmehr mit staatlichen und familiären Leistungen zu lösen ist. Die Bezugsdauer der Versicherungsleistung sollte daher auf 12 Monate begrenzt werden.

Aufnahme einer neuen Erwerbstätigkeit

Wie oben gezeigt kommt es bei den meisten Fällen spätestens nach einem guten Jahr zur Aufnahme einer neuen Erwerbstätigkeit und damit verbunden zu einem Anstieg beim Einkommen.

Grafische Darstellung typischer Liquiditätsverläufe

Nachfolgende Grafiken verdeutlichen zwei typische Haushaltsliquiditätsverläufe nach Eintritt der Arbeitslosigkeit anhand zweier Musterhaushalte ohne den Eintritt einer Versicherung.

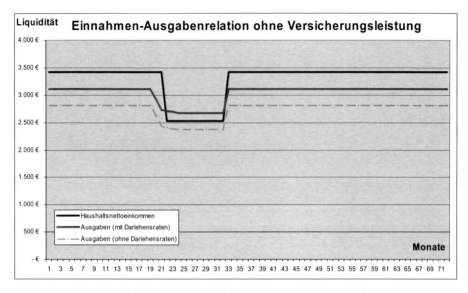

Abbildung 47: Liquiditätsverlauf bei Eintritt in Arbeitslosigkeit, Familie mit 2 Kindern.

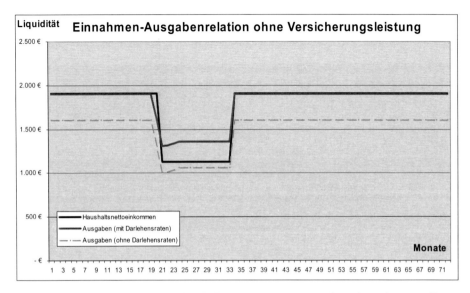

Abbildung 48: Liquiditätsverlauf bei Eintritt in Arbeitslosigkeit, Allein-stehender.

2.3.2 Ehescheidung: Auflösung von gemeinschaftlich wirtschaftenden Mehrerwachsenenhaushalten

Unter wirtschaftlichen Gesichtspunkten lässt sich die Ehe als Produktions-Konsumptions- und Versicherungsgemeinschaft begreifen[188], die vom Staat durch finanzielle Anreize wie das Ehegattensplitting oder Besoldungsvorschriften gefördert und unterstützt wird. Solange die Ehe bestehen bleibt,

---

[188] *Ott*, Die Wirkung politischer Maßnahmen auf die Familienbildung aus ökonomischer und verhandlungstheoretischer Sicht. S. 385-407 in: *K.U. Mayer / J. Allmendinger / J. Huinink* (Hrsg.), Vom Regen in die Traufe: Frauen zwischen Familie und Beruf. Frankfurt / New York: Campus 1991.

ziehen die Beteiligten aus der Kooperation zumeist einen wirtschaftlichen Nutzen: die durch die arbeitsteilige Organisation der Erwerbs- und der Hausarbeit wie der Kindererziehung ermöglichte Spezialisierung führt in vielen Fällen zu Einkommenssteigerungen und Ausgabenreduzierungen und dadurch zu einer im Gegensatz zur getrennten Haushaltsführung günstigeren Einnahmen-Ausgaben-Relation. Dies gilt für die „klassische Hausfrauenehe", bei der dem Mann eine lückenlose berufliche Karriere mit entsprechenden Einkommenssteigerungen ermöglicht wird ebenso wie für die Doppelverdiener-Haushalte, bei denen zwei Einkommen vergleichsweise geringen Kosten gegenüberstehen, denn die Führung eines gemeinsamen Haushalts verursacht in der Regel weniger Kosten, als eine getrennte Haushaltsführung.[189]

Diese positiven wirtschaftlichen Effekte erlöschen bei Auflösung der Wirtschaftsgemeinschaft. Ehescheidungen sind daher ebenso wie Trennungen nicht ehelicher Lebensgemeinschaften ein bedeutender Überschuldungsauslöser und häufig der Grund für den Ausfall von Krediten. Im Folgenden wird eine Risikodarstellung und Liquiditätsbeschreibung lediglich für die Ehescheidung vorgenommen, da hinsichtlich der wirtschaftlichen Folgen der Auflösung nicht ehelicher Lebensgemeinschaften soweit ersichtlich bisher keine umfassenden Forschungsergebnisse vorliegen. Viele der nachfolgend für die Ehescheidung dargestellten Ergebnisse gelten aber entsprechend für die Auflösung nicht ehelicher Lebensgemeinschaften.

---

[189] Umfassend *Andreß/Güllner*, Scheidung als Armutsrisiko, S. 3.

2.3.2.1 Risikodarstellung und Liquiditätsbedarf

Definition und Nachweismöglichkeit

Die Auflösung der Wirtschaftsgemeinschaft bei Scheidung oder Trennung vollzieht sich typischerweise in mehreren Phasen, wobei die negativen wirtschaftlichen Auswirkungen an bestimmte Ereignisse innerhalb der Trennungsdynamik gekoppelt sind. Die Scheidungsdefinition der KKV setzt bei den relevantesten Ereignissen an und bestimmt die Nachweismöglichkeiten.

Scheidungsdynamik

Die Scheidungsdynamik beginnt in der Regel mit einer Ehekrise, aus der sich der Trennungsentschluss der Ehepartner entwickelt. Bis zu diesem Zeitpunkt besteht der gemeinsame Haushalt zumeist noch. Die Ehekrise ist von unterschiedlicher Dauer; sie kann sehr kurz sein oder aber auch über mehrere Jahre verlaufen. Wirtschaftliche Auswirkungen auf den Haushalt können bereits vorhanden sein, sind aber zumeist noch relativ gering, etwa durch einen erhöhten Bedarf durch eine beginnende getrennte Haushaltsführung. Der Trennungsentschluss leitet die Trennungsphase ein, in der die wirtschaftliche Trennung der Eheleute vollzogen wird. Dabei kommt es zur Auflösung des gemeinsamen Haushalts der Ehepartner. Als das wirtschaftlich relevanteste Ereignis erscheint innerhalb der Trennungsphase der Auszug aus der gemeinsamen Wohnung. Die Trennung manifestiert sich dadurch auch nach außen. Nach einschlägigen Untersuchungen erfolgt in 95% der Fälle noch im Jahr der Trennung der Auszug zumindest eines Ehepartners aus der gemeinsamen Wohnung. In 81% der Fälle verlässt einer der beiden Partner im Jahr der Trennung die gemeinsame Wohnung, in weiteren 14% sogar beide Partner. Lediglich in 5% der Fälle bleiben beide Partner trotz Trennung

in der gemeinsamen Wohnung.[190] Hierdurch wird eine unmittelbare Kosten-
erhöhung bewirkt, da die Wohn- und Lebenshaltungskosten steigen, während
die Einkommen zunächst unverändert sind. Aufgrund der Regelung des
§ 1565 BGB[191], welcher eine Mindesttrennungsdauer von Ehegatten von
einem Jahr vorsieht, können die Eheleute grundsätzlich erst ein Jahr nach der
Trennung den gerichtlichen Scheidungsantrag stellen[192]. Denn es muss
bereits im Scheidungsantrag vorgetragen und unter Beweis gestellt werden,
dass die Eheleute ein Jahr getrennt voneinander leben. Getrennt voneinander
leben in diesem Sinne heißt, dass die Eheleute die wechselseitige Versorgung
eingestellt haben und eine räumliche Trennung ggf. auch innerhalb der Ehewohnung vollzogen haben. Voraussetzung dafür, dass dem Scheidungsantrag
durch das Gericht stattgegeben wird, ist, dass das Gericht die Ehe als gescheitert ansieht. Die Lebensgemeinschaft der Eheleute darf nicht mehr bestehen und das Gericht muss überzeugt werden, dass nicht zu erwarten ist,
dass die eheliche Lebensgemeinschaft von den Eheleuten wieder aufgenommen wird. Durchschnittlich ein weiteres Jahr später, d.h. in der Regel
zwei Jahre nach dem Auszug aus der gemeinsamen Wohnung, kommt es zur

---

[190] *Andreß/Borgloh/Güllner/Wilking*, Wenn aus Liebe rote Zahlen werden, S. 101.

[191] Wortlaut der Norm: *„(1) 1Eine Ehe kann geschieden werden, wenn sie gescheitert ist. 2Die Ehe ist gescheitert, wenn die Lebensgemeinschaft der Ehegatten nicht mehr besteht und nicht erwartet werden kann, dass die Ehegatten
sie wiederherstellen. (2) Leben die Ehegatten noch nicht ein Jahr getrennt, so
kann die Ehe nur geschieden werden, wenn die Fortsetzung der Ehe für den An-
tragsteller aus Gründen, die in der Person des anderen Ehegatten liegen, eine
unzumutbare Härte darstellen würde."*

[192] Das Trennungsjahr muss eigentlich erst beim Scheidungstermin vorliegen. Bei
vielen Familiengerichten kann deshalb der Scheidungsantrag auch schon nach
einer Trennungszeit von nur 10 Monaten eingereicht werden. Denn bis zum
Scheidungstermin dauert es dann ohnehin noch mehrere Monate.

gerichtlichen Ehescheidung. Die gerichtlichen Scheidungsverfahren hängen neben der Belastung der Gerichte insbesondere davon ab, ob im Rahmen der Ehescheidung ein gerichtliches Verbundurteil ergehen soll, d.h., ob ein Versorgungsausgleich durchgeführt werden soll. Dies ist die Regel; lediglich bei relativ kurzer Ehezeit und ähnlichen Einkommen der Eheleute kann darauf verzichtet werden. Nachfolgendes Diagramm fasst die Dynamik der Ehescheidung noch einmal grafisch zusammen:

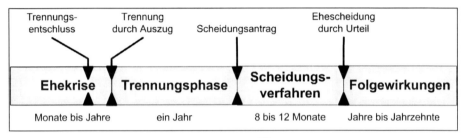

Abbildung 49: Dynamik der Ehescheidung.[193]

Scheidungsdefinition

Die gerichtliche Ehescheidung ist neben dem Tod eines Ehepartners eine Form der Eheauflösung. Ehescheidung bedeutet im formalen Sinn die Änderung des Familienstandes von „verheiratet" zu „geschieden". Dabei tritt die Familienstandsänderung mit der Verkündung des Urteils ein. Sie wird dann beim Einwohnermeldeamt registriert.

---

[193] Grafik angelehnt an *Willenbacher/Müller-Alten/Diekmann,* Zeitschrift für Rechtssoziologie 7 (1986), 189.

Definitionsvorschlag für die KKV und Nachweismöglichkeit

Die genannte formale Scheidungsdefinition ist für die KKV nicht geeignet, da wesentliche Effekte auf die Haushaltsliquidität bereits im Moment der Trennung und Auflösung des gemeinsamen Haushalts vor der formellen Scheidung der Ehepartner einsetzen. Wie bereits gezeigt liegen zwischen der Aufgabe des gemeinsamen Haushalts und der formalen Scheidung durchschnittlich 24 Monate. Streitige Verfahren dauern bis zu 24 Monate länger, sodass in Einzelfällen der Abstand zwischen der Trennung und der Eheauflösung 48 Monate betragen kann. Auch der Zeitpunkt der Einreichung des Scheidungsantrags bei Gericht ist als Nachweis des Risikoeintritts ungeeignet, da zwischen dem Antrag und dem Beginn der Trennungszeit etwa 12 Monate liegen.

Ansatzpunkt muss daher der Auszug eines Ehepartners aus der gemeinsamen Wohnung sein, der durch Nachweis eines Mietvertrags oder durch Nachweis einer neuen Meldebestätigung unter neuer Anschrift erfolgen könnte. Hinzu kommen könnte weiterhin ein Nachweis darüber, dass eine Scheidung angestrebt wird. Hierfür würde sich eine Bestätigung einer entsprechenden anwaltlichen Beratung und/oder eine Bestätigung der Einreichung des Scheidungsantrags bei Gericht anbieten. Letztgenannter Nachweis könnte aber erst nachträglich erbracht werden, da der Antrag und die eigentliche Trennung wie dargestellt zeitlich auseinanderfallen.

Risikoeintrittswahrscheinlichkeit

Über die Wahrscheinlichkeit, dass eine Ehe geschieden wird, liegen für die Vergangenheit die Ergebnisse wissenschaftlicher Untersuchungen vor. Anders sieht es bezüglich der Bevölkerungsgruppe mit Konsumentenraten-

krediten aus. Hier lassen sich lediglich näherungsweise Risikoeintrittswahr-
scheinlichkeiten bestimmen.

Ehen allgemein

Im Jahr 2005 wurden in Deutschland von 1.088.000 Ehen 201.690 ge-
schieden. Somit sank der Anteil der Ehescheidungen je 10.000 bestehenden
Ehen von 114,4 im Jahr 2004 auf 108,8 im Jahr 2005. Damit betrug das
Jahresrisiko einer Ehescheidung im Durchschnitt aller Ehen unabhängig von
der Ehedauer im Jahr 2004 lediglich ein Prozent. Da die Anzahl der
Scheidungen für jedes Jahr bekannt sind und gleichzeitig auch die Anzahl der
Ehejahre lassen sich für jedes Ehejahr die Scheidungsziffern spezifisch nach
Ehedauer angeben, wie die folgende Übersicht verdeutlicht:

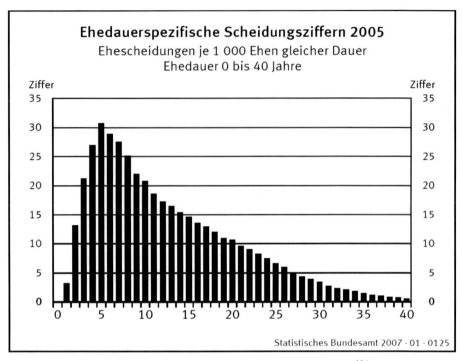

Abbildung 50: Ehedauerspezifische Scheidungsziffern 2005.[194]

Danach wurde im Jahr 2005 mehr als jede dritte Ehe, die sich zu diesem Zeitpunkt im fünften Ehejahr befand, geschieden, während von den „frischen" Ehen im ersten Ehejahr lediglich 0,3% wieder geschieden wurden. Nach dem fünften Ehejahr sinkt die Wahrscheinlichkeit einer Scheidung kontinuierlich ab.

[194] Grafik entnommen aus: Emmerling, Ehescheidungen 2005, in: Wirtschaft und Statistik 2007, 167.

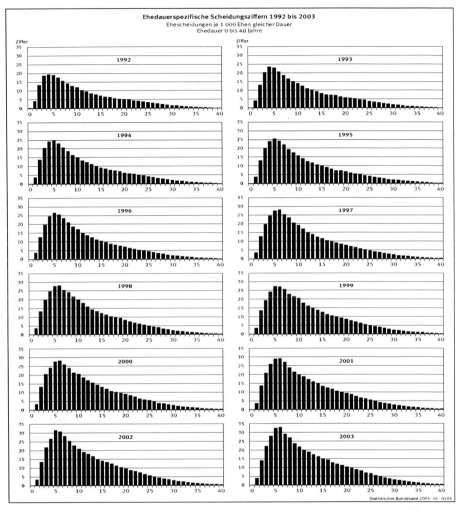

Abbildung 51: Ehedauerspezifische Scheidungsziffern 1992 bis 2003.[195]

---

[195] Grafik entnommen aus: *Emmerling*, Wirtschaft und Statistik 2005, 104.

Dies gilt auch für die vergangenen Jahresquerschnitte, wie sich aus den Scheidungsziffern vergangener Jahre ergibt.[196]

Das Scheidungsrisiko als die Wahrscheinlichkeit, dass eine Ehe irgendwann durch ein Gerichtsurteil wieder geschieden werden wird, beträgt nach Schätzungen in Deutschland zwischen 26% und 46%.[197] Exakte Zahlen lassen sich nicht angeben, da sich das Risiko der Ehescheidung dynamisch entwickelt und somit eine Angabe des Risikos auch immer prognostischen Charakter hat. Es ist eher von der oberen Zahl auszugehen, wenn man z. B. die Kohorte der Ehen betrachtet, die im Jahr 1992 geschlossen wurden. Von diesen Ehen waren bereits bis zum Jahr 2005 mehr als 26% wieder geschieden. Das höchste Scheidungsrisiko für diese Ehen bestand hier im 6. Jahr der Ehe, also im Jahr 1998.

---

[196] Anhand lediglich der Scheidungsziffern eines Jahres lässt sich das Scheidungsrisiko für die in einem Jahr geschlossenen Ehen nicht ablesen, da es sich bei der Darstellung um einen Querschnitt von Ehen verschiedener Eheschließungsjahre handelt. Betrachtet man aber die Scheidungsziffern der vergangenen Jahre, so ergibt sich, dass die Scheidungswahrscheinlichkeit einer Ehe auch im Längsschnitt eines Eheschließungsjahres denen des Querschnitts entspricht.

[197] *Emmerling*, Wirtschaft und Statistik 2005, 108.

Ehedauerspezifische Scheidungsziffern
Kohorte 1992

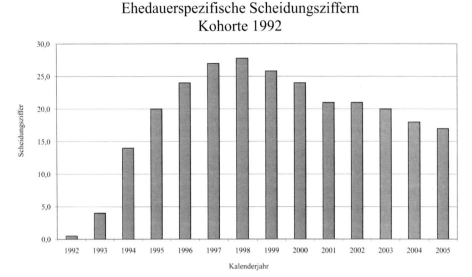

Abbildung 52: Ehedauerspezifische Scheidungsziffern der Ehekohorte 1992.[198]

Scheidungsrisiko verheirateter Kreditnehmer

Die verheirateten Kreditnehmer entsprechen im Hinblick auf wesentliche Scheidungsindikatoren nicht der Gesamtpopulation der verheirateten Bevölkerung. Da Konsumentenratenkredite häufig im Zusammenhang mit einer Familiengründung benötigt werden und diese oftmals zeitlich mit der Hochzeit zusammenfällt, befinden sich überdurchschnittlich viele verheiratete Kreditnehmer bei Kreditaufnahme in ihren ersten Ehejahren. Bedenkt man

---

[198] Daten: Statistisches Bundesamt, Berechnungen und Darstellung: iff.

zusätzlich, dass die Trennung durchschnittlich zwei Jahre vor der Ehescheidung erfolgt, ergibt sich für die Trennungseintrittswahrscheinlichkeiten in Abhängigkeit von der Kreditlaufzeit im Gegensatz zur Scheidungswahrscheinlichkeit ein um zwei Jahre verschobenes Bild, wie die folgende Abbildung zeigt:

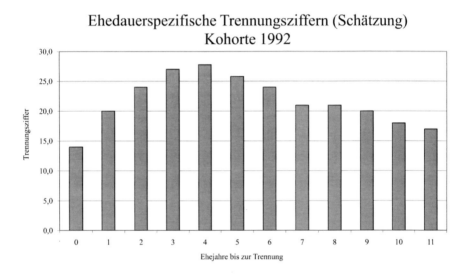

Abbildung 53: Ehedauerspezifische Trennungsziffern (Schätzung) der Ehekohorte 1992.

Die Versicherungslaufzeit wird nur einen Ausschnitt der Ehedauer betreffen, der vom Zeitpunkt der Kreditaufnahme nach der Eheschließung und von der Kreditlaufzeit abhängig ist. Der Zusammenhang wird in folgender Grafik verdeutlicht:

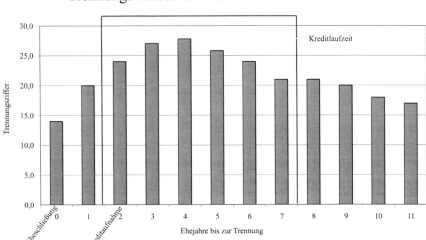

Abbildung 54: Trennungswahrscheinlichkeit bei Kreditnehmern (Schätzung) auf Basis der Ehekohorte 1992.

Insgesamt betrachtet ergibt sich rechnerisch eine Scheidungs- bzw. Trennungswahrscheinlichkeit, die abhängig von den oben genannten Voraussetzungen bei jährlich zwischen 1,4 und 2,8 Prozent anzusetzen ist. Im Durchschnitt ergibt sich so eine Wahrscheinlichkeit, dass die Versicherung zahlen muss, die bei 2,3% pro Jahr liegt.

251

Trennungswahrscheinlichkeiten						
in Abhängigkeit von Kreditlaufzeit und Zeitpunkt der Kreditaufnahme						
Kredit-laufzeit	Kreditaufnahme im Jahr... nach Eheschließung					
	0	1	2	3	4	5	6
1	1,4%	2,0%	2,4%	2,7%	2,8%	2,6%	2,4%
2	2,0%	2,4%	2,7%	2,8%	2,6%	2,4%	2,1%
3	2,4%	2,7%	2,8%	2,6%	2,4%	2,1%	2,1%
4	2,7%	2,8%	2,6%	2,4%	2,1%	2,1%	2,0%
5	2,8%	2,6%	2,4%	2,1%	2,1%	2,0%	1,8%
6	2,6%	2,4%	2,1%	2,1%	2,0%	1,8%	1,7%
Summe	13,9%	14,9%	15,0%	14,7%	14,0%	13,0%	12,1%
Durchschnitt über Kredit-laufzeit	2,3%	2,5%	2,5%	2,4%	2,3%	2,2%	2,0%

Tabelle 13: Trennungswahrscheinlichkeiten in Abhängigkeit von Kredit-laufzeit und Zeitpunkt der Kreditaufnahme. Basis: Ehekohorte 1992.[199]

Hierbei nicht berücksichtigt ist die Frage, ob die Gruppe der Kreditnehmer unter den Verheirateten bei ansonsten gleichen Merkmalen einem höheren Trennungsrisiko ausgesetzt sind. Zu dieser Frage finden sich in der wissenschaftlichen Diskussion noch keine Ergebnisse. Nach der Einkommens- und Verbraucherstichprobe aus dem Jahr 2003 machten 16 Prozent der befragten Haushalte Angaben zu Konsumentenkrediten (ohne Dispositionskredite bzw. Baufinanzierungskredite). Bei den Paaren waren es etwa 17 Prozent und bei den Angestellten etwa 20%.[200] Diese Zahlen sind als Untergrenzen des Kreditvorkommens anzusehen, da es sich bei der Stichprobe um freiwillige Angaben handelt und nicht auszuschließen ist, dass Kredite nicht angegeben

---

[199] Daten: Statistisches Bundesamt; Berechnung und Darstellung: iff.

[200] Zahlen aus: Statistisches Bundesamt 2003, Fachserie 15, Heft 2.

werden. Angaben darüber, inwieweit Haushalte von Verheirateten Ratenkredite haben, sind soweit ersichtlich nicht vorhanden.

Aus einer anderen Studie ist bekannt, dass in etwa 25% der Scheidungsfälle einer oder beide Ehepartner mit Schulden belastet waren.[201] Die Zahlen sind nur in der Tendenz vergleichbar,[202] die auf eine stärkere Scheidungsneigung der Verheirateten mit Schulden schließen lässt. Quantitative Aussagen in Bezug auf die Risikosteigerung lassen sich aus den genannten Gründen nicht treffen.

Liquiditätsverläufe nach Risikoeintritt

Der Liquiditätsbedarf nach der Scheidung ist abhängig von den wirtschaftlichen Folgen der Auflösung der Wirtschaftsgemeinschaft durch Auszug und Gründung eines neuen Haushalts und von den einmaligen (unmittelbaren) Trennungskosten. Im Zusammenhang mit der Trennung kommt es zu deutlichen finanziellen Veränderungen. Betrachtet man die Scheidungshaushalte im Durchschnitt, so wird deutlich, dass es in Bezug auf die absoluten Haushaltseinkommen und die bedarfsgewichteten Nettoeinkommen[203] der Frauen

---

[201] *Müller-Alten*, Ehescheidung und Scheidungsverträge. Eine juristische und empirische Untersuchung über die einverständliche Scheidung und über die Scheidungsfolgenvereinbarungen, Frankfurt/Main 1984, S. 174.

[202] Die Studien weichen im Erhebungszeitraum um 9 Jahre voneinander ab, die Scheidungsstudie (oben FN 201) ist lediglich eine Stichprobe von 236 Scheidungsakten.

[203] Hierbei handelt es sich um den Quotienten aus Haushaltsnettoeinkommen und der gewichteten Anzahl der Familienmitglieder, wobei jedem Familienmitglied ein bestimmter Gewichtungsfaktor zugeordnet wird. In diesem Kapitel sind dem Vorschlag der OECD folgend die folgenden Werte angesetzt: erste Person im Haushalt 100%, weitere erwachsene Person im Haushalt 50%, Kinder im Haushalt 30%.

und Männer insbesondere bei den Frauen zu erheblichen Einbrüchen im Trennungsjahr kommt, während es die Männer keine so relevanten Veränderungen gibt. Besonders deutlich werden die Veränderungen in Bezug auf das bedarfsgewichtete Nettoeinkommen nach Abzug der Wohnkosten (Tabelle 14). Bei mehr als 50% der Geschiedenen überwiegen die Nachteile. Ein ähnliches Phänomen kann zum Zeitpunkt der Scheidung nicht (mehr) festgestellt werden (Abbildung 56). Zu diesem Zeitpunkt hat sich die Situation für einige der getrennt lebenden bereits wieder etwas stabilisiert. Im Durchschnitt verbessert sich die finanzielle Lage mit zunehmendem Abstand zum Trennungszeitpunkt. Hierin bestätigt sich die oben getroffene Annahme[204], dass als relevanter Zeitpunkt des Versicherungsfalls der Auszug aus der Wohnung und nicht die formelle Scheidung herangezogen werden sollte. Im Folgenden wird daher auf die Zahlen zum Trennungszeitpunkt abgestellt.

---

[204] Vgl. oben unter 2.3.2.1.4.

Einkommens-Konzept[1]	Männer			Frauen		
	2 Jahre vor der Trennung	1 Jahr nach der Trennung	individuelle Veränderung[2]	2 Jahre vor der Trennung	1 Jahr nach der Trennung	individuelle Veränderung[2]
	Median[3] (DM)	Median[3] (DM)	Median[4] (%)	Median[3] (DM)	Median[3] (DM)	Median[4] (%)
Haushaltseinkommen	53.419	34.706	-33	54.632	30.245	-41
bedarfsgewichtetes Pro-Kopf-Einkommen	31.193	29.990	-4	28.519	19.919	-27
bedarfsgewichtetes Pro-Kopf-Eink. nach Abzug der Wohnkosten	25.749	23.717	-11	23.584	15.629	-33

Tabelle 14: *Veränderung der Jahreshaushaltsnettoeinkommen bei Frauen und Männern nach der Trennung in Deutschland (insgesamt und pro Kopf).[205]*

---

[205] Grafik entnommen aus: BMFSFJ (Hrsg.), Wenn aus Liebe rote Zahlen werden, S. 9. Erläuterungen:

1 Basis ist das Jahreseinkommen, das dem jeweiligen Haushalt zwei Jahre vor und ein Jahr nach der Trennung zur Verfügung steht, d.h. die Summe aller Einkommen der Haushaltsmitglieder nach Abzug von Steuern und Sozialabgaben sowie nach Empfang bzw. Ableistung von privaten und staatlichen Transferleistungen (inkl. Unterhaltszahlungen). Bei der Berechnung der Pro-Kopf-Einkommen wird (näherungsweise) die erste Person im Haushalt mit einem Gewicht von 1 berücksichtigt, alle weiteren Erwachsenen mit einem Gewicht von 0,5 und Kinder mit einem Gewicht von 0,3. **2** Prozentuale Veränderung des Einkommens zwischen den beiden Zeitpunkten zwei Jahre vor der Trennung und ein Jahr nach der Trennung. **3** Die Hälfte der jeweiligen Personen verfügt maximal über den genannten Einkommensbetrag (Lesebeispiel: 50 Prozent der Männer verfügen ein Jahr nach der Trennung über ein Jahreshaushaltsnettoeinkommen von max. 34.706 DM). **4** Die Hälfte der jeweiligen Personen erfährt Einkommensverluste, die mindestens den genannten Veränderungen entsprechen (Lesebeispiel: 50 Prozent der Männer erfahren Einkommensverluste von 33 und mehr Prozent). Datenbasis: SOEP; alle verheirateten Personen, die sich 1984-1999 trennten.

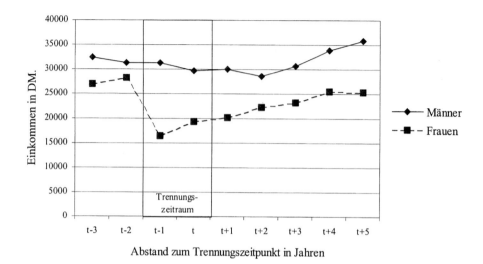

Abbildung 55: *Bedarfsgewichtetes Pro-Kopf-Einkommen (DM) vor und nach der Trennung (Median).[206]*

---

[206] Grafik entnommen aus: *Andreß/Borgloh/Güllner/Wilking*, Wenn aus Liebe rote Zahlen werden, S. 50.

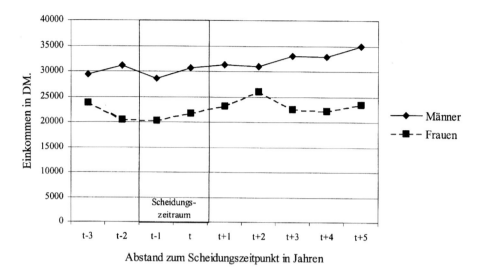

Abbildung 56: Bedarfsgewichtetes Pro-Kopf-Einkommen (DM) vor und nach der Scheidung (Median).[207]

Gemeinsame Schuldenhaftung und Aufteilung der Schulden

Bevor die wirtschaftlichen Auswirkungen der Scheidung genauer diskutiert werden, ist grundsätzlich zu fragen, ob für die Darstellung des Liquiditäts-einbruchs die Liquidität des Partnerhaushalts vor Trennung mit der zu-sammengefassten Liquidität beider Einzelhaushalte nach Trennung zu ver-gleichen ist oder ob nach der Trennung zum Vergleich nur einer der beiden neu gegründeten Haushalte heranzuziehen ist. Dies ist eine Frage der

---

[207] Grafik entnommen aus: *Andreß/Borgloh/Güllner/Wilking*, Wenn aus Liebe rote Zahlen werden, S. 50.

257

Schuldenhaftung. Wirtschaftlich gesehen haften beide Ehepartner für die Schulden des anderen, weil sie einen gemeinsamen Haushalt führen und die Ratenzahlungen das gemeinsame Haushaltsbudget schmälern. Dies ist unabhängig davon zu sehen, wer juristisch für die Schulden haftet, wer also Vertragspartner der Bank geworden ist. Juristisch gesehen werden Bankkredite in der Regel von beiden Ehegatten unterschrieben. Nach der Scheidung ändert sich hieran nichts. Für gemeinsam abgeschlossene Verträge bleiben beide ehemaligen Eheleute haftbar. Die Bank kann sich also aussuchen, welchen der Beteiligten sie für die Rückzahlung des Kredits in Anspruch nehmen will. Bei Schulden, die lediglich von einem der Eheleute eingegangen wurden, ist dies anders. Hier haftet nur der Vertragspartner im Außenverhältnis. Da aber bei der Scheidung auch eine Vermögensauseinandersetzung erfolgt und neben den Schulden auch die alleinigen Schulden eines Ehepartners berücksichtigt werden, erfolgt über diesen Umweg wirtschaftlich auch nach der Scheidung eine gemeinsame Haftung der Eheleute für diese Schulden. Damit zeigt sich, dass wirtschaftlich vor und nach der Trennung beide Eheleute für die Bankschulden einzustehen haben. Daher ist für den Liquiditätsbedarf ein Vergleich des gemeinsamen Haushalts vor Trennung mit den zusammengerechneten Haushalten der in Trennung lebenden nach der Trennung vorzunehmen.

Erhöhte Wohnkosten

Nach der Trennung kommt es wie oben bereits gezeigt in 95% der Fälle bei zumindest einem Beteiligten zu einem Wohnungswechsel. Die ursprüngliche Wohnung wird in 86% der Fälle von einem der Ehepartner gehalten. Die entsprechenden Wohnkosten verringern sich hier nur ganz geringfügig, weil lediglich die Energie- und Wasserkosten bei weniger Personen im Haushalt verringert werden. Bei den Personen, die den Wohnungswechsel vollziehen, entstehen neue Wohnkosten wegen der Anmietung einer neuen Wohnung. Die Kosten für die neue Wohnung betragen je nach Untersuchung zwischen 60 und 80 Prozent der Kosten für die ursprüngliche Wohnung. Damit liegen die gemeinsamen Wohnkosten für die zwei Wohnungen der getrennt lebenden Personen nach Trennung zwischen 160% und 180% der ursprünglichen Wohnkosten für die gemeinsame Wohnung.[208] Im Vergleich zu den Haushalten, die bereits längere Zeit oder aber schon immer in den Haushaltsformen leben, in denen sich die Ehepartner nach Trennung befinden (Alleinerziehende, Alleinlebende), sind die Wohnungskosten insgesamt höher.[209] Grund hierfür ist die Tatsache, dass für etwa 50% derjenigen, die die gemeinsame Wohnung bei der Trennung verlassen, die neue Wohnung lediglich eine Notlösung darstellt, die mit höheren Kosten verbunden sein kann. Hinzu kommt, dass die vormalig gemeinsame Ehewohnung nach Auszug eines der Partner für den Zurückbleibenden vergleichsweise zu groß bemessen ist. In diesem Fall erfolgt bei Liquiditätsengpässen später ein Umzug in eine kleinere Wohnung. In wie viel Prozent der Fälle und zu welchem Zeitpunkt dieser Wohnungswechsel erfolgt, kann anhand der vorliegenden Forschungsergebnisse nicht nachgewiesen werden.

---

[208] Alle Zahlen aus: *Andreß/Borgloh/Güllner/Wilking*, Wenn aus Liebe rote Zahlen werden, S. 111.

[209] Dies zeigt z. B. ein Vergleich der Wohnkosten der Haushaltsform „Paare mit 2 Kindern" mit den Haushaltsformen „Alleinerziehend mit zwei Kindern" und Alleinlebend" Die beiden letztgenannten Haushaltsformen haben zusammengenommen Wohnungskosten, die im Durchschnitt nur ca. 25% über denen der erstgenannten Haushaltsform liegen. Vergleich mit den Zahlen der. Einkommens- und Verbraucherstichprobe 2003.

Erhöhte Kosten durch getrennte Haushaltsführung

Haushaltsökonomisch werden weitere Personen im gemeinsamen Haushalt beim Bedarf niedriger angesetzt, als die erste Person in einem Haushalt.[210] Grund hierfür ist, dass neben den erhöhten Wohnkosten durch den Auszug einer Partei und die Gründung eines neuen Haushalts auch weitere finanzielle Mehrbelastungen im Vergleich zur gemeinsamen Haushaltsführung entstehen. Hierzu zählen der Verlust von preiswerten Nutzungsmöglichkeiten (gemeinsame Nutzung des PKW) und der Wegfall von Einsparungspotenzialen beim Konsum (kleinere Mengen für Singlehaushalte).

Kosten der Haushaltsgründung

Die Gründung eines weiteren Haushalts ist neben dem Anstieg der Wohnkosten mit Einmalkosten verbunden, die dadurch entstehen, dass die Haushaltsgegenstände unter den Ehepartnern aufgeteilt werden und es so einen erheblichen Investitionsbedarf geben kann. Hierzu zählen die Anschaffung notwendiger Haushaltsgegenstände (Möbel, Waschmaschine, Geschirr etc.) und die Umzugskosten. Weiterhin können Investitionen in die neue Wohnung für die Renovierung anfallen. Schließlich kann in Einzelfällen die Anschaffung eines weiteren Kraftfahrzeugs notwendig werden. Obwohl sich genaue Angaben zur Höhe dieser Kosten nicht treffen lassen, wird sie hier mit etwa einem Haushaltsnettoeinkommen geschätzt.

---

[210] Vgl. oben Fn. 203.

Wechsel der Steuerklasse

Ehepaare mit sehr unterschiedlichen Einkommen haben vermutlich die Steuerklassen III und V gewählt, um hierdurch das Ehegattensplitting am besten abgebildet werden kann. Nach einem Trennungsjahr werden die beiden Ehepartner nicht mehr gemeinsam, sondern wie alleinstehende Personen veranlagt, was einen Übergang in die Steuerklasse I zur Folge haben kann. Stichtag für die neue Veranlagung ist der 1. Januar des Jahres, in dem die Ehepartner getrennte Haushalte führen. Im Schnitt ist mit wirtschaftlichen Auswirkungen der neuen Steuerklasse ab ca. einem Jahr nach Trennung zu rechnen, da anzunehmen ist, der Wechsel der Haushaltssituation erst nach einigen Monaten „Bedenkzeit" angezeigt wird. Die relativen Einbußen wegen der veränderten Steuerklassen hängen ab von der Erwerbssituation der Eheleute und dem Unterschied der Einkommenshöhe. Dies kann sehr unterschiedlich sein. Die Einbußen werden hier mit ca. 10% des Nettoeinkommens gerechnet.

Anwalts- und Gerichtskosten

Für die Scheidung vor den Gerichten fallen Anwalts- und Gerichtskosten an. Die Gebühren richten sich nach dem Streitwert und werden vom Rechtsanwaltsvergütungsgesetz bzw. vom Gerichtskostengesetz bestimmt. Der Streitwert beträgt das Dreifache des Nettoeinkommens der Eheleute. Abgezogen werden Unterhaltspflichten und Darlehensraten für gemeinsame Schulden. Verdient z. B. der Ehemann netto 2.000,- Euro, die Ehefrau 1.000,- Euro, so beträgt der Streitwert (wenn keine Kinder vorhanden sind) 3 x 3.000,- Euro = 9.000,- Euro. In diesem Fall würden z. B. die Rechtsanwaltskosten 1.325,30 Euro betragen. Besitzen die Ehegatten darüber hinaus Vermögen (z. B. ein Grundstück, einen Betrieb, Geldanlagen, bedeutende Wertsachen), so wird auch dieses zur Berechnung des Streitwertes herangezogen.[211] Wird ein Versorgungsausgleich durchgeführt, so ist zusätzlich 12 x der zu übertragende Betrag anzusetzen, mind. aber 1.000 Euro. Wird über das Sorgerecht verhandelt, so ist der Streitwert um 800 Euro zu erhöhen. Ebenso verhält es sich bei der Regelung von Besuchsrechten. Sind Unterhaltszahlungen zu regeln, wird der Streitwert um das 12fache des Unterhaltsbetrags erhöht. Muss geregelt werden, wer in der gemeinsamen Wohnung bleibt, so erhöht sich der Streitwert um das 12fache der Monatsmiete. Weitere Streitwerterhöhungen können bei Regelungen über den Hausrat und den Zugewinnausgleich erfolgen. Eine Scheidung kostet so im Schnitt pro Person zwischen EUR 1.500 und EUR 5.000.[212]

Die Kosten für eine Scheidung müssen in der Regel am Ende des Verfahrens gezahlt werden. Der Anwalt kann aber jederzeit einen Vorschuss verlangen – und zwar in Höhe der zu erwartenden Gebühren. Im Scheidungsverfahren muss jeder die Kosten seines Anwalts bezahlen.

---

[211] Zunächst wird für jeden Ehegatten und für jedes Kind ein Freibetrag abgezogen. Die Höhe dieser Freibeträge steht nicht im Gesetz, sondern wird von den Gerichten unterschiedlich angesetzt. In der Regel kann man von einem Freibetrag in Höhe von 10-15.000,- EURO für Ehegatten und 5-7.500,- EURO je Kind ausgehen. Vom verbleibenden Vermögen fließt ein Betrag in Höhe von 5% in den Streitwert ein.

[212] Die Gebührentabelle ist degressiv gestaffelt, d.h., bei zunehmendem Streitwert nehmen die Gebühren prozentual ab. Während die Gebühren z. B. bei einem Streitwert von 5.000,- Euro bei 896,10 Euro liegen, sind sie bei einem doppelten Streitwert von 10.000,- Euro nicht etwa auch doppelt so hoch, sondern sie liegen nur bei 1.432,60 Euro. Angenommen z. B., der Streitwert einer Scheidung betrage 5.000,- Euro. Die Anwaltsgebühren betragen also 896,10 Euro. Soll zudem ein Unterhalt von monatlich 300,- Euro geltend gemacht werden, so beträgt der Streitwert hierfür 12 x 300,- Euro = 3.600,- Euro. Wird der Unterhalt zusammen mit der Scheidung geltend gemacht, so beträgt der zusammengerechnete Streitwert in einem solchen Verfahren 8.600,- Euro, wofür Anwaltskosten in Höhe von insgesamt 1.325,30 Euro anfallen.

Vermögensausgleich

Sind Vermögenswerte im Verlaufe der Ehe entstanden, dann erfolgt in der Regel ein Vermögensausgleich. Dies gilt sowohl bei der gesetzlichen Zugewinngemeinschaft wie auch bei der Gütergemeinschaft. Nur bei einer vereinbarten Gütertrennung muss kein Ausgleich erfolgen, da die Güter bereits getrennt sind. Da sich in vielen Fällen Vermögensgegenstände nicht teilen lassen, wird der Vermögensausgleich mit Geldmitteln vollzogen. Hierfür entsteht ein Liquiditätsbedarf, der Auswirkungen auf den Liquiditätsverlauf hat.

Mittelfristige Zunahme des Bruttoeinkommens

In mehr als 50% der Fälle kommt es nach der Trennung zu einer Zunahme des Bruttoeinkommens der getrennten Männer und Frauen. Betrachtet man die Personen, die durchgängig erwerbstätig sind, so erhöht sich das Bruttoeinkommen der Männer bei mehr als der Hälfte von Ihnen um durchschnittlich 5% des vorherigen Bruttoeinkommens. Die oberen 25% der Untersuchungsgruppe erzielen sogar Einkommenszunahmen in Höhe von mindestens 24%. Bei den Frauen zeigen sich noch deutlichere Veränderungen. In mehr als der Hälfte von Ihnen beträgt der Einkommenszuwachs wenigstens 17% des vorherigen Bruttoeinkommens, die oberen 25% erzielen sogar Zuwächse von mindestens 62%.[213] Auf der anderen Seite kommt es bei einem Teil der getrennten Personen nach der Trennung aber auch zu Einbußen beim Bruttoarbeitseinkommen.[214] Inwieweit es in der

---

[213] *Andreß/Borgloh/Güllner/Wilking*, Wenn aus Liebe rote Zahlen werden, S. 67.

[214] Nach *Andreß/Borgloh/Güllner/Wilking*, a. a. O., kommt es bei 25% der Personen zu Einbußen von 8% und mehr.

Summe der Einkommen eines getrennten und später geschiedenen Paares zu Einkommenserhöhungen kommt, lässt sich hieraus allein zwar nicht ablesen. Betrachtet man aber die Einkommenszufriedenheit vor und nach der Trennung, so ist ein kontinuierlicher leichter Anstieg bei Männern und Frauen zu verzeichnen, der darauf schließen lässt, dass es insgesamt zu leichten positiven Veränderungen kommt.[215]

Veränderungen bei der Zusammensetzung der Trennungshaushalte

Einige der Personen, die sich scheiden lassen, gründen bereits bei Trennung oder später Haushalte mit einem neuen Partner. Hier kommt es sowohl auf der Ausgabenseite wie auch auf der Einnahmenseite zu Veränderungen entgegengesetzt den oben dargestellten Veränderungen bei der Trennung: Ausgaben können gebündelt werden und aus einem Einerwachsenenhaushalt mit höchstens einer erwerbstätigen Person kann wieder ein Haushalt werden, bei dem ein weiteres Einkommen hinzukommt.

Zusammenfassende Liquiditätsdarstellung

Die oben genannten Ereignisse mit Relevanz für die Liquidität lassen sich in solche mit Einmalwirkung und solche mit (zumindest mittelfristiger) Dauerwirkung unterteilen. Zu Erstgenannten gehören die Kosten in Zusammenhang mit der Haushaltsgründung, die Anwalts- und Gerichtskosten des Scheidungsverfahrens und der Vermögensausgleich für unteilbare Vermögensgegenstände. Von Dauerwirkung sind die Wohnkosten für die neue Wohnung, der Wegfall des Ehegattensplittings, die Steigerung des Bruttoeinkommens und die Veränderung der Zusammensetzung der

---

[215] *Andreß/Borgloh/Güllner/Wilking*, a. a. O., S. 79.

Trennungshaushalte durch Einzug von neuen Partnern. Nachfolgend sind die einzelnen Veränderungen grafisch dargestellt:

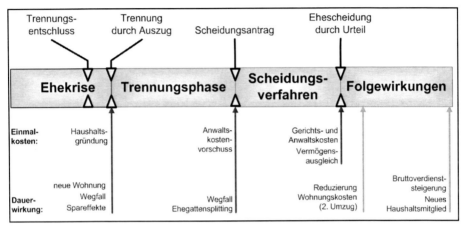

Abbildung 57: Dynamik der Ehescheidung und Ereignisse mit Liquiditätsrelevanz.

Folgende Grafik stellt die Auswirkungen für eine typische Familie mit zwei Kindern dar, ohne dass hier bereits Einsparpotenziale der Beteiligten eingerechnet werden:

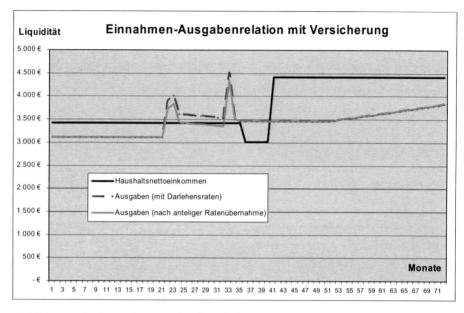

Abbildung 58: Liquiditätsverlauf nach Trennung